本书系2019年度广东省哲学社会科学规划项目"企业参与现代职业教育集体行动困境研究"（项目编号：GD19CJY23）的阶段性成果。

THE WAY OF GOVERNANCE:

PARTICIPATION OF
ENTERPRISES IN
MODERN VOCATIONAL
EDUCATION

企业参与
现代职业教育的
治理之道

李亚昕 ◎ 著

中国社会科学出版社

图书在版编目（CIP）数据

企业参与现代职业教育的治理之道 / 李亚昕著 . —北京：中国社会科学出版社，2021.6

ISBN 978 - 7 - 5203 - 8309 - 7

Ⅰ.①企… Ⅱ.①李… Ⅲ.①职业教育—产学合作—研究—中国 Ⅳ.①G719.2

中国版本图书馆 CIP 数据核字（2021）第 076145 号

出 版 人	赵剑英
责任编辑	马　明
责任校对	王　帅
责任印制	王　超

出　　版	中国社会科学出版社
社　　址	北京鼓楼西大街甲 158 号
邮　　编	100720
网　　址	http://www.csspw.cn
发 行 部	010 - 84083685
门 市 部	010 - 84029450
经　　销	新华书店及其他书店
印刷装订	三河弘翰印务有限公司
版　　次	2021 年 6 月第 1 版
印　　次	2021 年 6 月第 1 次印刷
开　　本	710×1000　1/16
印　　张	13.75
插　　页	2
字　　数	205 千字
定　　价	69.00 元

凡购买中国社会科学出版社图书，如有质量问题请与本社营销中心联系调换
电话：010 - 84083683
版权所有　侵权必究

前　言

健全企业参与制度是完善现代职业教育治理体系，提升现代职业教育治理能力的关键。本研究立足企业视角，聚焦企业参与现代职业教育的"集体行动困境"（简称困境），通过分析企业参与困境的制度性障碍，为激发企业参与活力提供理论与实践指导。

首先，本研究以新制度经济学为基础，从企业的性质入手分析企业参与行为。研究基于新制度经济学对企业"有限理性"和"机会主义"的修正假设，将企业参与的目标确定为效用最大化，进而遵循交易费用和产权因素的分析脉络，搭建出企业参与困境的理论分析框架。

其次，研究基于上述理论框架对企业参与困境的原因进行了阐释。一方面运用交易费用的分析工具，从不确定性、交易频率变化及资产专用性三个维度确认了企业参与困境中交易费用的存在，并结合外部市场因素与邻近企业博弈，分析了规模经济对企业交易费用的影响，指出较高的交易费用是造成企业参与困境的原因之一；另一方面从企业参与的产权配置入手，阐述了人力资本与非人力资本产权安排对企业参与困境的影响，重点阐述了专用性人力资本的交易特征对企业人力资本产权不完全实现的消极影响，得出产权交易的不完全性是造成企业参与困境的原因之二。

研究结论基于资产专用性在交易费用和产权配置中的关联，利用企业资产专用性模型，推导出企业参与困境的多重治理结构——市场化治理、混合式治理与内部化治理，并辅之以相应的案例分析。研究重点以德国"教育企业"为例，从激励方式、管理控制及人力资本收益三方面，论述了企业参与内部化治理结构在降低交易费用上的优势，预见了企业参与内部化的制度变迁方向。

最后，研究建议分别从市场化治理、混合式治理与内部化治理三方面，实现企业参与制度的均衡供给，研究着重提出应通过确定企业主体产权、明晰配套法律体系指向等制度化平台的建立，引导企业参与内部化治理结构的发展，以优化现代职业教育治理的组织体系，提升现代职业教育治理的关键能力。

研究通过新制度经济学的分析框架，将企业参与困境的观察视角从"生产"转向了"交易"，特别是通过交易费用和产权配置的系统分析，有助于学界重新理解与识别企业参与困境的关键因素，明确企业参与现代职业教育的制度供给路径。研究框架建立了职业技术教育学与新制度经济学的链接，不仅有助于本学科的发展，也有助于交叉研究的拓展。

目　　录

第一章　绪论 ………………………………………………（1）

　第一节　研究问题与背景 ………………………………（1）

　　一　问题解读 …………………………………………（1）

　　二　研究背景 …………………………………………（3）

　第二节　国内外相关研究综述 …………………………（7）

　　一　对治理应用逻辑的梳理 …………………………（7）

　　二　企业参与困境的国家化治理 ……………………（11）

　　三　企业参与困境的市场化治理 ……………………（13）

　　四　企业参与困境的制度化治理 ……………………（14）

　　五　已有研究述评 ……………………………………（18）

　第三节　研究意义 ………………………………………（20）

　　一　理论意义 …………………………………………（20）

　　二　实践意义 …………………………………………（21）

　第四节　概念界定 ………………………………………（23）

　　一　企业 ………………………………………………（23）

　　二　现代职业教育 ……………………………………（25）

　　三　治理 ………………………………………………（27）

　　四　交易费用 …………………………………………（29）

　　五　产权 ………………………………………………（31）

　　六　制度 ………………………………………………（32）

第五节　研究方法 …………………………………………… (34)
　　一　文献研究法 …………………………………………… (34)
　　二　比较研究法 …………………………………………… (34)
　　三　调查研究法 …………………………………………… (34)
　　四　案例研究法 …………………………………………… (35)
第六节　研究思路与技术路线 ………………………………… (35)
　　一　研究思路 ……………………………………………… (35)
　　二　研究技术路线 ………………………………………… (36)
第七节　研究重点、难点与创新点 …………………………… (37)
　　一　研究重点 ……………………………………………… (37)
　　二　研究难点 ……………………………………………… (38)
　　三　研究创新点 …………………………………………… (38)

第二章　企业参与现代职业教育的新制度经济学分析框架 ………… (40)
第一节　新制度经济学的主旨与"制度"变量的意义 ……… (40)
　　一　新制度经济学的主旨 ………………………………… (40)
　　二　"制度"变量分析的意义 …………………………… (43)
第二节　企业参与现代职业教育的"制度"分析引入 ……… (53)
　　一　企业参与行动的外部性反思 ………………………… (53)
　　二　企业参与中价格系统的失调 ………………………… (55)
　　三　企业参与中制度供给的失衡 ………………………… (56)
第三节　企业参与现代职业教育的"制度"分析框架 ……… (58)
　　一　企业参与的交易费用与制度关联 …………………… (60)
　　二　企业参与的产权介入与制度关联 …………………… (64)
　　三　企业参与困境的新制度经济学诠释逻辑 …………… (66)
第四节　本章小结 ……………………………………………… (70)

第三章　企业参与现代职业教育困境的交易费用分析 …………… (72)
第一节　企业参与困境的交易费用分析前提 ………………… (72)

一　企业完全理性决策的存疑 …………………………………… (72)
　　二　企业参与效用最大化的追求 ………………………………… (75)
　　三　企业参与的机会主义倾向 …………………………………… (77)
　第二节　企业参与困境的交易费用内因分析 ……………………… (79)
　　一　交易的不确定性 ……………………………………………… (81)
　　二　交易频率的变化 ……………………………………………… (85)
　　三　企业资产专用性的限制 ……………………………………… (86)
　第三节　企业参与困境的交易费用外因分析 ……………………… (88)
　　一　市场因素的影响 ……………………………………………… (88)
　　二　邻近企业的博弈 ……………………………………………… (91)
　第四节　本章小结 …………………………………………………… (93)

第四章　企业参与现代职业教育困境的产权因素分析 ……………… (95)
　第一节　企业参与的产权内容与功能 ……………………………… (95)
　　一　企业参与的产权内容 ………………………………………… (95)
　　二　企业参与的产权功能 ………………………………………… (96)
　第二节　企业参与的人力资本产权分析 …………………………… (101)
　　一　人力资本的产权结构与交易特征 …………………………… (101)
　　二　人力资本产权交易的不完全实现 …………………………… (110)
　　三　人力资本产权制度的非均衡供给 …………………………… (117)
　第三节　企业参与的非人力资本产权分析 ………………………… (118)
　　一　企业参与实习计划的制订权 ………………………………… (119)
　　二　企业参与组织文化的介入权 ………………………………… (122)
　　三　企业参与主体确立的法律权 ………………………………… (126)
　第四节　本章小结 …………………………………………………… (130)

第五章　企业参与现代职业教育困境的多重治理结构 ……………… (132)
　第一节　企业技术结构与治理结构的对应 ………………………… (132)
　　一　技术结构与交易类型的匹配 ………………………………… (132)

二　资产专用性模型与治理结构分析 ……………………… (135)
　第二节　规模经济形态下企业参与困境的多重治理结构 ……… (139)
　　一　企业参与的市场化治理结构 ……………………………… (140)
　　二　企业参与的混合式治理结构 ……………………………… (142)
　　三　企业参与的内部化治理结构 ……………………………… (145)
　第三节　企业参与内部化治理的制度变迁方向 ………………… (152)
　　一　内部化治理结构的制度介入 ……………………………… (153)
　　二　内部化治理结构的运行优势 ……………………………… (158)
　第四节　本章小结 ………………………………………………… (163)

第六章　企业参与现代职业教育困境治理的制度供给路径 ……… (165)
　第一节　市场化治理结构的制度供给路径 ……………………… (165)
　　一　对接专业与产业标准，提升院校的市场化意识 ………… (165)
　　二　制定标准化参与合约，积极引导行业协会发展 ………… (166)
　第二节　混合式治理结构的制度供给路径 ……………………… (167)
　　一　深入推进集团化办学，促使人力资本准租值内化 ……… (168)
　　二　建立企业参与的成本补偿机制，实施选择性激励 ……… (170)
　　三　打造企业参与的信息化平台，维护企业
　　　　人力资本收益 ……………………………………………… (171)
　第三节　内部化治理结构的制度供给路径 ……………………… (173)
　　一　确定企业主体地位，引导内部化治理结构的发展 ……… (174)
　　二　配置企业参与的人力资本产权，降低交易费用产生 …… (175)
　　三　明晰职业教育法律体系的指向，保障企业主体权益 …… (177)

结　语 ……………………………………………………………… (180)

参考文献 …………………………………………………………… (184)

后　记 ……………………………………………………………… (211)

第一章

绪　　论

第一节　研究问题与背景

一　问题解读

研究问题将聚焦企业参与现代职业教育的"集体行动困境"（以下简称困境），分析困境产生的原因，以探索企业参与现代职业教育的公共治理之道。那么，企业参与的"集体行动困境"在现代职业教育的发展中到底是如何表现的呢？

虽然问症"校热企冷"已成为企业参与现代职业教育治理中无法回避的现象，但是，现实中的企业并非没有参与意愿，也并非排斥所有的合作类型。笔者通过对周边职业院校合作企业的实地调研与访谈后发现，企业并不排斥同职业院校合作，相反他们往往有着强烈的参与意愿。相关研究也证明了此种判断，如有研究指出，56.4%的企业认为这是其"应有的责任"，41.2%的企业认为"可以考虑，对企业有一定帮助"[①]，可见有超过90%的企业是有参与意愿的。之所以意愿没有转化成现实中的行动，是因为不同参与形式对企业参与的收益是有不同的，有的参与形式易于内化，而有的易于外化。当企业面对参与收益易于内化的项目时，如员工培训、技能鉴定等与企业现有员工素质提升和技术积累切实相关的内容，企业参与意愿就可以轻易地转化为现实的参与行动。然而，

[①] 冉云芳：《企业参与职业教育办学意愿、动因及影响因素的实证分析——基于浙江省的调查》，《职教论坛》2013年第19期。

当企业面对参与收益不确定且收益易于外化的项目时，如接受学生实习、院校师资培训等①，企业的参与意愿就会降低，此时便会显露出公共管理领域常见的"集体行动困境"。

正因如此，激发企业参与活力便成了现在职业教育治理的核心议题之一，特别是随着我国产业技术的不断更迭，校企双方之间的合作意愿越发强烈，对企业参与"集体行动困境"的破解也越发紧迫。如《国务院关于加快发展现代职业教育的决定》重点提出要健全企业参与制度，以深化产教融合②，学界对促进企业参与现代职业教育的各种讨论也有增无减。但是在我国当前的制度环境中，企业参与已被边缘化，企业在参与院校合作过程中囿于"身份困境"，③ 其参与成本无法获得公共财政的分担、投入的资产无法短期内增值、长期收益得不到保障，诸如此类的多重原因均造成了当前企业参与的"集体行动困境"。学界研究中的"校热企冷""壁炉现象"④ 也正形象地说明了企业参与的这种尴尬境遇，其恰是反映了院校一方积极热情、企业一方消极参与的现实问题。

由此可见，个体企业的参与意愿并不一定会产生集体企业的参与行动，特别是面对参与收益易于外化的项目时，虽然单个企业的参与意愿很高，但当单个企业在面对集体企业的利益博弈时，极易导致公共管理领域的典型问题——集体行动困境。因此，本研究将聚焦企业参与现代职业教育的"集体行动困境"，分析困境产生的具体原因，探讨企业参与现代职业教育的公共治理之道，以完善现代职业教育治理体系，增强现代职业教育治理能力。

---

① 佚名：《问症"校热企冷"》，《瞭望》2014年第26期。
② 《国务院关于加快发展现代职业教育的决定》（国发〔2014〕19号），http://www.scio.gov.cn/ztk/xwfb/，2014年5月2日。
③ 郭静：《现代职业教育体系建设背景下行业、企业办学研究》，《教育研究》2014年第3期。
④ 王为民、俞启定：《校企合作"壁炉现象"探究：马克思主义企业理论的视角》，《教育研究》2014年第7期。

二 研究背景

(一) 现代职业教育在经济发展中战略地位的确立

改革开放给中国经济社会带来巨大的活力，虽然金融危机导致全球经济衰退，但我国经济仍保持了持续高速增长，成为全球第二大经济体和最大贸易国，对世界经济复苏的巨大贡献举世瞩目，上述成绩的取得即得益于改革开放的重大决策。但与此同时，我国经济社会持续发展也面临严峻的挑战，经济结构调整迫在眉睫，亟待教育系统尤其是职业教育为之释放人口红利。当前我国高等教育的总体结构不能适应社会发展需要，高校毕业生就业难，而相关企业却又难以从劳动力市场招收满意人才，结构性就业矛盾突出。因此，调结构、保增长就成了摆在我国社会发展面前的难题，并成为制约我国社会稳定、经济可持续发展的瓶颈。按党的十八届三中全会"推进国家治理体系和治理能力现代化"的要求，现代职业教育治理是国家治理在教育领域的推进和落实，是我国全面深化改革的总目标在职业教育领域的具体体现，同时也为我国现代职业教育的发展提供了良好契机。《国家中长期教育改革和发展规划纲要（2010—2020年）》（以下简称《纲要》）中将职业教育的规划内容置于基础教育之后、高等教育之前，也足见职业教育在我国现代教育体系中承上启下的重要作用。职业教育一方面是促进就业、改善民生的重要途径，另一方面也是实现中学阶段后教育合理分流的缓冲器，同时现代职业教育体系的构建也是适应经济发展方式转变和产业结构升级调整的客观要求，是缓解劳动力市场供求结构性矛盾的关键。

但另一方面，职业教育体系还未能完全与经济体系结构协调发展。职业教育规模虽大，但质量有待提升；职业院校数量众多，但实习、实训条件薄弱；职业教育发展以学校教育为主，治理制度不健全。因此，中共中央、国务院作出重大战略部署，国务院于2014年6月发布《国务院关于加快发展现代职业教育的决定》（国发〔2014〕19号）（以下简称《决定》），将加快构建"现代职业教育体系"作为《决定》的首部分内容，《决定》指出要创新发展高等职业教育，密切产学研合作，重点服务企业的技术研发和产品升级①，以调动企业参与的积极性，鼓励企业接收学生实习实训和教师实践。同时为激发企业办学活力，《决定》鼓励企业以多种投资形式及要素参与职业教育办学、管理及评价。但是上述任务措施的落实，不仅需要政府、职业院校的努力，更需要企业的积极参与，尤其是面对相较于普通教育体系更为复杂的职业教育体系，其涉及企业主体利益与多元参与者的利益博弈，这就亟须在理论和实践中探索企业参与的可行模式和制度规范，协调现代职业教育的利益关系，以更为有效地配置现代职业教育资源。

（二）现代职业教育体系中产教融合的客观要求

建立现代职业教育体系是具体落实中共中央、国务院加快发展现代职业教育，突出其在我国社会经济发展战略地位的具体体现。而且，现代职业教育体系的建立也是"促进其服务转方式、调结构、促改革、保就业、惠民生和工业化、信息化、城镇化、农业现代化同步发展的制度性安排，能够为中国速度向中国质量的转变提供最重要的人力资本储备"②。国务院公布的"十三五"规划纲要也特别涉及职业教育的产教融合，并指出要"推行产教融合、校企合作的应用型人才和技术技能人才培养模式，促进职业学校教师和企业技术人才双向交流。推动专业设置、课程内容、教学方式与生产实践对接"③。当前，我国职业教育发展仍存在产教融合度低、人才培养模式滞后、国际化程度不高等诸多问题，而企业参与制度不健全是造成上述问题的关键原因所在。因此，现代职业教育体系的建立客观上要求落实《决定》所提出"健全企业参与制度"的要求，"根据企业实际需求确定人才培养的规格层次、专业体系、培养方式和质量标准，推动专业设置与产业需求、课程内容与职业标准、教

---

① 《国务院关于加快发展现代职业教育的决定》（国发〔2014〕19号），http://www.scio.gov.cn/ztk/xwfb/，2014年5月2日。
② 《教育部等六部门关于印发〈现代职业教育体系建设规划（2014—2020年）〉的通知》（教发〔2014〕6号），http://old.moe.gov.cn/publicfiles/business/htmlfiles/moe/moe_630/201406/170737.html，2014年6月16日。
③ 《"十三五"规划纲要》（全文），http://www.cs.com.cn/xwzx/hg/201603/t20160317_4927301_14.html，2016年3月17日。

学过程与生产过程的对接"①，实现职业教育与技术进步和生产方式变革以及社会公共服务的协调发展。此外，完善现代职业治理体系，还包括企业参与的各项合作治理机制，建立企业同合作院校间的技术共享、课程更新、订单培养、协同创新等制度，通过制度化治理，推动企业、政府、学校、行业联动，以促进技术技能的积累和创新。更重要的是"在关系国家竞争力的重要产业部门，尝试规划建立企业参与的技术技能积累创新平台，促进新技术、新材料、新工艺、新装备的应用，加快先进技术转化和产业转型升级步伐。推动企业将职业院校纳入技术创新体系，强化协同创新，促进劳动者素质与技术创新、技术引进、技术改造同步提高，实现新技术产业化与新技术应用人才的同步储备"②。因此，健全企业参与制度、更新现代职业教育发展理念、增强现代职业教育吸引力是建立现代职业教育体系的关键，也是促进教育公平、实现教育现代化和建设人力资源强国的必然选择。

（三）治理在全球的兴起与我国国家治理的提出

治理（governance）作为一个名词并非现代社会的新创，其产生的现实背景，一是世界银行将治理在撒哈拉以南的非洲的应用，二是以欧盟为代表的区域组织对这一概念的积极实践，皆促进了该理念在公共管理领域的传播与推广。在联合国教科文组织的推动下，治理迅速延伸到了全球公共管理等各个领域。同时，治理在学术性话语体系中也被赋予了多重内涵，研究者通过将新的治国理政的思路嵌入该词之中，使其从简单的名词转化为内涵丰富而富有弹性的学术概念并得到国际社会上持不同立场群体的广泛认可与应用。至20世纪90年代中后期，治理的"学术化定义"出现在国际关系领域，自此治理被视作解释彼时国际合作实

---

① 《国务院关于加快发展现代职业教育的决定》（国发〔2014〕19号），http：//www.scio.gov.cn/ztk/xwfb/，2014年5月2日。
② 《教育部等六部门关于印发〈现代职业教育体系建设规划（2014—2020年）〉的通知》（教发〔2014〕6号），http：//old.moe.gov.cn/publicfiles/business/htmlfiles/moe/moe_630/201406/170737.html，2014年6月16日。

践的新视角①。至20世纪末,公共行政学发生了持续变革,治理被引入公共管理学科之中,并将治理的概念与政府变革相结合,试图寻找出发挥政府作用的最佳治理模式,以变革自上而下的传统管理范式②。可见,治理为公共事业管理提供了新的改革方向,迎合了彼时限制政府规模,规范政府权力范围的时代诉求,并促使其成为各国政府行政和公共管理改革所遵循的共同理念。

党的十八届三中全会以前,我国改革开放的总体格局可以概括为以开放带动改革,市场的开放为我国经济和社会发展注入了强大活力。在社会主义市场经济的改革浪潮中,"需求决定生产"的社会经济运行模式得以确立,结束了我国经济发展中的商品短缺时代。但是改革是一个持续的过程,改革一方面是扩大开放,另一方面也是保持经济社会持续发展的关键,更是促进我国社会治理与有效运行的客观要求。因此,以改革促进开放、同时深化改革成为中国特色社会主义事业发展的历史必然。党的十八届三中全会公报把经济体制改革作为全面深化改革的重点,强调市场在资源配置中起决定性作用,凸显市场的主导地位,核心问题是处理好政府和市场的关系,以更好地发挥政府作用。改革政府主导资源配置方式是发挥市场决定性作用的前提,面对单一的政府管理所带来的效率和效益的双重挑战,可以说我国社会发展已处于改革的"深水区"。基于此,党的十八届三中全会"将推进国家治理体系和治理能力现代化作为全面深化改革的总目标,是党探索社会主义社会治理取得的重大成果,是坚持和发展中国特色社会主义的必然要求,也是实现职业教育治理体系和治理能力现代化的国内背景"③。因此,国家治理体系和治理能力改革总目标的提出,为"现代职业教育治理体系和治理能力现代化"的实现提供了总体的改革思路,是职业教育现代化目标持续推进的现实背景和政策保障。现代职业教育本身就具

---

① James N. Rosenau and Ernst-Otto Czempiel, eds, *Governance without Government: Order and Change in World Politics*, Cambridge: Cambridge University press, 1992, pp. 1 – 29.
② Roderick Arthur William Rhodes, "The New Governance: Governing without Government", *Political Studies*, Vol. 44, No. 4, December 1996, pp. 652 – 667.
③ 王伟光:《努力推进国家治理体系和治理能力现代化》,《求是》2014年第12期。

有多元参与的特征,对于企业参与现代职业教育治理而言,首先是如何通过企业主体作用的发挥,实现企业与现代职业教育的互动与合作,通过政府购买等方式吸引企业参与,激发现代职业教育办学活力。其次,是如何突破传统的政府自上而下的管理模式,从顶层设计入手,实现多元参与者之间的协同效应、整合效应与创新效应。再次,是如何实现政府主导下的民主化、制度化治理,以共聚现代职业教育利益相关者的智慧和力量,稳步推进现代职业教育治理体系改革。对于现代职业教育治理而言,无论是政府角色的转变,还是利益相关者的共聚,突破企业参与困境都将是其中的核心和关键,而这也正是本研究问题所处的政策背景。

第二节 国内外相关研究综述

一 对治理应用逻辑的梳理

治理开始引人瞩目,源于 20 世纪后半叶发达国家的政府管理改革,其突破了单一的政府管理,强调市场及各种组织在公共领域的作用。按治理应用领域不同,可分为公司治理和公共治理,本研究主要关注后者,即企业参与现代职业教育的公共治理之道。接下来即对治理演变的背景、观点及其应用逻辑进行梳理总结,以明确企业参与现代职业教育治理的逻辑策略。

在 Web of Science 中输入检索式"governance",搜索 SSCI(2002 年至今)、SCI(1998 年至今)与 CPCI-S(2000 年至今)会议三大引文数据库,可获得主题检索结果共 58783 篇。相关记录从 1998 年的 59 篇到 2016 年的 6892 篇,占总发文数量比例从 0.10% 上升到 11.72%,发文数量自 21 世纪以来呈现急速上升的趋势,虽然图书馆中的 SSCI 数据库检索自 2002 年始,加之 Web of Science 数据库对于 1998 年之前的数据没有显示,可据治理在 SSCI 检索中 49084 篇的记录及治理在国际上的研究趋势推测,在此之前的研究亦屈指可数[1]。

---

[1] 该数据源于 Web of Science 搜索整理,时间截至 2016 年。

与国际学学界的研究基本同步,国内核心期刊对"治理"主题的研究自1997年始亦进入核心期刊视野,之后国内学界对治理的研究便呈现连续数年的成倍式增长。自2007年起至2016年的十年间,在CNKI期刊类以"治理"进行主题检索,包括CSSCI、SCI、EI、中文期刊在内的核心论文总数为72799篇,其发文数量占比从7.4%(2007年5383篇)上升到15.4%(2016年11240篇)[①],发文占比翻了一番多。尤其自2013年党的十八届三中全会提出"国家治理体系和治理能力现代化"以来,其作为全面深化改革的总目标已日益深入学者视野,以治理为主题的研究便自然成为学界关注的热点。

表1—1　　　　近十年治理研究应用领域发文排序[②]　　　单位:篇

序号	Web of Science 学科	发行数量	中国知网（CNKI）学科	发行数量
1	BESINESS ECONOMICS 商业经济	16572	环境科学与资源利用	9811
2	ENVIRONMENTAL SCIENCES ECOLOGY 环境生态学	9703	企业经济	9500
3	GOVERNMENT LAW 政府法律	9075	行政学及国家行政管理	7903
4	PUBLIC ADMINISTRATION 公共行政管理	7946	宏观经济管理与可持续发展	5861
5	GEOGRAPHY 地理学	3777	中国政治与国际政治	4829
6	INTERNATIONAL RELATIONS 国际关系	3582	金融	4815
7	COMPUTER SCIENCE 计算机科学	3469	矿业工程	3430

---

① 该数据源于中国知网(CNKI)搜索整理,时间截止到2016年。
② 该表据Web of Science和中国知网(CNKI)搜索数据整理。

续表

序号	Web of Science 学科	发行数量	中国知网（CNKI） 学科	发行数量
8	SOCIAL SCIENCES OTHER TOPICS 社会科学	3129	投资管理	2816
9	ENGINEERING 工程技术	3003	高等教育	2765
10	RUBAN STUDIES 城市研究	2146	农业经济	2447

从表1—1近十年治理研究的发文量可以看出，其在学界的关注度呈现明显上升的趋势，其在公共活动领域的应用也不断发展延伸。但治理并非凭空而生，而是一个兼具现实性和历史性的概念。从现实中与治理相关的学科发文量来看，国际学界对治理研究的应用领域排名前列的学科依次为商业经济（16572篇）、环境生态学（9703篇）、政府法律（9075篇）、公共行政管理（7946篇）领域。国内发文排名前四的学科依次是环境科学与资源利用（9811篇）、企业经济（9500篇）、行政学及国家行政管理（7903篇）、宏观经济管理与可持续发展（5861篇）。治理在上述领域的研究与应用可以从侧面反映其产生的现实背景，一方面是世界范围内对环境和资源管理的失败，另一方面是以欧盟为代表的区域组织对这一概念的积极实践，可见治理自环境与资源方面的挑战发端，迅速向公共行政及商业经济领域蔓延。甚至，哈佛大学肯尼迪政府学院的研究项目即命名为"21世纪的治理"[1]，表明治理已然成了公共管理与行政的代名词。

但若是从历史上观察治理理念的延展，也可以从侧面说明西方福利

---

[1] Carolyn J. Hill, Laurence E. Lynn Jr., "Is Hierarchical Governance in Decline? Evidence from Empirical Research", *Journal of Public Administration Research and Theory*, Vol. 15, No. 2, 2015, pp. 173–195.

国家政府管理的失效以及市场作为资源配置方式的条件性，而正是因为治理突破了社会科学中计划与市场的"对立"，强调经济组织、公民社会等多元主体间的沟通、协商与合作，才成为当代民主新的实践形式①。

据此治理发展脉络，企业参与现代职业教育治理类似于全球资源或公共管理领域所面临的共同问题——集体行动的困境②。此时在对话和合作基础之上的共识、责任与权利的对应分配便会成为关键议题，比如国内学界常常强调企业参与的社会责任（Corporate Social Responsibility），若从治理的角度理解，这种社会责任类似于海面冰山露出的一角，其庞大的底座往往是隐藏在海面之下的部分，即整体的社会制度安排，是社会整体治理体系的结果而不是原因，这种制度安排往往同历史和政治因素的介入紧密相关③。从历史上看，普遍的企业社会责任观念出现在自由市场经济的社会团结，同时企业社会责任与其他利益相关者的参与同国家干预的正式机构更是紧密联系。所以，对其争议最多的当属企业参与的自愿性和责任迫使下的被动参与，就像市场和计划都有触及不到的"中间地带"④一样，制度底座恰恰是二者之间沟通的中介。

2010年诺贝尔经济学奖获得者，美国政治经济学家奥斯特罗姆（E. Ostrom）在《美国经济评论》上的文章认为，对于复杂经济系统的治理绝不单单是市场或国家的"双边对话"，而应是多中心依存的网络式治理⑤。而在网络式治理中，制度恰恰是多主体之间沟通的中介。因此，接下来的文献将围绕企业参与的集体行动困境，从国家化治理、市

---

① 魏涛：《公共治理理论研究综述》，《资料通讯》2006年第7、8期。
② Svein Jentoft and Ratana Chuenpagdee, "Fisheries and Coastal Governance as a Wicked Problem", *Marine Policy*, Vol. 33, No. 4, July 2009, pp. 553 – 560.
③ Gregory Jackson and Dirk Stephen Brammer, "Corporate Social Responsibility and Institutional Theory: New Perspectives On Private Governance", *Socio-economic Review*, Vol. 10, No. 1, January 2012, pp. 3 – 28.
④ 解水青等：《阻隔校企之"中间地带"刍议——高职教育校企合作的逻辑起点及其政策启示》，《中国高教研究》2015年第5期。
⑤ Elinor Ostrom, "Beyond Markets and States: Polycentric Governance of Complex Economic Systems", *American Economic Review*, Vol. 100, No. 4, Junuary 2010, pp. 641 – 672.

场化治理和制度化治理三种治理逻辑出发，梳理现有的研究，以找出已有研究的可突破之处。

二 企业参与困境的国家化治理

国家化治理逻辑主要以政府投入和实施为主，因此对企业参与困境的治理策略多取决于政府角色发挥，其治理主体多关注政府自身和相关职业院校，治理工具多选择财政投入、政策颁布等。

国家化治理逻辑多见于本土化的研究。第一种，研究焦点集中在企业参与模式上，在这方面除却不断深入校企合作模式，更强调产学研一体化参与，如系部＋公司＋研究所的专业建设模式，并以此为契机对院校专业建设和师资进行调整[①]。第二种为企业参与的集团化模式，研究指出该模式应具备利益协调、资源整合和人才系统化培养的服务功能，研究建议从宏观上完善集团化办学的环境保障体系，从中观上构建集团成员的利益协调机制，从微观上进一步规范运行机制[②]。第三种，为了实现企业参与的规模化效应，东部沿海地区还建立了职业教育园区模式，以实现企业参与的集约化管理和规模化效益。但也有研究[③]对全国多个职业教育园区进行调研后指出，现行园区管理存在主体界面和信息黏滞障碍，致使企业参与动力不足，效益不高，可见资源的空间同处并不能保证文化的一致认同。对此，第四种总部基地的模式进行了类似尝试，该模式是总部经济的延伸，"总部"相当于院校本部，"基地"相当于院校子机构，设立在产业集聚区，以贴近企业生产一线，通过技术服务、社会培训等方式实现企业同院校的融合[④]。总部模式有利于企业参与现代职业教育的空间布局，使院校在专业设置上紧跟产业发展前沿。但如前所述，

[①] 邓子云等：《高等职业教育产学研模式的创新实践研究》，《高等教育管理》2013年第2期。

[②] 刘晓、石伟平：《职业教育集团化办学治理：逻辑、理论与路径》，《中国高教研究》2016年第2期。

[③] 胡斌武等：《职教园区跨界路径探究》，《教育研究》2016年第4期。

[④] 熊惠平：《高职教育"总部—基地"办学模式——基于浙江工商职业技术学院的探索》，《教育研究》2011年第6期。

企业与学校实为分属于不同的系统①，国家化治理逻辑想要迅速地使两种组织发生粘贴，这会涉及师资、专业课程设置的调整等一系列问题。② 可见现代职业教育的集约化管理并不等同于规模化效益，中间还需要一套复杂的治理体系相链接。另外，有研究对企业参与困境的国家化治理从院校的角度切入，分析企业消极参与的原因为部分职业院校专业设置趋同、课程内容滞后，技术服务能力较弱，也因为缺少双方共同约定的实习规范和标准，如管理成本较高等，导致学生实习质量较低。院校应树立市场意识，提升专业设置的针对性和匹配度，建立和保持专业间的共治共享机制，以缓解人才供需的结构性矛盾③。

上述研究中面对企业参与困境，无论是归结政府的角色定位，还是院校治理机制的缺失，其前提都将国家对职业教育的投入和具体实施视为一整套行为，即国家不仅是主要的投资人，还是职业教育举办者和该体系的拥有者。而且，国家化治理逻辑暗含着通过政府、公共机构等外部管理，可以激发企业参与动机而不是通过合作解决，该类方法用霍布斯（T. Hobbes）的术语来说就是各方要对"利维坦"表示臣服。对此，有研究即指出一个有效民主治理体系的建立，不仅需要公共管理者和利益相关者的集体行动，还需要对治理的有效评估反馈，并辅之以相应的治理工具，如此才能促进治理有效与有序发展④。可见，国家化治理逻辑有效运行的前提是其能够准确无误地确定企业资源的使用，并监督所有企业的行动，还要对违规企业实施成功的制裁，如此才能形成有效的国家治理体系。更为重要的是遵循政府控制的建议所实现的最优均衡，是建立在信息准确，监督能力强，制裁可靠有效及行政费用为零等诸多假设的基础之上的，而上述条件在现实中是很难实现的。

---

① 黄旭、李忠华：《把握结合点——校企合作培养高技能人才》，《中国高等教育》2004年第24期。
② 聂辉华：《企业——一种人力资本使用权粘合的组织》，《经济研究》2003年第8期。
③ 潘荣江等：《高职院校专业结构调整优化研究》，《高等工程教育研究》2014年第3期。
④ Eva Sorensen and Jacob Torfing, "Making Governance Networks Effective and Democratic Through Metagovernance", *Public Administration*, Vol. 87, No. 2, June 2009, pp. 234 – 258.

三 企业参与困境的市场化治理

相对于国家化治理高额的运行成本与苛刻的实现条件，市场化治理逻辑的引入可以有效地分担政府成本，还有助于提升院校的市场意识，实现专业标准和产业标准的紧密对接。

对企业参与困境的市场化治理多见于国际比较研究之中，出现较多的是对德国的比较，这同德国"双元制"的成功密不可分。如有研究即通过调查数据指出，德国绝大多数企业参与学徒制培训虽在短期内处于净损失状态，但长期收益较高，企业参与学徒制培训的成本收益会因企业规模、行业类别、培训场所、培训学制等不同而呈现较大差异。并且，宏观经济和社会环境、行业协会与工会组织、学徒制实施的时间分配等均有助于提升企业参与积极性，加之对企业成本的专项补贴、劳动力市场机制的健全及企业实训制度的灵活等均提高了企业参与学徒制培训的净收益[①]。

另外，还有研究从中、德、澳多国比较的视角出发，指出企业参与成本主要包括人力成本、教师成本、设备及耗材成本等，而企业参与收益包括直接的劳动产出和间接地节约招聘费用及非经济收益的创造。德国和澳大利亚企业参与之所以积极性较高，是因为其参与可获得直接净收益，而制度安排也保证了企业参与的间接收益。因此，研究建议"要密切校企合作关系，建立多方共赢的企业参与职业教育运行机制"[②]。

已有研究除却企业成本收益视角外，有研究也另辟蹊径，从行会作用、社会文化传统和制度环境的底座上分析德国"双元制"中的企业参与行为，彰显出企业参与同国家利益之间的张力，同时也明确了"双元制"职业教育中企业自始至终的主体地位[③]，可以理解为德国的"双元

[①] 冉云芳、石伟平：《德国企业参与学徒制培训的成本收益分析与启示》，《教育研究》2016年第6期。

[②] 王红英、胡小红：《企业参与高职教育成本与收益分析——基于中、德、澳的比较》，《教育发展研究》2012年第23期。

[③] 周丽华、李守福：《企业自主与国家调控——德国"双元制"职业教育的社会文化及制度基础解析》，《比较教育研究》2004年第10期。

制"是植根于整体的社会市场经济制度的底座之上的。有研究更进一步，通过德国和英国学徒制对比之后得出结论：在参与度与完成率方面，德国学徒制一直优于英国学徒制计划，这与两国经济结构调整和劳动力市场对技能进入的要求有着密切关系①，这再次印证了德国"双元制"成功运行中的制度体系根基，但研究同时指出，虽然企业参与直接决定了德国"双元制"的规模与质量，但其不利的一点是学徒规模极易受到市场环境的影响。这种弊端在自由经济发达的美国也同样存在，如有研究即对美国企业参与职业教育行为进行了研究，指出虽然存在降低成本招募员工的经济动机，但经济大环境的波动、高昂的培训成本，法律的制约、信息的不对称，均为企业参与设置了障碍。因此，文中建议应"向社会组织放权，将服务性的职能如调节、培训、监督、保护等职能交给专业组织……以充分发挥公民和社会组织的作用"②，这实际上是美国自由市场意识在教育领域的具体体现，该建议在我国行业协会初步发展的今天恐怕也不是短时期可以实施起来的。

综上可见，对企业参与困境的市场化治理，既有企业自身收益的考量，也有政府政策的积极引导，但作为世界各国共同面对的企业参与难题，其存在着政府与市场都无法触及的"中间地带"，极易造成企业参与的集体行动困境。通过对上述研究成果的梳理也可以看出，对企业参与困境治理较为成熟的国家既有市场竞争的因素，也有国家干预的影子，同时存在的是各方认可的制度约束，以规范多元主体在"中间地带"的互动与合作，而制度先行无论是在"双元制"发端的德国，还是行会调控下的美国，均概莫能外，这也为我国企业参与现代职业教育困境的有效治理提供了现实参考。

四 企业参与困境的制度化治理

国家和市场均存在资源配置的真空地带，而制度化治理逻辑可以重

---

① 张勇、江萍：《职业教育中的学徒制：英国与德国的比较》，《江苏高教》2015 年第 1 期。

② 张凤娟等：《美国企业参与职业教育的动机与障碍分析》，《比较教育研究》2008 年第 5 期。

新链接国家和市场在现代职业教育治理中的"真空地带",通过制度、领导力、信任、愿景和意义建构,来协调企业参与的集体行动困境,完成现代职业教育组织体系的更新和重组[1]。如有研究即指出企业之所以持消极态度,是因为企业参与的交易成本较高,诸如搜寻合作院校信息、讨价还价、争议解决费用及退出成本等,因此应加强双方合作培训的规范性,通过政策法律、规范文本、专项补贴和发展职教联盟等方式降低企业参与的交易成本[2]。还有研究更进一步,运用交易费用的分析方法,从不确定性、交易频率及企业资产专用性三方面分析了影响交易费用的决定因素,并推导出企业参与"内部化"的制度变迁方向,为破解企业参与困境提供了新的分析范式[3]。

另外,企业参与现代职业教育的权利空间存在诸多的模糊地带,产权的模糊会直接导致企业参与的交易费用上升。对此,相关研究即从人力资本产权的视角进行了分析,认为"实习生"身份消解了企业的劳动力支配权,有背企业最基本的生产职能,加之学生对企业文化认同需要相当的时间,往往使得学生实习期的表现波动较大,研究建议解决方式应为提高工学交替频率、延长实践学习时间、提升实习报酬等,以消解学生对校企组织间的认知差异[4]。可见,制度化治理的关键在于交易费用的高低与产权制度的安排,破解企业参与现代职业教育困境的前提是明晰的产权归属,制度化治理的重要目标就是确定参与者的产权,而且现代职业教育中的企业参与本身就有着多样化的权利,治理的目标就在于削弱复杂的管理层级,将特定的权利配置给能够最大化实现其价值的参与者,使其有权提取相应的资源[5]。对此,有国外研究即分析了治理中权

---

[1] Carl Folke et al., "Adaptive Governance of Social-Ecological Systems", *Annual Review of Environment & Resources*, Vol. 30, No. 1, November 2005, pp. 441–473.

[2] 程培堽:《企业参与校企合作分析:交易成本范式》,《职业技术教育》2014年第34期。

[3] 肖凤翔、李亚昕:《论企业参与现代职业教育治理的制度供给路径——基于交易费用的分析方法》,《教育研究》2016年第8期。

[4] 王为民、俞启定:《校企合作"壁炉现象"探究:马克思主义企业理论的视角》,《教育研究》2014年第7期。

[5] Andreas Duit and Victor Galaz, "Governance and Complexity—Emerging Issues for Governance Theory", *Governance*, Vol. 21, No. 3, July 2008, pp. 311–335.

力向上、向下和横向分配的问题,指出同意基础之上的共识是治理的基础,权力的分配应基于分散的互不相交与具体任务结合的两种类型,每种类型的产权分配都有相应的适用条件[①]。对企业参与困境不同的治理逻辑不仅会受到企业服务对象、利益相关者与责任分配的影响,还会受到不同的社会制度的约束,但最终都会通过"行动者为中心"的制度实践予以落实,并由此塑造出各国不同的文化定义[②]。

企业参与困境的治理逻辑如表1—2所示,每一种治理逻辑都有其实践主体与策略选择,现代职业教育本身就具有相当的复杂性,其庞大体系不是任何一国政府可以独立负担的。对国家化治理逻辑而言,其有效治理的基本前提是完全对称的信息提供,倘若没有准确可靠的消息平台,政府的主观判断可能会超越企业的资源负载能力,导致不利的处罚,甚或制裁了合作者而漏判了违规企业等。而且,创立和维持如此治理结构的成本还尚未考虑,而这种成本对企业参与本身来说是外生的系统,这本身即意味着一种额外的资源投入。

表1—2　　　　　企业参与困境的治理逻辑梳理

治理逻辑	治理主体	治理策略	有效治理前提
国家化治理	政府、职业院校为主	产教融合 产学研一体化 总部基地模式 职业教育产业园 ……	信息充分 资源配置准确 监督能力强 制裁可靠有效 行政费用为零 ……

---

① Liesbet Hooghe and Gary Marks, "Unraveling the Central State, but How? Types of Multi-Level Governance", *American Political Science Review*, Vol. 97, No. 2, May 2003, pp. 233 – 243.

② Ruth V. Aguilera and Gregory Jackson, "The Cross-National Diversity of Corporate Governance: Dimensions and Determinants", *Academy of Management Review*, Vol. 28, No. 3, February 2003, pp. 447 – 465.

续表

治理逻辑	治理主体	治理策略	有效治理前提
市场化治理	企业、行业协会为主	规范文本 财政专项补贴 延长实习时间 增加直接性收益 ……	市场需求稳定 劳动力市场机制完善 教育、法律等体系配套 ……
制度化治理	协作网络中的多元主体	提升领导力 建立信任关系 调整权责分配 降低信息成本 ……	理性决策的提升 机会主义的预防 制度平台的搭建 ……

比较视角下的市场化治理逻辑更多地强调企业参与的直接经济补偿、外部劳动力市场的健全及非正式制度的建设，而忽视了收益的外化对企业参与行动的影响。但无论是国家主导的治理还是市场主导的治理，都会受到制度的影响，且制度鲜有公私之分，更不存在不是"国家的"就是"市场的"主观立场，一种有效的制度多为"公有特征"和"私有特征"的混合，而制度的"成功"恰恰在于其存在能够在规避企业搭便车和逃避责任的诱惑环境中，取得富有成效的结果。正如奥斯特罗姆所述："没有公共制度作为支持的基础，任何市场都不能长期存在下去。在现实的场景中，公共的和私有的制度经常是相互啮合和相互依存的，而不是存在于相互隔绝的世界里"[①]。事实上，现代职业教育本身就具有多元化参与的特征——企业、院校、行业企业、政府、社会组织等，对多主体进行协调恰是制度化治理逻辑的现实指向，这实为破解企业参与现代职业教育困境提供了一种新的思路。

---

① [美] 埃莉诺·奥斯特罗姆：《公共事务的治理之道：集体行动制度的演进》，余逊达、陈旭东译，上海译文出版社2012年版，第19页。

五　已有研究述评

通过以上相关研究的梳理与分析，已有研究成果的积累为激发企业参与活力提供了多种解决方案，但企业参与的现实困境也反映出已有研究仍有可供突破之处。

（一）已有研究多基于政府或市场的"双边"视角

现有研究大多将企业作为合作的客体，研究的着力点主要通过外部制度建设来促进企业参与，研究落脚点多呼吁法律法规的建立。这类建议大致可分为两类。第一类是基于政府视角的强制性制度变迁，如无论是产学研一体化、企业参与集团化还是职业园区化办学，都是在倡导政府的强力介入，呼吁制定对企业具有一定约束力的法律法规，通过立法的形式强制企业参与职业院校人才培养。第二类是基于市场视角的诱致性制度变迁，建议通过税收优惠、财政补贴等治理工具，激发企业参与活力。对于第一类情况而言，若仅靠法律实施的强制性规约而没有利益补偿机制，企业积极性必会受到影响。而对于第二类通过税收等方式对企业参与进行补贴的方式，企业必会在优惠政策和培训成本之间权衡利弊。虽然企业并不完全排斥所有的参与形式，但归根结底企业作为市场竞争的主体，其遵循的是收益最大化的行为逻辑，企业的声音和利益到底该如何保障、企业参与的产权到底如何划分等关键问题尚未涉及，而这些才是应从根本上首先予以明确的问题。在产权等关键问题尚未厘清的前提下，由信息不对称所导致的机会主义难以避免，这无疑会增加企业参与的系统运行成本，特别是当现代职业教育的正外部收益不能有效内化的情况下，企业参与很可能会上演又一幕"公地悲剧"[①]。

（二）对企业参与困境治理逻辑选择的非此即彼

治理既是一个现实概念，又是一个历史概念，现代职业教育治理既

---

① "公地悲剧"模型由加勒特·哈丁（Garrett Hardin）于1968年在《科学》（Science）杂志上提出，是指只要许多人共同使用同一种稀缺资源，而没有权力阻止其他人使用，便会发生过度使用导致资源枯竭的结果。哈丁在文中拟想了一个"对所有人开放"的牧场，来说明模型的逻辑结构，哈丁的结论是：在一个信奉公地自由使用的社会里，每个人都趋之若鹜地追求自己的最佳利益，毁灭的就是所有人的目的地。

要面对企业参与的现实困境，又要综合运用多重治理逻辑，才能协调多元利益主体参与的现实问题。在面对企业参与困境的治理时，国家化治理、市场化治理与制度化治理都有其适用性，多重逻辑的综合即是治理的内涵，也是其发挥作用的前提条件。因此，现代职业教育治理复杂性不是单一的治理逻辑所能达到的，而应是多重治理逻辑的应用与平衡。所不同的只是在针对某个利益主体时，其所适用的某种治理逻辑比例更大，角色更重，但不代表多主体间利益协调时治理逻辑间的对立或缺位。现有的关于企业参与集体行动困境的研究，一部分建议由国家来统一安排，实施控制，另一部分则建议将其交由市场自行调节。但面对现代职业教育的多元格局，无论是国家化治理还是市场化治理，在激发企业参与活力上都未能取得成功。企业参与的现实困境已然表明现代职业教育治理应该是多重治理逻辑的结合。纵观职教运行相对成功的国家，如德国的"双元制"，即借助于既不同于国家也不同于市场的制度安排，在战后相当长的时期内，保持了技能型人才的高质量产出和德国产品的强大竞争力，究其原因就在于其制度化的治理逻辑弥补了国家和市场在现代职业教育资源配置上的不足。面对我国当前的企业参与困境，突破的重点更应通过有效制度化治理逻辑的应用将国家和市场的优势充分地发挥出来。现有研究虽对企业参与困境制度化治理有所涉及，但尚未出现系统而深入的制度分析框架和相关的博士学位论文，而这正为本研究的开展提供了一个新的切入点。

（三）对制度化治理逻辑的分析应用不够系统深入

已有研究多从生产（培训）成本的视角分析企业参与的投入与收益，并未出现全面、深入地从制度的变量即交易费用视角来提供制度均衡供给的改革路径，加之分析范式和治理逻辑选择的局限，使得研究在健全企业参与制度的对策分析上，大都是针对校企合作的单一治理结构提供解决方案，而忽视了企业的性质与利益诉求。因此已有研究大多着眼于非正式制度层面的"人文关怀"，或者从制度演变、多国制度比较的层面梳理作为"结果"的制度，但对作为"过程"的制度及其实施研究较少。事实上，制度作为新制度经济学的核心概念，其制度设计、制度安排和制度实施均取决于交易费用的高低，正是基于交易费用的变化才引发制度供给的非均衡状态，进而导致制度的诱致性或强制性变迁。

因此，本研究选取企业参与视角，尝试借用新制度经济学中交易费用与产权的分析工具，构建出针对企业参与困境的理论分析框架，从制度化治理的逻辑入手来解读企业参与现代职业教育的集体行动困境，重新梳理企业参与现代职业教育治理中的权利关系，并从资源整合的角度提供针对企业参与困境的制度供给路径，以优化企业参与现代职业教育治理的组织结构，均衡现代职业教育治理的制度供给。

第三节　研究意义

一　理论意义

本研究拟直接通过企业的主视角，从企业的性质这一原点入手，分析企业参与现代职业教育的行为动机。同时，研究期望转变现有的研究范式，将新制度经济学交易费用的概念引入对企业参与行为的分析之中，以提升对企业参与困境的解释力，具体如下。

（一）建立企业参与困境的制度分析框架

当前的研究多从企业参与的生产成本切入，但据此推导出的政策建议并未能够清楚地描述企业参与的动机，提出的对策并未有效扭转当前校企合作中"校热企冷"的集体行动困境。对现代职业教育治理体系来说，国家逻辑和市场逻辑均有触及不到的领域，而制度化治理逻辑作为二者的弥合为问题的解决提供了一种新思路。因此，本研究拟搭建出"企业参与困境"的新制度经济学分析框架，运用企业参与现代职业教育的制度化治理逻辑，分析企业参与现代职业教育的集体行动困境，以重新认识和识别阻碍我国企业参与的关键因素。

（二）明确企业参与困境的制度供给路径

从制度化治理的视角审视企业参与现代职业教育动机，可以明晰企业主体的资源特点，可以对系统内各主体的权责进行恰当定位，对企主体的参与动机和利益获取方式进行深入探讨，如此才可能实现企业参与现代职业教育从"外部设计"到"内在需求"的转变。而且，企业参与现代职业教育源于双方的客观需求，这就需要主体网络间建立制度化的保证。本课题的研究视域将从传统的政府、院校系统，拓展到主体之间相互连接的制度层面，从制度的动态生成及实施角度来分析企业参与现代职业教育治理的制度供给路径，通过有效的制度设计吸引优质的企业资源向职业教育汇聚，以激发现代职业教育办学活力，最大限度地释放现代职业教育的服务潜力。

（三）促进交叉学科的研究与拓展

研究问题建立了职业技术教育学与新制度经济学的链接，不仅有助于学科自身的深入，也有助于拓展新制度经济学的应用与交叉学科的发展。研究将问题纳入新制度经济学中普遍的外部性范畴，并贯穿制度分析的交易费用变量。交易费用作为新制度经济学的核心概念，自科斯提出后被后续的研究者如诺斯、德姆塞茨、巴泽尔等不断深化，但将交易费用作为经济制度基本分析单位的当属威廉姆森。威廉姆森（Williamson，1985）首次将交易的属性作了维度划分，并指出资产专用性是最重要的维度，因此，绝大部分学者将研究的主要对象放在了非人力资本专用性上。但是对于企业参与现代职业教育来说，与资产专用性所对应的人力资本对企业参与动机有着更强的激励。本研究拟着重分析企业参与的专用性人力资本收益，厘清企业参与的基本结构类型，并针对不同的治理结构采取相应的制度安排，这不仅有利于拓展人力资本理论在企业参与中的应用，也会对职业技术教育学与新制度经济学等交叉学科的研究和拓展产生积极影响。

二 实践意义

本研究通过制度化治理逻辑的应用，在重新识别企业参与困境原因的基础上，有助于明晰政府在现代职业教育体系中的权责，为拓展现代职业教育利益主体范围，优化配置资源，形成政府推动、市场引导、制度保障的局面提供理论指导与经验借鉴，将为企业参与现代职业教育提供更为有效的制度供给策略，为政府健全企业参与制度提供更具现实价值的指导。

(一) 为健全企业参与制度提供现实指导

企业参与是现代职业教育服务生产一线的主要途径。当前我国企业参与现代职业教育人才培养的合作水平与层次较低，严重影响了我国高技能人才的培养。这主要源于企业参与产学合作培养人才的制度性保障不够，现实表现为企业的高参与意愿但低参与率，拒绝与学校合作，或者在合作过程中企业投入资产专用性水平较低，导致合作形式化，人才培养与合作的质量难以得到保证。随着经济的发展，企业的技术创新能力和存量都不断提升，其参与现代职业教育的主要目的会从通用型向专用性人力资本转变，因此传统的标准化的"学校单边治理"结构已经不能满足社会经济发展对现代职业教育的要求。本研究拟通过企业参与现代职业教育制度分析与设计，协调集体同个体之间的利益关系问题，消除个体成员"搭便车"的动机，这将对健全企业参与制度，提升现代职业教育服务能力有很强的现实指导价值。

(二) 为政府在治理中的角色转变提供参考

企业参与现代职业教育的目的主要是解决专用性人力资本的供给问题，但如何避免邻近企业的"搭便车"与专用性人力资本的"敲竹杠"行为，是提升现代职业治理能力的关键所在。传统经济学理论面对诸如此类的外部性问题，往往采用福利经济学的观点，由政府实施强行干预。但在新制度经济学的认识中却认为经济的外部性行为具有交互性，企业参与利益面对机会主义受损的同时，人力资本自身的利益同样也会受损，最终会影响到现代职业教育整体的外部收益。而且，新制度经济学家通过交易费用的分析工具指出，只要产权清晰界定，当事人完全可以通过谈判来解决外部性问题，而政府只需提供交易的制度化保障即可达到资源的优化配置，因此制度化治理的应用便可为政府角色的定位和政策的制定提供更为清晰的方向。

(三) 完善现代职业教育治理体系，提升关键治理能力

本研究是国家治理体系和治理能力现代化在现代职业教育领域的具

体落实，也是教育部"现代职业教育治理体系和治理能力现代化"重大攻关课题研究的专题组成。因此，研究将通过企业视角，明晰企业在现代职业教育治理体系中的主体地位，透视政府在企业参与现代职业教育中的角色转变，突破当前企业参与过程中的制度性障碍，优化我国现代职业教育治理体系的组织结构，以形成运行有序、合理互动的治理结构功能。所以，研究立意既同国家全面深化改革的总目标保持一致，又能保证与职业教育现代化的具体实践相结合，有助于完善现代职业教育治理体系，提升现代职业教育关键治理能力。

第四节 概念界定

概念界定主要是根据研究目的，在前人研究的基础上厘清关键概念的内涵与外延，以精确地界定研究对象，明确研究领域和范围。据本研究问题及分析视角，接下来将对"企业""现代职业教育""治理""交易费用""产权""制度"等概念，从内涵和外延上进行相应界定，以明确研究的基本范畴。

一 企业

企业源于英语中的"enterprises"，直译为以追求利益为目的的组织。对于企业的概念，经济学家为了满足各自的研究需要，从不同角度做出过定义。比如西方学者对企业所下的典型定义为：以营利为目的、有独立核算能力的经济单位[①]。这就是说，企业必须具备三个条件，一是经济单位，这就将政府、文教、卫生、体育等事业单位排除在外；二是以营利为目的，有些经济单位虽从事生产或其他经济活动，但不以营利为目的，仍然不能称之为企业；三是必须具备独立核算能力。比如公司下属的工厂，虽然也以营利为目的，但没有独立的会计核算，这样的工厂也不能称为企业。但是，单纯从经济利益和生产的视角并不能揭示企业存

---

① 经济全书工作委员会编：《企业管理》，人民教育出版社1994年版，第2页。

在的本质,因此,本研究对企业概念的梳理将从经济学中的企业理论分析入手。

通常认为,现代企业理论是由科斯开创的,但是以个人主义方法论为基础的现代企业思想的萌芽,应该从亚当·斯密时期开始算起。虽然斯密并没有直接提出企业的起源问题,但他的分工思想,对企业的起源有极大的启发性,对此,马克思、马歇尔、科斯等为企业理论作出贡献的经济学家都予以了认可与肯定。斯密在《国民财富的性质和原因的研究》中以企业分工为例说明"扣针制造"的著名例子,实际是从功能上明确了企业内部通过分工与协作所带来的效率[1]。虽然其从分工的视角对企业的产生进行了功能性的描述,但在斯密精彩的"分工论"中,并没有将社会分工与企业分工区分开。

随后马歇尔(Alfred Marshall)在斯密分工描述的基础上,从生产和交易两方面来描述企业,即通过分工和专业化产生的效率与市场交易实现规模化经济发展的"有机体"[2]。尽管马歇尔从分工和专业化视角对企业概念的揭示更进一步,但其也没有对企业与市场的关系作出明确的分析,包括企业的边界等基本问题,而只是将企业作为一个"黑匣子",只需满足与投入和产出有关的边际条件,从而最大化利润即可,而无须也没有解释相互冲突的个体目标是如何达到均衡并产生这一结果的。

新制度经济学在对企业性质的内涵揭示上,作出了更为清晰的分析与界定。该学派将企业性质的根本特征描述为无数契约的集合体,而不是单纯的生产单位。最著名就是科斯(Ronald H. Coase)在《企业的性质》一文中对企业的定性描述,指出"企业是市场的替代物,是不同于市场的交易组织"[3]。具体而言,科斯对企业的定性描述包含以下几点。(1)企业的本质是契约的集合,其以长期契约替代市场的短期契约;

---

[1] [英]亚当·斯密:《国民财富的性质和原因的研究》,郭大力、王亚南译,商务印书馆1981年版,第14页。

[2] [英]阿尔弗雷德·马歇尔:《经济学原理》,朱志泰译,商务印书馆1997年版,第257页。

[3] Ronald H. Coase, "The Nature of the Firm", Economica, Vol. 4, No. 16, November 1937, pp. 386–405.

(2）契约具有"不完备"特征，因此制度安排非常重要；（3）企业契约的经济性质在于节约交易费用。从交易费用视角可以将企业理解为一种资源配置方式，它用计划协调方式代替市场价格机制的协调方式。当然，企业自身的运行也有交易费用，企业规模的边界即取决于"在企业组织内部额外交易的费用超过通过市场进行同样交易的费用，此时企业的规模就达到了极限"[①]。

综合以上，本研究将企业的内涵定义为：以组织契约为基础，通过内部交易实现节约交易费用的组织类型。从性质上讲，企业同院校、政府、行业协会的性质是一样的，都是为了节约交易费用而存在的组织类型。

鉴于企业契约集合的"不完备"特征，企业的投入与产出就不是简单的边际效益最大化，而是效用最大化。此处的效用最大化区别于单纯的利益最大化，后者是严格地以成本—收益核算为基础，而效用最大化的含义更为广泛，即可以是实物形态，也可以是价值形态，其效用既可以指向内部个体或企业整体，也可以指向外部个体或使全体社会受益。对企业内涵的此种界定就可以使企业与研究所涉及的政府、院校及行业协会具备交易的可能，虽说交易可能没有利润，但其总是拥有效用，从而在更深层次上对企业参与的动机进行揭示，以利于后续对于本研究所涉及企业参与困境的分析与探讨。

二 现代职业教育

本研究主要研究学校职业教育中的企业参与，所以拟从内涵上来对其进行解读。既然现代职业教育最重要的是对"现代性"的理解，本研究就从现代性入手来解读现代职业教育的内涵。由于学界对"现代性"有着多种解读，所以现代职业教育也是一个具有多维解读的概念。现代性是相对于传统而言，那现代职业教育就是与我国经济和社会发展"现

---

① ［美］奥利弗·E. 威廉姆森、［美］西德尼·G. 温特主编：《企业的性质——起源、演变和发展》，姚海鑫、邢源源译，商务印书馆2010年版，第116页。

代性"密切关联的,因此现代性特征首先应体现在与社会经济发展的链接上,其就不仅仅是一个特定的时间概念,而是拥有自身明显的"职业性"特征,这就在客观上要求密切现代职业教育与行业、企业间的关系,建立产学融合、工学交替的培养培训体系①。其次,现代职业教育的"现代性"体现在职业教育自身的纵向贯通上。现代职业教育应体现在内部体系的衔接,包括中高职的衔接及与终身教育的衔接,这就将现代性从学校职业教育拓展到职业培训的范围,要求体现出大职业教育观下的现代性②,所以现代职业教育已不是闭门造车式的"孤岛",不仅自成体系,而且要实现与社会经济乃至全球经济体系的链接,在招生、就业上实现市场化的运作机制,在师资建设与教学管理上以更为灵活多元的方式应对,并鼓励企业主体参与,以建立多元化的投资办学体制③。当然"出彩"的生活除了依靠技能更需要教育,所以现代职业教育的"教育性"是其作为社会制度合法性存在的主要依据。有研究即指出虽然企业招收学徒是出于经济上的考虑,但由于国家的涉入,学徒已不再为企业所专有,而是具有社会公共性的人力资源,即教育性的存在要求现代职业教育实现部分的公益性价值④。

由此可知,现代职业教育是一种具有多主体参与的复杂协作系统,那么现代职业教育的主体互动及协作过程就需要制度化的约束,因此,本研究将现代职业教育界定为:职业院校、政府、企业、社会之间多主体参与的网络式协作系统,其特征是职业性、教育性与制度性,其目的是实现教育体系、经济体系与社会体系协作发展。

现代职业教育的外延既包括中职、高职在内的学校职业教育,也包括社会上的各种职业培训。由于问题所限,本研究中的现代职业教育外

---

① 朗秋洪:《找准双赢点 构建产学融合的人才培养机制》,《中国高等教育》2010 年第 23 期。
② 杨进:《以终身学习理念为指导加快发展现代职业教育》,《中国职业技术教育》2014 年第 21 期。
③ 邓志革:《现代职业教育的开放性刍议》,《湖南师范大学教育科学学报》2006 年第 3 期。
④ 关晶、石伟平:《现代学徒制之"现代性"辨析》,《教育研究》2014 年第 10 期。

延仅取其狭义上的学校职业教育。

三 治理

治理（governance）源于古拉丁文中的"掌舵"一词，原意是控制、引导和操控的行动和方式。随着治理在国际社会和地区治理中的应用和拓展，治理在多个领域迅速蔓延，用以调解不同的利益冲突，使主体间得以协调并促使集体行动的合作统一。

联合国全球治理委员会将治理理解为"各种公共的或私人的个人和机构管理其共同事务的诸多方法的总和，是使相互冲突的或不同利益得以调和，并采取联合行动的持续过程，它既包括有权迫使人们服从的正式制度和规则，也包括各种人们同意或符合其利益的非正式制度安排"[1]。

瑞士著名国际关系学者皮埃尔·塞纳克伦斯（Pierre de Senarclens）认为，治理是一个脆弱的概念，并没有确切的定义。作为有助于和平与发展的规章和惯例等含义的用语，它反映这样一种观念：各国政府并不完全垄断一切合法的权力，社会上还有一些其他机构和单位负责维持秩序、参加经济和社会调节。现在行使这些职能的是多种多样的政府性和非政府性组织、私人企业和社会运动，它们一起构成本国与国际的政治、经济和社会调节形式[2]。

美国国际研究协会前主席罗西瑙（James N. Rosenau）将治理引入新公共管理领域，并将其定义为"一系列活动领域里的管理机制，它们虽未得到正式授权，却能有效发挥作用。治理指一种由共同的目标支持的活动，这些管理活动的主体未必是政府，也无须依靠国家的强制力量来实现，治理只有被多数人接受，才会生成有效的规则体系，而区别于政府的强力政策"[3]。

---

[1] ［瑞士］皮埃尔·塞纳克伦斯：《治理与国际调节机制的危机》，冯炳昆译，《国际社会科学》1999年第1期。

[2] 同上。

[3] ［美］詹姆斯·N. 罗西瑙：《没有政府的治理》，张胜军、刘小林译，江西人民出版社2001年版，第5页。

威廉姆森（Oliver E. Williamson）从经济学的视角阐述了自己关于治理的观点，他认为经济组织的许多难题引发了对事后治理机制的考察和阐释，治理关注的是各种形式的合约风险的鉴别、解释和缓解，治理是一项评估各种组织模式（手段）功效的作业，目标是通过治理机制实现良好秩序。因此，治理结构可以被视为制度框架，一次交易或一组相关交易的完整性就是在这个框架中被决定的[①]。

综合上述定义可见，治理理念至少包含如下观念的转变。

一是治理主体的多元。其超越了一国政府的层面，强调来自不同领域和不同层级的组织、机构、事业团体等共同构成复杂的治理网络结构，其根本意义在于超越了单独的国家权力中心论。在公共管理领域，虽然国家仍然发挥着主导作用，但更需同其他行为主体合作，以使整个管理体系得以更好的运行。

二是治理方式的灵活。其中既包括正式的制度管理，也有参与主体间的民主协商与谈判妥协；既采取正统的法律法规，又采取行为主体的自愿接受和利益共享的非正式措施。

三是治理追求效用最大化。在各参与主体互信、互利、相互依存的基础上，进行持续不断的协调谈判、参与合作、求同存异，以化解矛盾与冲突，满足各参与主体的利益需求，最终实现社会发展和公共利益的最大化。

综合以上对治理的理解可知，治理是一种跨主体的、采用多种方式的、以效用最大化为目标的协作理念，其针对的往往是公共领域中具有极强外部性收益的问题。依据综述中对治理文献的逻辑梳理，现代职业教育治理从抽象的层面上可以界定为：国家逻辑、市场逻辑在制度逻辑上的博弈均衡。比如对政府而言国家逻辑主导，对企业而言市场逻辑主导，但具体到企业参与现代职业教育，就是国家逻辑和市场逻辑在制度逻辑上的平衡，这就是本研究中治理概念的抽象内涵。

---

① [美] 奥利弗·E. 威廉姆森：《治理机制》，石烁译，中国社会科学出版社2001年版，第13—14页。

从具体的操作层面上看，企业参与现代职业教育的治理就可理解为：现代职业教育中各利益主体依据相应的制度规范，通过意义建构、平等协商与权力分配，实现利益均衡的过程，其最终目的是优化现代职业教育治理的组织结构，实现现代职业教育发展效益的最大化。

四 交易费用

交易费用（transaction cost）是新制度经济学的逻辑起点，是与生产费用（production cost）相对应的概念。交易费用最初是由科斯提出的。虽然科斯首提交易费用概念，但此概念一直保持着一定的开放性，因此学界对其并没有一个统一的界定。然而对于交易费用的内涵，著名的新制度经济学家如科斯、阿罗（Kenneth J. Arrow）、威廉姆森、张五常（Steven N. S. Cheung）等都表达过自己的理解。如在《企业的性质》一文中，科斯将交易费用解释为"利用价格机制的成本"[1]，以此来说明企业作为市场的替代组织也存在着内部运行的行政管理费用。

阿罗在1969年将交易费用定义为"经济制度运行的费用"。作为其学生，威廉姆森继承了老师的衣钵，他认为交易费用就是："经济系统运转所要付出的代价或费用"[2]。

制度变迁理论的开拓者诺斯（Douglass C. North）（也称诺思）则从制度运行的成本考量，将交易费用界定为："规定和实施构成交易基础的契约的成本，因而包含了那些经济从贸易中获取的政治和经济的所有成本"[3]。

埃格特森（Thrainn Eggertsson）从产权的视角将交易费用定义为"个人交换他们对于经济资产的所有权和确立他们的排他性权利

---

[1] Ronald H. Coase, "The Nature of the Firm", *Economica*, Vol. 4, No. 16, November 1937, pp. 386–405.

[2] ［美］奥利弗·E. 威廉姆森：《资本主义经济制度——论企业签约与市场签约》，段毅才、王伟译，商务印书馆2002年版，第32页。

[3] ［美］道格拉斯·C. 诺斯：《交易成本、制度和经济史》，杜润平译，《经济译文》1994年第2期。

的费用"①。与其类似，巴泽尔也从产权的界定和保护来考察交易费用，其认为由于交易费用，产权作为经济问题从来就没有完全界定过，而产生交易费用的原因在于商品有多重属性，每一种属性都有可变性，这就使得人们测量每种属性的费用难以估计，正因如此，他把交易费用定义为界定和保护产权的费用②。

张五常则通过排除法，将交易费用的直接性界定为"一切不直接发生在物质生产过程中的成本"③。意思即所有不是由市场这只"看不见的手"指导的生产和交换活动，都是有组织的活动，而这种组织成本就是交易成本，为此他还提出了"组织运作的交易成本"这一概念。

纵观新制度经济学派对交易费用内涵的各种观点，虽然其表述不尽相同，但就其实质而言却基本一致。无论是直接指出交易是人与人之间的对自然物权利的出让和取得关系，是排他性的所有权转移过程中所发生的费用，还是间接地从抽象的层面上告诉我们交易费用就是所谓"经济制度运行的费用"或者"经济系统运转所要付出的代价或费用"，这都不影响人们对交易费用的理解和使用。与其说新制度经济学家没有给"交易费用"以明确定义，不如说其本身就是一个不言自明、无须专门定义的范畴。具体到本研究问题，如果必须为交易费用的内涵作出界定的话，则倾向于选取科斯最初的定义，即企业参与现代职业教育过程中"利用价格机制的成本"。

其实与抽象的定义相比，对于研究问题更为重要的是明确交易费用到底是什么以及其概念的外延都包括哪些项目。接下来我们就通过交易过程的不同阶段对交易费用的外延做出界定和说明。作为交易费用的提出者，科斯虽为明确界定何谓交易费用，但却对其外延进行了分析，其指出交易费用至少包括发现相对价格、谈判与签约及纠纷发生时冲突解

---

① [冰]思拉恩·埃格特森：《新制度经济学》，吴经邦译，商务印书馆1996年版，第16页。

② [美] Y. 巴泽尔：《产权的经济分析》，费方域、段毅才译，上海人民出版社1997年版，第79页。

③ 张五常：《经济解释》，商务印书馆2000年版，第407页。

决等费用①。威廉姆森将交易费用区分为合同签订之前的"事前"交易费用和签订之后的"事后"交易费用。"事前"包括草拟合约、就内容进行谈判以及确保合同履行所付出的成本。"事后"交易费用主要包括偏离合作方向的不适应费用;讨价还价所带来的费用;为解决纠纷而建立专门治理结构并保持运行的费用②。

综上可见,关于交易费用的外延虽有多种划分,但结合企业参与的交易费用,其外延主要涉及三个部分:一是企业寻求合作对象、确立参与结构、讨价还价的费用;二是与合作方订立并监督合同执行的费用;三是度量、界定和保证企业产权的费用,而具体的生产资料的投入费用则不包括在本研究探讨的范畴之内。

五 产权

对产权的界定也延续从内涵到外延的顺序,以对其本质和具体内容进行说明。就产权的内涵而言,费雪(Deborah J. Fisher)就曾将产权界定为由于物而发生的人与人之间的行为关系,费雪曾指出"产权不是物质财产或物质活动,而是抽象的社会关系"③。对此,当代学者菲吕博顿(Eirik G. Furubotn)等亦指出"产权不是指人与物之间的关系,而是指由于物的存在而关系其使用所引起的人们之间的相互认可的行为关系,它是一系列用来确定每个人相对于稀缺资源使用地位的经济和社会关系"④。巴泽尔(Y. Barzel)在《产权的经济分析》中也曾表述,一切人类社会的一切社会制度,都可以被放置在产权的分析框架中,所谓的组织行为

---

① Ronald H. Coase, "The Nature of the Firm", *Economica*, Vol. 4, No. 16, November 1937, pp. 386 – 405.

② [美]奥利弗·E. 威廉姆森:《资本主义经济制度——论企业签约与市场签约》,段毅才、王伟译,商务印书馆2002年版,第33—35页。

③ 刘伟、李凤圣:《产权通论》,北京出版社1998年版,第12页。

④ [德]埃瑞克·G. 菲吕博顿、[意]配杰威齐:《产权与经济理论:近期文献的一个综述》,载[美]罗纳德·哈里·科斯等《财产权利与制度变迁——产权学派与新制度学派译文集》,刘守英等译,上海三联书店2014年版,第146页。

最终也可以分析称个人行为的整合①。

可见，产权虽是一个具有多角度释义的概念，但目前的多种解释之间并没有根本上的矛盾，只是解释的角度和研究方法不同而已。因此，本研究中的产权概念从内涵可理解为：对稀缺资源的使用所引起的人与人之间相互认可的行为关系②。它会影响个体相应于物的行为规范，个体必须遵守这种相互关系或承担不遵守这种关系的成本。简而言之，本研究中企业参与现代职业教育中的产权可解释为，以一定的企业参与的物或财产为载体，及在其基础上所衍生出的主体间的行为关系。

对产权内涵的界定说明：产权的有效性依赖于：（1）拥有该项权利的资格和为保护该权利所做的努力；（2）他人企图分享这项权利的努力；（3）任何"第三方"所做的保护这项权利的努力，由于上述努力都是有成本的，世界上不存在"绝对权力"。据此，巴泽尔甚至直接将产权的转让、获取和保护所需要的费用称为"交易费用"③。按照巴泽尔的理解，制度存在的意义恰恰在于保护产权，正是在这个意义上，本研究将产权与交易费用视作制度变量分析的"一体两翼"。

综合以上对产权内涵的理解，可以推导出本研究中的产权外延，即存在于企业生产资料占有之上的完全权利及由参与行为所衍生出的相关权利，包括所有权、使用权、转让权与收益权等④。

六 制度

制度是一个社会的博弈规则，或者更规范地说，它是一些人为设计的、形塑人们互动关系的约束，从而构成了人们在政治、社会或经济领

---

① [美] Y. 巴泽尔：《产权的经济分析》，费方域、段毅才译，上海人民出版社1997年版，第2页。
② [美] 阿曼·阿尔钦：《产权：一个经典注释》，载 [美] 罗纳德·科斯等《财产权利与制度变迁——产权学派与新制度学派译文集》，刘守英等译，上海三联书店2014年版，第121页。
③ [美] Y. 巴泽尔：《产权的经济分析》，费方域、段毅才译，上海人民出版社1997年版，第3页。
④ [英] 沃克：《牛津法律大辞典》，邓正来等译，光明日报出版社1988年版，第729页。

域里交换的激励。制度存在的目的是通过为人们提供日常生活的规则来减少不确定性。正如诺思所说："制度在社会中的主要作用，是通过建立一个人们互动的稳定（但不一定有效）结构来减少不确定性。"① 因此，本研究中的制度内涵可定义为现代职业教育治理中企业主体同其他利益相关者之间的一种博弈规则。

据诺斯对制度外延的阐述，其包括三方面内容：正式规则、非正式规则和实施形式。正式规则包括政治制度、经济制度和契约。比如从宪法到成文法、普通法，到具体的内部章程，再到个人契约，彰显出一般性规则到特别性规则的界定。并且，修改宪法要比修改成文法的成本高，正如修改成文法的成本要比修改个人契约的成本高一样。本研究涉及的企业参与制度主要为经济制度和契约，其中涉及产权界定，主要为企业对其自身资产的使用、收益的获取，并重点分析企业参与过程中人力资本产权的获取。基于此，研究将进一步延伸至企业参与现代职业教育治理的实施层面，讨论企业在让渡部分资产的同时，政府应提供何种制度安排来保障企业获取相应的产权收益，以促使现代职业教育体系更为有效的运行。非正式约束包括惯例、道德、伦理、意识形态等形式，其最重要的作用是"在交易费用给定的情况下，衡量交易实施的成本被降至最低，而且获得参与各方默认的惯例能够促进交易的自我实施"②。事实上，正式制度与非正式制度之间，只是存在程度上的差异，从禁忌、习俗、传统、惯例、政策、法律到成文宪法，制度实际上是一个连续的过程。

但据本研究的问题及制度自身的可复制性，文中对制度分析的外延主要集中在内方面：正式制度及制度实施。研究对企业参与的交易费用分析也会紧紧围绕上述制度外延进行，并借助新制度经济学中的交易费用变量和产权配置对正式制度的影响及其实施进行理论分析。而鉴于非正式制度的可复制性与篇幅所限，研究对其处理主要集中在正式制度所

---

① ［美］道格拉斯·C. 诺思：《制度、制度变迁与经济绩效》，杭行译，格致出版社2014年版，第40页。

② 同上书，第49页。

建立的"稳定结构"中，而非正式制度本身暂不纳入本研究的分析范畴。

第五节 研究方法

一 文献研究法

本研究的相关的文献主要从以下方面着手，一是治理相关的理论研究；二是企业参与现代职业教育困境的治理梳理，主要包括我国企业参与职业教育人才培养的已有研究及相关政策背后的治理逻辑分析；三是搜集企业参与集体行动困境的相关理论资料，主要包括新制度经济学及其各个分支的相关研究资料等；四是搜集优化现代职业教育体系及制度设计的相关文献，这些文献的搜集与整理将为本研究中企业参与困境的共性分析、理论框架搭建、相关支撑案例及研究结论的推导等提供丰富的资料与坚实的理论依据。

二 比较研究法

比较研究的关键，首先是确定比较的维度，然后是确定比较的标准，最后是比较分析，找出异同并发现规律。但比较维度与比较标准的确定与研究目的、研究的理论视角、研究者的认识能力等有关。本研究将重点通过横向比较，深入了解国外企业参与职业教育的政策与实践案例，学习与借鉴国外的成功经验。结合研究问题，本研究将重点关注德国、日本及美国职业教育中的企业参与的典型案例，特别是将相关法律法规等制度治理策略作为比较参照的重点，借此来分析企业参与职业教育制度的多维影响因素，为我国企业参与现代职业治理的制度供给与政策制定提供经验借鉴。

三 调查研究法

调查研究是一种描述研究，是指通过原始材料的观察、访谈，有目的、有计划地搜集与研究问题相关的材料，从而形成科学认知的研究过程[①]。本研究中的调查研究侧重于经济性调查，主要是指搜集企业参与困境的经验事实，获得相关材料的基础上进行的研究。对该方法的运用一是着重研究企业参与的现实情况，以区别于对以往过去发生的历史事实，二是所搜集材料是在自然状态下，不加任何干涉所获取的，以确保事实材料的客观性。

四 案例研究法

案例研究是指追踪与研究问题相关的个体或团体行为的一种方法，包括对一个或多个个案材料的搜集、记录和整理，以佐证研究观点。本研究中将结合企业参与的集体行动困境，追踪若干企业参与较为成熟的发达国家的典型案例。尽管本研究以某个或某几个国家案例作为研究的对象，但从研究对正式制度的探讨来看，其结论仍具有一定的推广性，对典型个案的经验总结在应对我国企业参与困境的问题上仍具有相当的借鉴性，这将为健全企业参与制度的设计和落实提供一定的方法依据。

第六节 研究思路与技术路线

一 研究思路

第一，通过分析梳理当前企业参与现代职业教育的治理逻辑，明确制度化治理的切入点，并构建出本研究的理论框架——企业参与现代职业教育的新制度经济学分析。

第二，企业参与困境的交易费用分析。从交易费用视角分析我国企业参与现代职业教育的障碍，包括企业参与的行为假设，企业参与交易的不确定性、交易频率及企业自身的资产专用性等，并讨论市场竞争、市场规模及邻近企业博弈对企业参与的交易费用影响。

第三，企业参与困境的产权因素分析。在厘清企业参与产权内容及产权功能的基础上，对企业参与的人力资本产权与非人力资本产权进行

---

① 裴娣娜：《教育研究方法导论》，安徽教育出版社1995年版，第158页。

深入分析，结合企业参与的具体实践，从产权配置角度探讨影响企业参与动机和收益获取的制度性障碍。

第四，研究结论的推导。利用资产专用性在企业交易费用与产权配置中的关联，据企业技术结构同交易类型的匹配关系，对企业参与现代职业教育的治理结构进行推导。并据前述企业参与的交易费用与产权因素分析，将企业技术结构同相应的治理结构进行匹配，结合国内外相关典型案例，分析企业参与现代职业教育困境的多重治理结构。

第五，研究建议的提供。根据企业参与现代职业教育的多重治理结构，从降低交易费用角度出发，有针对性地提出健全企业参与的制度供给方向，以激发企业参与活力，实现企业参与现代职业教育制度的有效供给。

二 研究技术路线

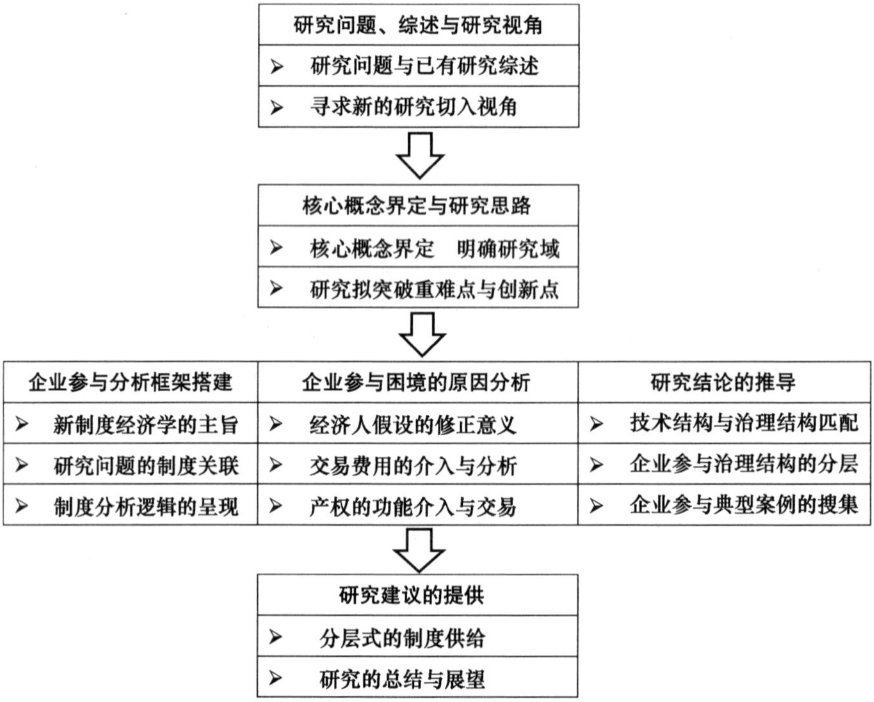

```
┌─────────────────────────────────┐
│    研究问题、综述与研究视角         │
│  ➢ 研究问题与已有研究综述          │
│  ➢ 寻求新的研究切入视角            │
└─────────────────────────────────┘
              ⇩
┌─────────────────────────────────┐
│    核心概念界定与研究思路          │
│  ➢ 核心概念界定 明确研究域         │
│  ➢ 研究拟突破重难点与创新点        │
└─────────────────────────────────┘
              ⇩
┌──────────────┬──────────────┬──────────────┐
│企业参与分析框架搭建│企业参与困境的原因分析│研究结论的推导      │
│➢ 新制度经济学的主旨│➢ 经济人假设的修正意义│➢ 技术结构与治理结构匹配│
│➢ 研究问题的制度关联│➢ 交易费用的介入与分析│➢ 企业参与治理结构的分层│
│➢ 制度分析逻辑的呈现│➢ 产权的功能介入与交易│➢ 企业参与典型案例的搜集│
└──────────────┴──────────────┴──────────────┘
              ⇩
┌─────────────────────────────────┐
│    研究建议的提供                  │
│  ➢ 分层式的制度供给                │
│  ➢ 研究的总结与展望                │
└─────────────────────────────────┘
```

图1—1 研究技术路线

第七节 研究重点、难点与创新点

一 研究重点

本研究拟重点研究和解决三个问题：一是构建企业参与现代职业教育的新制度经济学分析框架。主要阐述制度化治理逻辑下企业参与现代职业教育困境的适切性；二是企业参与困境的影响因素有哪些，主要涉及影响企业参与的交易费用的内部特定因素与产权配置的制度因素，前者诸如交易频率、交易确定性及企业资产专用性限制，后者涉及参与企业的人力资本产权和非人力资本产权；三是如何依据新制度分析框架提出一个合乎我国现代职业教育发展的制度供给环境，以激发企业的参与动机，激发职业教育办学活力，并推进我国现代职业教育治理组织体系的完善。

首先，构建企业参与现代职业教育的新制度经济学分析框架。从制度化治理逻辑的角度来理解企业参与，是对传统政府单一管理模式的一种理论回应，传统的单中心管理意味着政府作为供给和生产的唯一主体，对职业教育进行排他性管理。而以奥斯特罗姆为代表的制度分析学派所提出的多中心治理则意味着在社会公共事务的管理过程中，并非只有政府一个主体，而是存在着包括政府、院校、企业及多种组织类型在内的多决策中心，它们在一定的规则约束下，以多种形式共同行使主体性权力，共同支配组织资源。因此，如何遵循制度化治理逻辑来搭建企业参与现代职业教育的理论分析框架，是本研究所要解决的首个重要问题。

其次，企业参与困境的交易费用分析。当前相关的理论研究者均对企业进行简单化的人性假设，即要么把企业假设为利益最大化的追求者，要么假设为社会责任的实现者，均有极端化企业行为的嫌疑。在新制度经济学对企业行为进行"有限理性"和"机会主义"的修正之后，既为交易费用的研究提供了可能，也为制度的供给提供了空间指向。正是在此前提下，研究才能深入影响企业参与交易费用的微观因素层面，所以这部分内容是本研究的重中之重，是后续研究结论推导的基础。

再次，企业参与困境的产权内容及功能分析。产权分析与交易费用可以说是制度分析变量的"一体两翼"，其对实现企业参与现代职业教育治理的有效制度供给非常重要，是解决我国企业参与现代职业教育动力不足、合作质量差强人意、参与收益外流等制度性障碍的关键。只有探索与明晰我国企业参与现代职业教育治理的产权内容及其功能的实现路径，才能从根本上激发我国企业参与现代职业教育的活力。

二 研究难点

首先是对新制度经济学中交易费用概念的把握。这既是本研究的创新点，也是本研究的难点，因为交易费用的概念涉及的影响因素较多，这无疑加重了本研究对其分析的工作量。而且，交易费用亦是抽象较高的概念，而对抽象概念的操作化一直是人文社会科学研究的难题之一，这无疑会为研究后续典型性案例的选取增加难度。加之，对交易概念的理解与界定方式在理论界并没有达成共识，容易导致对此概念外延的泛化，这也会对本研究中对交易费用的分析产生更高、更严格的要求。

其次是个案研究中对象的选取与联络工作。因为本研究的前瞻性，所以研究案例的典型性把握和选取需要非常慎重。但是目前尚没有相关的统计报告、年鉴或数据库可以提供直接的案例研究，因此本研究需通过对相关参与企业进行访谈调查来获取一定数量的一手资料。而对企业人员、行政管理部门、院校进行的深度访谈，需要笔者投入相当的成本，对相关案例材料的分析也必将花费笔者相当的精力。

三 研究创新点

本研究紧密围绕企业参与的集体行动困境，利用新制度经济学交易费用的分析工具，构建起针对研究问题的理论分析框架。然后，结合中外企业参与职业教育的实践案例，探讨企业参与现代职业教育的多重治理结构与制度供给路径，以为企业参与高技能人才培养的制度供给提供明晰方向，为企业参与现代职业教育提供理论和实践指导。具体而言，研究的创新点主要包括以下三个方面。

一是研究推导出了企业参与现代职业教育的多重治理结构。研究引入了新制度经济学中对制度变量的分析——交易费用和产权工具,根据企业技术结构与交易类型的匹配,推导出企业参与的多重治理结构,明确了现代职业教育多元治理的复杂性及协作体系的复杂性。研究结论能够为政府角色的转变、治理工具的选择及治理政策的制定提供极具实践价值的理论指导。

二是研究明确了企业参与"内部化"的制度变迁方向。随着社会分工的不断发展,专业化程度的不断提升,企业参与现代职业教育的交易费用将会不断提升,甚至交易费用的上升会超过由社会分工所带来的生产费用的下降,此时现代职业教育治理将对企业参与的制度需求越来越大。虽然制度变迁特定的、短期的路径是不可预测的,但长期而言,企业参与"内部化"制度变迁的总的方向则不仅是可预见的,还是难以逆转的,这也可视为对本研究问题最为有益的回答。

三是研究将有益于交叉学科的拓展。已有研究多关注企业参与的生产(培训)成本,所以研究大都从成本构成切入,从成本补偿切出。但本研究借助新制度经济学,将问题的研究视角从"生产"转向了"交易",研究从企业的性质入手,通过对交易费用与产权因素的变量分析,透视企业参与困境产生的原因,有助于重新理解和识别影响我国企业参与现代职业教育困境的关键因素。研究问题建立了职业技术教育学与新制度经济学的链接,为典型的交叉学科创新,不仅有助于学科自身的发展与深入,也有助于交叉研究的拓展。

第二章

企业参与现代职业教育的
新制度经济学分析框架

经济学自20世纪60年代以来,最为引人瞩目的发展就是新制度经济学的异军突起,其创始人科斯和主要代表人物诺斯、威廉姆森先后于1991年、1993年、2009年被授予诺贝尔经济学奖。这充分说明了新制度经济学在现代经济生活中的理论地位。美国著名经济学家、诺贝尔经济学奖得主斯蒂格利茨认为,"新制度经济学从新的视角来解释制度并检查它的结果,二十一世纪将是新制度经济学繁荣发达的时代,它将对越来越多的引导经济事务的具体制度安排提出自己的真知灼见,并且为改变这些安排以增强经济效率提供理论基础"[1]。那么,新制度经济学研究的主旨是什么,"新"在何处,其理论研究的问题与企业参与的集体行动困境到底有何共性,这将是本章所要研究和回答的问题。

第一节 新制度经济学的主旨与
"制度"变量的意义

一 新制度经济学的主旨

新制度经济学在20世纪30年代到60年代开始形成和兴起,其深刻的现实背景是经济生活中各种现实困境的出现。对此,新古典经济学却

---

[1] 转引自卢现祥主编《新制度经济学》,武汉大学出版社2011年版,第16页。

无法给出一个合理的解释，尤其是随着垄断资本主义的出现，经济生活中的外部性问题变得越来越普遍，正是由于大量外部性问题的存在，才诱使科斯等经济学家对此进行研究。而自 20 世纪 70 年代以来新制度经济学的迅速发展，则是与以下现实问题紧密相关。

（一）公共政策领域的现实困境

20 世纪 70 年代以来，西方发达国家对凯恩斯主义经济政策实践所导致的反思、经济改革的尝试及各国经济发展结果的绩效差异，使人们越来越认识到制度的重要性，这反过来促进了新制度经济学的繁荣。战后，西方国家普遍在凯恩斯主义的影响下，激增的政府干预和日益政治化的经济生活导致了许多无法预料的后果（如环境问题、资源浪费等），这使得资本主义制度下的传统经济秩序面临新的挑战。上述问题导致了较低的经济增长速度，并助长了民众对公共政策的不满。人们逐渐认识到，日益精简的法律和自发的制度安排对经济发展也是至关重要的。新兴国家和不发达国家的人们也意识到制度需要培养，而这正是传统经济学没有涉及的地方，尤其是当人们惊讶于东亚国家与非洲经济增长的结果为何如此大相径庭时，制度的关键作用便一目了然。

世界各国在职业教育领域的实践亦是如此。如在当前职业教育发展的过程中，企业参与困境已成为各国职业教育治理中的重点和难点，但与此同时，我们也同样真实地观察到德国借助于特色鲜明的社会市场经济制度及在此之上的"双元制"，迅速实现了战后本国经济的恢复和腾飞；日本借助于企业内部的员工的终身制，通过既不同于市场，又不同于政府的制度安排实现了本国高技能人才培养制度的有效供给。这说明在公共政策领域，存在着"国家"调控和"市场"调控均不能到达的"中间地带"，这个地带亟须制度这种"第三方"力量的介入才能集中和发挥二者的作用，而这正是企业参与困境对制度应用的现实需求。

（二）经济全球化中的"制度"竞争

经济全球化的发展是新制度经济学研究的又一主旨。随着全球化的不断推进，国际竞争越来越激烈，但技术和产品竞争的背后是一国制度系统的竞争。在吸引经济增长的资本、技术和跨国企业方面，有些国家的制度被证明是切实有效的,而那些经济发展相对滞后的国家则开始效仿成功国家的制度。尽管国家之间、区域之间的制度竞争都是隐性化的,无法真实地触及,但却又是客观存在的。在可预见的未来,制度所起的作用会越来越大,用诺斯的话说即为"决定性"的。显而易见,制度竞争的挑战会越来越明显,但在此之前我们对制度决定性的深刻认识,是寻找和建立有效制度的前提。

在经济全球化的过程之中,人力资本的全球化配置也将越来越重要,对高技能人才的追求将成为全球产业协同中最为重要的一环。我国现代职业教育体系的建立正是为了应对这一挑战,满足我国智能制造、高端服务等行业对高技能人才的需求,增强我国在世界范围内资源协同创新能力[①]。但是,提升我国协同创新能力的前提要依靠现代职业教育体系对高技能人才的培养,而该体系的建立离不开企业的深度参与。当前,我国企业参与的集体行动困境已然摆在了我们面前,对企业参与困境的治理不仅要靠"有形"的政府和"无形"的市场,更重要的是要建立各参与者协商基础之上的"制度"约束,如此才能以积极的姿态面对经济全球化对我国现代职业教育体系的挑战。

(三) 转型期国家对制度的客观需求

新制度经济学的兴起与大量转型期国家对制度的客观需求也存在密切关系。转型期国家的人口几乎占世界的1/3,经济转型的特点主要为从传统计划经济向市场经济过度,转型的实质就是制度变迁或者说制度创新。当前,转变过程中的社会主义国家已经吸引了众多经济学家的才智,这些问题主要聚焦在各种制度在鼓励企业创新、提升交易效率上的重要性方面。与此同时,存在大量政府管制的西欧福利国家,也正在试图突破创新减缓、增长放慢和就业机会减少的现实困境。要想理解其变革观点的论据,就要将制度明确地纳入经济学理论,否则就无法提供充分的解释。新制度经济学之所以被人们接受,不单单是处于理论上的好奇,

---

① 《教育部等六部门关于印发〈现代职业教育体系建设规划 (2014—2020 年)〉的通知》(教发〔2014〕6 号),http://old.moe.gov.cn/publicfiles/business/htmlfiles/moe/moe_630/201406/170737.html,2014 年 6 月 16 日。

最重要的是除却自身的理论体系，其对客观的经济生活具有相当的解释力。马克思曾指出，"理论在一个国家实现的程度，总是决定于理论满足这个国家需要的程度"①。当现实问题需要理论作出回答时，哪种理论的解释力更强，哪种理论就会赢得群众。

以我国改革开放为例，自十一届三中全会以来，便循着对内改革、对外开放的步伐，以完成从计划经济向市场经济的过渡，从新制度经济学视角表述，改革的实质便是制度变迁的过程。党的十八届三中全会将推进国家治理体系和治理能力现代化作为全面深化改革的总目标，便是国家寻求在政治、经济、文化、社会等多领域制度创新的具体表现。只有如此，才能聚焦和比较各种制度在利用知识、技术、鼓励企业创新和降低交易费用上的优劣，才能解释为何传统的如福利供给那样看似正常的政府经济活动重新私有化在总体上是有益的，为何解除政府管制会有好处。而新制度经济学对制度变迁和制度创新等方面的分析，有利于帮助我们掌握转型中的一些普适性规律，有利于政府更为科学化的决策。

二 "制度"变量分析的意义

公共领域的现实困境促使学界重新审视"制度"存在的作用，特别是新古典经济学对制度研究的忽视，这种忽视使其分析模型在面对种种现实问题时凸显出解释力的局限。埃格特森对此指出，"如果不进行进步的修正，很难用于重要经济问题的分析"②。正是新古典经济学的这种僵化引起了新制度经济学家的批判，并由此导致了对"制度"作用的重新认识与"制度"分析变量的引入。

（一）对"制度"分析的忽视

新古典经济学对"制度"分析的忽视由来已久。新古典经济学泛指从19世纪70年代到20世纪30年代以边际分析方法和原则为特征的各种学说，其以马歇尔经济学为代表。广义而言，新古典经济学实际涵盖了

---

① 《马克思恩格斯选集·第一卷》，中共中央马克思恩格斯列宁斯大林著作编译局编译，人民出版社1995年版，第11页。

② ［冰］思拉恩·埃格特森：《新制度经济学》，吴经邦译，商务印书馆1996年版，第10页。

从古典经济学到凯恩斯经济学之间西方主流经济学,并构成了后来微观经济学的基础,其一切命题和分析方法都包括在价格体系所调节的供求均衡当中。显然,科斯最早意识到新古典经济学对制度分析的忽视,其在《企业的性质》中所阐述的观点即是最好的证明。正如科斯在《论生产的制度结构》中所指出的,"主流经济理论经常把企业描绘成一个'黑箱',但在现代经济体系中,大部分资源是在企业内部使用的,而且资源的使用依赖于行政性决策,而不是直接依赖于市场的运作,所以经济体系的效率很大程度上取决于这些组织……更令人惊讶的是,尽管经济学家的兴趣在于价格制度,但他们却忽视了市场这种支配着交换过程的更为具体的制度安排。由于这些制度安排在很大程度上决定着生产什么,所以我们拥有的是一个非常不完整的理论"[1]。可见,在新古典经济学的研究对象中,经济学家的焦点集中在市场价格所调整的产品销售与边际所控制的生产要素配置上,而对企业内部的组织结构和决定交易费用的制度结构则不感兴趣。新古典经济学对组织存在的目的和制度的忽视成就了科斯的经典论文《企业的性质》,并直接奠定了以交易费用为分析工具的新制度经济学基本框架。

除科斯外,多位新制度经济学家都对新古典经济学对制度的忽视提出过批评。如舒尔茨(Theodore W. Schultz)就曾指出制度在新古典经济增长模型中是被"剔除"掉的,"新古典经济学家在陈述经济模型时一个积习难改的特征是,他们并不提及制度。但尽管有这一疏忽,现代经济学人在着力为制度变迁寻找理论支撑"[2]。制度变迁理论的代创立者诺斯也曾指出,新古典增长暗含的假设前提是"世界是和谐的,制度并不存在,所有的变化都可以通过市场的完美运行来实现。简言之,信息费用、不确定性、交易费用都不存在"[3]。在新古典经济模型中,除了市场外并

---

[1] [美]罗纳德·哈里·科斯:《论生产的制度结构》,盛洪、陈郁译,上海三联书店1994年版,第166页。

[2] Theodore W. Schultz, "Institutions and the Rising Economic Value of Man", *American Journal of Agricultural Economics*, Vol. 50, Dec. 1968, pp. 1113–1122.

[3] [美]道格拉斯·C.诺斯:《经济学史中的结构与变迁》,陈郁、罗华平译,上海三联书店1994年版,第5—8页。

不存在任何组织和制度。我国经济学家林毅夫所提出强制性制度变迁理论，也对新古典经济学制度提出了批判。他曾指出，对制度及其演进的过程是马克思主义经济学的研究重点之一，但新古典经济学却对此视而不见，而又在建立经济模型时将交易费用、产权及充分信息作为完美存在。对此，林毅夫表示"如果存在完全竞争，资源配置就可以达到帕累托最优。另外，任何在技术上可行的特定的帕累托最优都可以通过建立自由市场和适当的要素所有制来实现。在这种情况下，企业被缩减为生产函数的同义词，除市场之外的制度安排没有考虑的必要，而政府干预也只有在'古典'环境受到侵犯而导致市场失灵时才被允许施行"[①]。然而，即使在最为先进的经济中，也存在着与市场并行的制度安排。比如现代企业制度的产生，即是独立于市场之外可供选择的协调生产与资源配置的方式，而且其始终处于不断变化之中。这说明企业不仅仅是一种生产函数，而是一种独立于市场体系之外的制度结构。因此，人们为了提升经济效率和社会福利不得不对不同的制度变迁做出社会选择，以此来提升各自应对复杂经济问题的适应能力。

对企业参与困境进行制度分析，与马克思体系中生产关系同生产力之间的辩证关系有类似之处。正如新制度经济学家拉坦所言，"马克思比同时代的学者更深刻地洞见到技术与制度变迁之间的历史关系。他将发明视为一个社会过程，而不是先验的洞见或偶然的天赋灵感。在马克思的体系中，阶级斗争反映了经济制度的演进与生产技术进步之间的'冲突'，尽管马克思强调了生产方式变化与生产关系变化之间的辩证关系，但他相信前者提供了社会组织变迁更为动态的力量"[②]。即使如此，这也让新制度经济学家意识到，制度分析对人类历史长期变迁的重要性，诺斯的经济史研究即说明了不同制度间的效率差异及制度框架对人们选择

---

① 林毅夫：《财产权利与制度变迁》，载［美］罗纳德·科斯等《财产权利与制度变迁——产权学派与新制度学派译文集》，刘守英等译，上海三联书店2014年版，第260—261页。
② ［美］弗农·W. 拉坦：《诱致性制度变迁理论》，载［美］罗纳德·科斯等《财产权利与制度变迁——产权学派与新制度学派译文集》，刘守英等译，上海三联书店2014年版，第229页。

的约束力。显而易见，这与马克思所言的任何社会生产都是在一定生产关系约束下进行的观点是紧密相关的，而新制度分析的最大贡献即在于将边际收益引入制度分析之中，这将在下节重点讨论。实际上，马克思对社会经济问题的分析框架自始至终都具有很强的说服力，甚至可以说新制度经济学事实上只是在马克思的经济分析框架中加入了边际收益分析。对此，诺斯指出，"在详细描述长期变迁的各种现存理论中，马克思的分析框架是最有说服力的，这恰恰是因为它包括了新古典分析框架所遗漏的所有因素：制度、产权……马克思强调在有效率的经济组织中产权的重要作用，以及在现有的产权制度与新技术的生产潜力之间产生的不适应性，这是一个根本性的贡献"[1]。因此，马克思对社会生产潜力与产权结构矛盾的制度分析，也为企业参与困境的制度化治理逻辑应用提供了相应的理论依据。

（二）制度变量的引入：交易费用的发现

20世纪30—60年代被认为是新制度经济学的产生阶段，其标志性的事件即是1937年，科斯的经典论文《企业的性质》在英国《经济学》杂志上发表[2]。文中科斯首次提出交易存在费用的观点，正因此《企业的性质》被公认为是新制度经济学诞生的标志。

《企业的性质》源自科斯在1932年作为伦敦经济学院的学生时对美国工业纵向和横向联合问题的考察。如前所述，在新古典经济学的理论框架中，市场通过完美的价格机制将社会结成一个高效运行的有机体。在这个完美的有机体中，任何混乱的出现都会通过价格体系自动、迅速、无成本地调整到有序的状态。貌似"市场有着非凡的功能，仅靠各种价格机制就能把一切问题摆平"[3]。这意味着价格机制的运转是无成本的，对于任何交易者来说，不存在获取市场信息的障碍。如此，科斯的问题

---

[1] ［美］道格拉斯·C. 诺斯：《经济学史中的结构与变迁》，陈郁、罗华平译，上海三联书店1994年版，第62—68页。

[2] Ronald H. Coase, "The Nature of the Firm", Economica, Vol. 4, No. 16, November 1937, pp. 386–405.

[3] ［美］奥利弗·E. 威廉姆森：《资本主义经济制度——论企业签约与市场签约》，段毅才、王伟译，商务印书馆2002年版，第28页。

便是：既然价格机制如此完美，社会就可以通过分工的不断细化，生产效率无限提升，保证各种资源的配置达到帕累托最优状态。可现实中却并非如此，而是存在企业这种非市场交易方式，而分工和市场都不足以产生企业制度，这又该作何解释？如此，科斯的问题便可简述为，既然市场能够配置资源，那为什么还需要企业？既然市场交易不存在费用，通过企业来配置资源的根本原因又是什么？沿着这一思路，科斯发现利用价格机制是有成本的，而企业存在的价值就在于节约市场的交易费用。按照他自己的叙述，"到1932年夏季我找到了答案，我觉察到利用价格机制是有费用的，必须去发现价格是什么，要进行谈判、起草合同、检查货物，做出安排解决争议等等，这些费用可称为交易费用（transaction cost）"[①]。

显而易见，科斯突破了新古典经济学价格机制对经济体系的解释视角，"发现"了交易费用的存在。在新古典经济学的理论框架中，市场通过单一的价格机制便可将社会凝聚为一个有机体，正是基于亚当·斯密对市场这只神奇的"看不见的手"的经典论述，才形成了自斯密之后长盛不衰的"市场崇拜"。对此，科斯指出"通过价格机制组织生产的最明显成本就是发现相对价格的工作。随着出卖这类信息的专门人员的出现，这种成本有可能减少，但不可能消除，市场每发生一笔交易的谈判和签约的费用也必须考虑在内"[②]。交易费用的"发现"意味着交易是"稀缺的"，不同交易间的"摩擦力"是可比较的。

由此可知，新古典经济学所阐述的市场均衡模型是建立在一系列严格假定的基础上的。在这个理想的模型中，信息分布的均衡与透明、群体成员间偏好的差异、制度结构对选择的影响都被视为既定的，只有上述条件完全具备，在价格体系的引导下才能实现资源配置的帕累托最优。但现实中的经济运行状况并非如此，企业就是价格体系之外一个显著的子系统。虽然个体生产可以通过市场交易实现合作，但企业存在的价值

[①] ［美］罗纳德·哈里·科斯：《论生产的制度结构》，盛洪、陈郁译，上海三联书店1994年版，第356页。

[②] 盛洪主编：《现代制度经济学（下册）》，北京大学出版社2003年版，第106页。

恰恰在于节约交易费用。企业作为市场的替代物，是因为企业内部的交易在一定限度内可以降低市场交易费用，而这正是《企业的性质》一文所表达的核心观点。

虽然科斯首提交易费用的概念，但把交易引入经济学范畴并做明确界定和分类的是著名经济学家约翰·康芒斯（John R. Commons）。康芒斯在1934年出版的《制度经济学》一书中，就将交易与交换做出了区分，指出所谓交换是"一种移交和接受物品的过程，或者移交与接受一种主观的交换价值"[1]。而交易与交换中物品的空间转移不同，交易是个人与个人之间对物质东西的未来所有权的转让与取得，一切决定于社会集体的业务规则。因此，交易须按照社会的业务规则先在有关方面之间谈判，然后劳动才能生产，或者消费者才可以消费，或者商品才可以交给其他人[2]。

实际上，交换的概念不仅隐蔽了讨价还价的买卖程序，使人只看到劳动的管理程序，以及依靠权利的限额程序，更重要的是交换隐蔽了法律的作用，严重忽视了交易背后法律（制度）对经济的支撑作用。由此，交易被作为制度经济学最小的分析单位，成为"使法律、经济学和伦理学有了相互关系的单位，这种单位即为'交易'"[3]。而且，康芒斯的表述明确了交易的对象是财产权利，是通过人与人之间的出让所产生的人与人之间的关系，是所有权的转移。最重要的是交易需遵循一定的"业务规则"，用以调节交易过程中彼此间的利益冲突，而这就是所谓的"制度"。

康芒斯对交易概念的分析和认识将经济学的研究焦点从生产转向了交易，明确了正是现实中多种类的交易相互依存才共同构成社会中的组织运行。可见，生产反映的是人与物的关系，而交易反映的是人与人的关系。而且，康芒斯将交易分为三种类型：买卖交易、管理交易与限额交易。买卖交易是市场上平等双方主体间的交易，该类型交易的目的是

---

[1] ［美］约翰·康芒斯：《制度经济学》，于树生译，商务印书馆1962年版，第71页。
[2] 同上书，第74页。
[3] 同上书，第76页。

资源的重新配置，以促使人们再生产；管理交易，指组织中上下级间的交易，下级必须服从上级，该类型交易虽含有一定的谈判成本，但主要是以上级意志为依据，比如现代企业中的科层式管理；限额交易，是指上级是集体代理或政府、立法机关或法院，是公共利益与个体利益间的交易①。康芒斯所划分的三种交易类型覆盖了人类经济生活中的各种活动，不同的经济制度是以上三种交易类型的不同排列组合。

通过被康芒斯一般化的"交易"概念，可以使我们对企业参与现代职业教育有一个新的解读视角，企业参与是采用市场化买卖的交易，还是当前流行的集团化的、管理式交易，或者是类似于德国教育企业的组织内交易，都可以归结为不同的交易组合类型。

康芒斯对交易概念的分析和认识将经济学的研究焦点从生产转向了交易，明确了正是现实中多种类的交易相互依存，才共同构成社会中的组织运行。不过，康芒斯在《制度经济学》中主要采用法学和社会学的方法对交易单位进行分析，没有对交易进行经济学上的成本—收益分析，忽视了交易活动本身也是会产生费用的。方法上的桎梏限制了其理论向新制度经济学的过渡，但这也为科斯交易费用的"发现"提供了理论基础。康芒斯在其巨著《制度经济学》中提出的"交易是经济分析的基本单位"的法则，在新制度经济学发展中得到了彻底的贯彻和发扬。

在交易费用决定因素的研究方面，威廉姆森的工作可算最为深入。威廉姆森的贡献不仅表现在他对交易费用决定因素的分析上，而且包括他对交易费用的应用研究上。他借助交易费用的分析工具，深刻地研究了各类经济组织问题，特别是企业、市场以及与之相关的契约问题。1985年，威廉姆森在其著作《资本主义经济制度——论企业签约与市场签约》中对交易费用进行了划分：（1）事前交易费用，即起草、谈判、保证落实某项协议的成本；（2）事后交易费用，即交易发生后的各种费用②。可以说，威廉姆森是重新发现"科斯定理"的人，至少是由于他对

---

① [美]约翰·康芒斯：《制度经济学》，于树生译，商务印书馆1962年版，第86页。
② [美]奥利弗·E. 威廉姆森：《资本主义经济制度——论企业签约与市场签约》，段毅才、王伟译，商务印书馆2002年版，第27—28页。

交易费用的深入研究和传播，才使科斯的交易费用学说成为现代经济学中异军突起的一派。对此，北京大学经济学教授平新乔指出，"威廉姆森系统地推广了科斯定理，科斯的理论如果不好好宣传就被埋没了，是威廉姆森大声疾呼大家来讨论这个理论，并把它系统地体现出来了。在威廉姆森的倡导下，交易费用汇聚了包括组织理论、法学、经济学在内的大量学科交叉和学术创新，成为新制度经济学中的一大分支"[①]。与此同时，诺斯也对交易费用的决定因素进行了多维度分析。其主要依据商品和服务的多维属性、信息不对称、人的机会主义动机和交易本身的特征等方面分析切入。除此以外，还有许多学者对交易费用性质、交易费用计量等问题进行了研究。这些均大大地拓展了学界对交易费用的认知和应用。

1991 年，科斯在接受诺贝尔经济学奖时说："这篇文章（指《企业的性质》）中最重要的东西，是将交易费用明确地引入了经济分析。"[②] 尽管科斯当时没有明确使用交易费用的概念，但他指出发现相对价格与交易谈判都是有成本的，而这正是交易费用的本质特征和主要内容。正是基于交易费用的概念，新制度经济学才自成一派。正如诺斯所说，"'新'制度经济学与'旧'制度经济学的最大不同就是我们发现了一个关于制度和制度变迁的经济理论，而这个理论的基本概念就是科斯教授提出的'交易费用'，有个这个发现，我们才找到了解释制度存在和变迁的方式，制度经济学才称得上是'新'的"[③]。毫无疑问，交易费用是新制度经济学最为核心的概念，而《企业的性质》无疑是新制度经济学的奠基之作。

（三）产权分析的引入：制度的"一体两翼"

科斯不仅明确提出了交易费用的概念，更为重要的是，他还分析了

[①] 转引自胡庆龙《罗纳德·哈里·科斯——新制度经济学创始人》，人民邮电出版社 2009 年版，第 16 页。

[②] ［美］罗纳德·哈里·科斯：《论生产的制度结构》，盛洪、陈郁译，上海三联书店 1994 年版，第356 页。

[③] 张军：《什么是有效的经济制度》，上海三联书店 2002 年版，第 215 页。

交易费用与产权制度安排之间的内在联系,并通过交易费用的中间变量将产权问题纳入经济分析的范畴。1937年,《企业的性质》的发表在当时并没有受到重视,直到1960年随着科斯《社会成本问题》一文的发表,新制度经济学才受到学界重新审视。实际上,科斯在《企业的性质》中已经意识到运用价格机制时,清晰的产权界定对交易费用的影响。在《社会成本问题》中,科斯则直接将产权安排与资源配置效率联系起来,他指出"一旦考虑到交易费用……合法权利的初始界定便会对经济制度运行的效率产生影响"①。上述思想为解决经济活动的外部性问题提供了一种新的思路,突出了产权界定和产权安排的重要性,并在先前解决美国各类电台之间相互干扰的实践问题上得到了验证。对此,科斯明确指出,只要产权不明确,外部性侵害就不可避免;只有在明确界定产权的前提下,才能有效地消除市场机制运行的外部性②。进而,科斯在《社会成本问题》中总结道:"如果交易费用为零,那么传统的新古典经济学所描述的市场机制是充分有效的,产值最大化的结果是不受法律状况影响的,外部性问题也可以得到根治。但当交易费用为正,合法权利的初始界定就会对经济制度运行的效率产生影响,而市场机制也会由于外部性的存在而失灵"③,这就是著名的"科斯定理"④ 的内容。事实上,"现实世界中交易费用总是大于零的,此时产权的初始分配状态就不能通过无成本的交易向最优状态变化,因而产权的初始界定必会对经济效率产生影响。同时,产权的调整只有在有利于总产值的增长时才会发生,而且必须是在调整引起的产值增长大于调整所支出的交易费用时才会发生"⑤。由此,科斯定理就把交易费用、产权界定与资源配置

---

① Ronald H. Coase, "The problem of Social Cost", *Journal of Law and Economics*, Vol. 3, October 1960, pp. 1–44.

② Ronald H. Coase, "The Federal Communications Commission", *Journal of Law & Economics*, Vol. 2, No. 4, October 1959, pp. 1–40.

③ Ronald H. Coase, "The Problem of Social Cost", *Journal of Law and Economics*, Vol. 3, October 1960, pp. 1–44.

④ "科斯定理"是由斯蒂格勒于1966年在其《价格理论》一书中首先命名的。

⑤ Ronald H. Coase, "The problem of Social Cost", *Journal of Law and Economics*, Vol. 3, October 1960, pp. 1–44.

效率联系起来，这是新制度经济学用经济学方法研究制度的一个巨大成果，这也为新制度经济学日后的兴起奠定了坚实的思想基础，正因如此，科斯的《社会成本问题》也意味着新制度经济学的正式形成。

自从1966年斯蒂格勒为"科斯定理"正式命名之后，许多学者围绕科斯定理进行了讨论，一方面加深了对科斯定理的理解，另一方面也推进了对产权问题的探讨。对产权的界定是其中一个重要方面，如阿尔钦将产权定义为"一个社会所强制实施的选择一种经济品的使用权利"[①]。菲吕博顿则认为，"产权不是人与物的关系，而是指由于物的存在及关于他们的使用所引起的人们之间相互认可的行为关系"[②]。许多学者还探讨了产权的形式、属性和形成问题，如阿尔钦和德姆塞茨"根据所有者拥有产权的完整性和残缺性，把产权分为三种形式，即私有产权、共有产权和国有产权，他还对共有产权的过度利用问题进行了深入而清晰的分析，并讨论了共有产权向私有产权转变的必然性"[③]。另外，波斯纳[④]关于公共物品私人生产和张五常关于私有产权的有效性讨论等都对推进产权理论作出了贡献。

由此可见，交易费用和产权是"制度"分析的"一体两翼"，交易费用的存在会对产权的重新界定提出要求，而产权的清晰界定也有利于交易费用的降低，二者互为影响。用"科斯定理"来解释企业参与的集体行动困境，问题原因就可以被理解为，一方面企业寻求交易对象和相对的价格的交易费用较高，这会对企业参与造成一定影响；另一方面企业

---

① [美] 阿曼·阿尔钦：《产权：一个经典注释》，载 [美] 罗纳德·哈里·科斯等《财产权利与制度变迁——产权学派与新制度学派译文集》，刘守英等译，上海三联书店2014年版，第166页。

② [德] 埃瑞克·菲吕博顿等：《产权与经济理论：近期文献的一个综述》，载 [美] 罗纳德·哈里·科斯等《财产权利与制度变迁——产权学派与新制度学派译文集》，刘守英等译，上海三联书店2014年版，第204页。

③ [美] 阿曼·阿尔钦、哈罗德·德姆塞茨：《生产、信息费用与经济组织》，载 [美] 罗纳德·哈里·科斯等《财产权利与制度变迁——产权学派与新制度学派译文集》，刘守英等译，上海三联书店2014年版，第42页。

④ 美国联邦上诉法院第七巡回法庭审判庭首席大法官，芝加哥大学法学院、斯坦福大学法学院法经济学高级讲座教授，并于1973年出版法经济学专著《法律的经济分析》，此书被公认为法经济学诞生的标志。

参与过程中模糊的产权界定，会导致其参与收益无法保障，而由此产生更高的交易费用。企业参与困境凸显出制度供给的失衡，问题的突破一方面要依靠制度来降低交易费用的产生，另一方面要对现代职业教育企业主体的产权进行更为清晰的界定，通过多元利益者之间的意义建构、协商及在此基础之上的共识使其调整后的产权效用远远大于调整所支出的交易费用，才是突破企业参与困境的关键所在，而这正是本研究所要重点分析和解决的难题。

第二节　企业参与现代职业教育的"制度"分析引入

企业参与现代职业教育困境的形成，并不是因为企业没有参与意愿。如前所述，有超过90%的被调查的企业表示愿意参与高技能人才的培养，只不过因其参与收益无法保证，所以才导致了企业参与的集体行动困境。那么，企业参与困境的问题成因与性质究竟如何，企业参与困境与新制度经济学的"制度"分析到底有多大程度上的系统共性，这将是本节所要讨论和解决的重要问题，也直接关系到该理论对研究问题的解释力和后续理论框架的搭建。

一　企业参与行动的外部性反思

外部性亦称外部经济效应或邻近效应[①]，企业参与困境正是囿于其参与收益的外部性才导致了集体行动的困境。外部性概念最初源于马歇尔《经济学原理》中"外部经济"这一术语，本意是指生产规模的扩大是依赖普遍发达的经济体还是个别高效率企业。之后，外部性即专指

[①] 外部性，又称邻近效应，指个人采取某种行为但不承担全部费用或得到全部收益时的一种现象。经济学家弗里德曼（Milton Friedman）认为教育存在一定的外部性，尤其是对社会价值准则的贡献使稳定而民主的社会得以可能，最低水平的学校教育对社会具有最大的益处，随着教育水平的提高，社会得到的收益会持续下降，参见《资本主义与自由》，商务印书馆2011年版，第93—115页。

"生产或消费对其他人产生的附带成本或收益,即成本或效益被加于其他人身上,然而施加这种影响的人却没有为此付出代价。更确切地说,外部经济是一个经济人的行为对另一个人的福利所产生的效果,而这种效果并没有从货币或市场交易中反映出来"[①]。据外部性的来源和后果,可以把企业参与现代职业教育的外部性分为两种类型:一是企业参与的正外部性,如参与企业对人力资本的获取,而对邻近企业即表现为负外部性;二是邻近企业的正外部性,如邻近企业通过市场交易直接获取流入公共领域的人力资本,而这对参与企业来说即表现为负外部性。

  传统的对于经济行动外部性的解决方式当属以庇古(Arthur Cecil Pigou)为代表的福利经济学思想。庇古是经济学史上第一个论证外部性的经济学家,其倡导的税收等处理经济外部性问题的方式,为政府干预资源配置及收入分配提供了理论依据。以庇古为代表的福利经济学家认为,"在私有制条件下资源配置是通过私人的自发行为实现的,如果边际私人净产值在任何用途上恒等于边际社会净产值,则私人的自发行为将导致资源的最优配置"[②]。据此,庇古主张政府干预是实现资源最优配置必不可少的手段。他指出政府干预可通过税收或津贴来克服外部性影响造成的边际私人净产值对边际社会净产值的偏离,庇古的这种处理外部性问题的分析长期被奉为经典。特别是20世纪30年代以来,福利经济学在凯恩斯的推动下,长期在西方经济理论界占据统治地位。但问题是,实际生活中存在的种种原因使边际私人净产值背离边际社会净产值,这其中最为主要的原因即是由于经济行为的外部性所致。外部性会使得即使在排除垄断因素前提下,亦无法实现如斯密所设想的"私人追求自身利益的最大化将导致社会福利的最大化"[③]。

[①] [美]萨缪尔森、[美]诺德豪斯:《经济学(下)》,高鸿业等译,中国发展出版社1992年版,第1193页。
[②] [英]庇古:《福利经济学(上)》,朱泱等译,商务印书馆2006年版,第11页。
[③] [英]亚当·斯密:《国民财富的性质和原因的研究》,郭大力、王亚南译,商务印书馆1981年版,第9页。

与此同时，一大批新制度经济学家通过交易费用的分析工具，指出了福利经济学在处理外部性问题中的逻辑前提是客观公正的公共利益代表，可现实中只存在特殊的利益集团，而且政府运行还存在巨大的交易成本和干预效果的不确定性。对此，科斯通过《社会成本问题》中的观点和思想，阐明了外部性问题的交互性，并运用可交易产权的概念，指出在产权充分界定及实施的条件下，当事人完全可以通过谈判协商来解决外部性问题。这种对外部性问题的认识同哈耶克（Von Hayek）的"自发—拓展秩序"理论有着异曲同工之妙，即通过共识基础上的、习俗式的产权安排，无须政府介入即可达到资源的优化配置。

对于企业参与现代职业教育困境的治理而言，若按照福利经济学对企业参与行为外部性的处理方式，其所遵循的就是国家化的治理逻辑，即在政府主导下的一系列治理模式，但其有效治理的前提是信息充分、资源配置准确、监督能力强、制裁可靠有效及政府行政费用为零等，而上述条件在交易费用无处不在的经济体系中是不可能实现的。对企业参与行为外部性的制度分析可以为我们提供解决问题的另一种思路，这将有助于我们重新理解和识别企业参与困境的原因，从新制度经济学的视角推导出对问题更为现实和有效的解决策略。

二 企业参与中价格系统的失调

企业参与集体行动困境凸显出价格体系在调节企业行为中的失效，也说明价格体系只是经济体系的组成部分而非全部构成，除却古典经济学所倡导的供求和价格之外，经济体系还有着其他更为复杂的组成。事实上，自古典经济学的代表人物亚当·斯密创立富国裕民的古典政治经济学体系以来，一直以其在经济思想史上首屈一指的地位而受到学者的尊重，此种情况一直延续二百余年仍没有发生多大变化。亚当·斯密所建立的古典经济学体系是"以经济自由主义为中心，强调劳动分工和专业生产对生产效率的提升，主张用市场这只'看不见的手'引导商品生产者来实现社会资源的有效配置，反对政府对经济生活的干预"①。在《国富论》问世两个多世纪以来,经济学家的主要任务似乎就是将"看不见的手"这一命题形式化,以使亚当·斯密的分析更为准确,但对价格体系的过分关注,导致了经济学家视野的狭窄,从而忽略了经济体系的其他方面。以科斯为代表的新制度经济学家通过对"看不见的手"的理论反思,察觉到亚当·斯密所忽略的市场机制运行的成本,将"看得见的手"同"看不见的手"相结合,进一步完善了经济运行的基础理论。

对此,科斯曾指出"经济体系是通过价格机制来协调的,但那只是一个局部的描述,经济体系也是有子系统构成的,大公司就是其中的一个显著的子系统"。按照科斯的观点,当"一个工人从 Y 部门流动到 X 部门,并不是因为相对价格的变化,而是因为有人命令他这样做,此时就区分出了企业"②。由此可见,至少有两种协调机制,在市场内部,价格体系发出资源配置需要和机会的信号。而在企业内部,使用不同的组织原理,通过权力或当前倡导和流行的领导力来实现资源再分配。

通过上述分析便可得出,市场所倡导的价格和供求体系虽可以在某种程度上调动企业参与现代职业教育的积极性,但并不足以导致实际有效的集体参与行动。突破企业参与集体行动困境的关键在于通过网络主体间权利的调整,保证企业参与的收益,而这正是以制度约束为基础的组织内部可以协调和实现的行为,如此就为企业参与现代职业教育的制度分析引入提供了空间指向。

三 企业参与中制度供给的失衡

制度供给是指制度的生产与实施,企业参与困境的存在表明现代职业教育治理中企业参与制度供给的失衡状态。需要强调的是,现实中的制度运行大多数情况是处在非均衡的状态,这种非均衡表现在如下两方

---

① [英]亚当·斯密:《国民财富的性质和原因的研究》,郭大力、王亚南译,商务印书馆 1981 年版,第 16 页。

② [美]奥利弗·E. 威廉姆森、[美]西德尼·G. 温特:《企业的性质——起源、演变和发展》,姚海鑫、邢源源译,商务印书馆 2010 年版,第 2 页。

面。一方面是制度供给过剩,这是一个特殊的制度供给失衡形式,是相对于制度需求而言不必要的、多余的供给状态,比如当前国务院取消的几百种职业资格考核,即可理解为一种制度供过于求的状态①。另一方面是制度供给不足。制度供给不足是当前企业参与现代职业教育的制度供给现状,即现有的制度不能激发企业参与动机,保证企业参与收益,企业主体就会产生制度需求,出现制度有效供给的不足,但这种需求往往先于供给出现。如果企业参与的收益得到确定的预期,并不改变原有利益结构,则会出现新的制度供给均衡,而当前的状态即可理解为由决策的"时滞效应"所导致的制度空缺。但是,前述企业参与行为外部性的存在,以及由此导致的邻近企业"搭便车"、参与企业收益无法保障的情况就属于制度的"不愿"供给,加之法律体系的缺失所导致的"不能"供给,还有政府角色调整过程中的"体制性"供给不足,均使得当前企业参与的制度供给呈现出非均衡状态。

对于现代职业教育治理来说,企业参与的主体资格要以企业的技术积累与创新能力为基础,通过健全的企业参与制度,保证其参与收益的前提下才可能实现,此时即为通常所言的"制度供给均衡"。因此,"制度供给均衡"可视为人们对既定的制度安排和制度结构所持的一种满意态度,而无意也无力改变现代制度的情形。因此,均衡包含两个方面,一是"无意"所对应的双方变量均衡;二是"无力"所对应的一方不具备改变现状的动机或能力的行为均衡。《国务院关于加快发展现代职业教育的决定》中对"健全企业参与制度"②的决策与落实,正说明现代职业教育治理中的制度需求和制度供给的非均衡状态,而本研究中所说的制度均衡主要指后者,是在企业参与主体有改变动机的前提下,政府主导的"有形之手"如何协调的问题。同时要指出的是,制度均衡实质上是制度运行的"帕累托最优"状态,是制度安排与制度结构努力实现的

---

① 《国务院关于取消一批职业资格许可和认定事项的决定》(国发〔2016〕5号),http://www.gov.cn/zhengce/content/2016-01/22/content_5035351.html,2016年1月20日。
② 《国务院关于加快发展现代职业教育的决定》(国发〔2014〕19号),http://www.scio.gov.cn/ztk/xwfb/,2014年5月2日。

最佳境地。

由此可知，制度供给与商品生产有很大不同，有制度需求不一定有制度供给。通常若市场存在某种商品需求，只要在利润的驱使下，企业就会满足市场需求而进行商品生产。但制度供给取决于很多因素，尤其是权利所有者的意志，对于制度供给起着决定性的作用。从制度角度看，权利就是甲对乙的影响力，如果甲可以影响乙，则表明甲对乙有制度供给能力。所以，健全企业参与制度除了现代职业教育发展的客观需求，国家治理逻辑也不可或缺，而且是制度供给的核心力量之一。

对企业参与现代职业教育治理而言，若在简单的新古典经济学的条件下，参与者间的交易无须费用便可以进行，即参与各方都可以得到另一方的所有信息，而且交易实施也是完全的、充分的。在信息完全的情况下，制度没有研究的价值和必要。但在新制度经济学的研究假设中，信息的呈现总是不完全的，此时就必须提供一种制度安排来为现代职业教育中参与各方的交易提供稽查背信行为所必需的充分信息，并防止各方机会主义行为的发生。因此，制度供给要想确保现代职业教育治理中各参与方之间的交易，其至少需要具备两种空间指向，一是要建立一个交流机制，通过提供相关信息使稽查缺失成为可能，同时该制度的供给指向还应减少信息需求量，例如它可以使企业不需要了解合作院校的所有行为，而依靠相应的信用机制即可做是否参与的决策；二是制度设计须为承担交易责任的企业提供激励。对于现代职业教育而言，其产出的人力资本具有一定的外部性和公共属性，不可避免的会使邻近企业收益。因而，需要创建一种能带来可靠承诺的、有助于良性协作的制度环境，以降低企业参与的交易费用。

第三节 企业参与现代职业教育的"制度"分析框架

由前文分析可知，企业参与现代职业教育具有很强的外部性，市场治理逻辑下的价格体系只能使企业产生一定的参与意愿，并不能导致企业实际的参与行动。而国家化治理的有效性又需要具备种种严苛的前提条件与限制，所以本研究另辟蹊径，对企业参与的集体行动困境从制度视角切入分析。但对企业参与现代职业教育的制度分析框架如何搭建需要首先对其理论发展梳理出一个大致脉络，以为本研究中理论框架的借鉴与搭建提供一个清晰完整的思路。

事实上，自20世纪70年代至今一直是新制度经济学的延伸与发展阶段，尤其是经过斯蒂格勒1966年对"科斯定理"的命名，引起了许多学者对交易费用和产权问题进行研究的兴趣，使得居于新制度经济学主流位置的交易费用理论和产权理论得以快速发展。相关学者致力于将已有的交易费用理论和产权理论应用于企业制度研究，以新古典经济学的边际分析法，分析企业的目标和行为，由此形成了以威廉姆森为代表的交易费用理论。与此相对应的是产权理论的发展，如与人力资本问题研究相结合，形成了以舒尔茨和贝克尔为代表人力资本产权理论。与经济史研究相结合，以分析近代社会制度变迁为对象，形成了以诺斯为代表的制度变迁理论。此外，早期的产权理论与法学的结合，与交易费用一起形成了法经济学，交易费用经济学与政治学的结合，以政治生活为分析对象，形成了以布坎南为代表的立宪经济学及公共选择学理论，已被广泛运用于宪政、民主等基本政治问题的讨论[1]。从目前的发展趋势看，各个分支之间的相互影响日益密切，特别是相关学科之间的影响越来越大。但是，新制度经济学中与企业参与集体行动困境相关的主要为交易费用理论、产权理论与制度变迁理论，而这也是新制度经济学的核心理论。因此，在后续对研究问题的分析中也主要以上述理论为主。接下来，研究即围绕企业参与困境对相关理论的主要观点进行阐述，以搭建起本研究的理论分析框架。

---

[1] 该时期的代表性研究主要包括：科斯1960年对社会成本问题的重新定义；阿尔钦1961对产权问题的开创性研究；阿罗对经济信息财产这一棘手问题研究等；威廉姆森1971年首次提出用交易费用理论来重新解释纵向一体化问题；阿尔钦与德姆塞茨1972年用团队理论分析古典资本主义企业的方法及其1973年关于产权理论的著作；诺斯1971年所写具有全新面目的经济史等。

一 企业参与的交易费用与制度关联

交易费用理论是与企业参与现代职业教育分析直接相关的理论，可以说交易费用的大量存在是造成企业参与集体行动困境的直接原因。据科斯的《企业的性质》一文中所表达出来的观点，其最大价值即为从节约交易费用的视角对企业存在的目的进行了阐述。文中从企业与市场的关系角度，以交易费用为分析工具，说明企业存在的原因与企业的组织边界，明确了市场与组织间的区别。并且，该文指出了企业契约与市场契约都是为了节约交易费用，基于此考虑，某些资源配置的决策就应该在组织内进行。在权力分散的市场中，搜集产品和供应商信息、谈判签订合同、监测绩效、仲裁争议以及执行合同，所产生的费用往往意味着，如果把所有这些活动交给唯一一个能根据威权领导作出决策的科层组织去完成，会有更高的效率。

实际上，组织是各个既有合作又有竞争的自私自利的行为的个人的集合。此前的社会学关于组织的理论往往强调合作的一面，并将有机合作确定为组织的目标，所有的单个器官都忠诚于一个共同的目标。如涂尔干（Emile Durkheim）在《社会分工论》中，即将有机团结作为社会稳定发展的前提。但另一方面，阿尔奇安和德姆塞茨认为，从分工视角来说，组织内成员间权利关系与市场参与者之间的自愿关系并无本质区别。从合作视角来说，企业是一种成员自愿接受组织权力制约的关系网络。但这种接受也有局限，成员可以在劳动合同规定的条件内随时终止这种关系，并将他们的个人自我利益置于接受企业权利之上。组织的问题还存在于团队生产所导致的监督问题，因为团队生产很难分解出共同产出的结构中某个成员的相对贡献，监督的困难会导致偷懒，并使组织理论引入了阿克洛夫所提出的逆向选择概念[①]。就是说个体对其贡献所掌握的信息要多于第三方，

---

① 1970年，阿克洛夫教授（George A. Akerlof）用旧车市场作例子，阐述不对称信息如何导致高质量的旧车无法卖出，而低质量的旧车则充斥市场，结果消费者只能以高价买到次品旧车的现象。这一现象在经济学上被称之为"逆向选择"（adverse selection）。阿克洛夫是美国加州大学伯克利分校经济系教授，因其对不对称信息市场的开创性研究而获得了2001年诺贝尔经济学奖。

而这可能被利用来为员工自身谋求好处,通过激励和监督来控制偷懒行为被认为在企业中比在保持距离型的契约关系中更容易实施[1]。因为企业契约的一个重要特征是包含了威权关系,企业之所以出现是因为权威关系能大量减少需要交易的数目,即企业各种要素无须市场定价,而由企业家支配。如科斯所描述,组织内权利关系一方面的确存在着类似的目标一致性,但另一方面也同样存在群体竞争和利益互斥。

对此,张五常对科斯的理论也做出进一步的发展,提出了一个关于企业性质更透彻的解释。其指出"科斯关于企业是对市场'替代'的说法不确切,应该说,它是一种契约形式取代另一种契约形式。企业也是一种市场制度,企业和市场都是一种契约,只是形式和机制不同罢了。所谓企业'替代'市场,是用要素市场替代中间产品市场,是'一份契约取代一系列契约',其本质并非企业替代市场,而是企业制度的创立用高效的市场替代低效的市场"[2]。近几十年随着新制度经济学的持续推进,企业的交易费用理论又有了很大发展,人们已经认识到契约具有不完全性,并把它应用到企业激励契约的设计和企业最优所有权结构等问题的分析中,从而大大推进了企业性质理论。其中不完全契约理论的主要代表者有格罗斯曼和哈特,企业最优所有权结构理论的代表有北京大学的张维迎等等。

综上,交易费用从企业的性质入手,为企业参与集体行动困境提供了一种组织解释的视角,更明确了市场和组织之间的划分界限。经济学中的组织可理解为"追求共同目标的结构化群体"[3],交易费用的引入之所以经典,是因为它改变了人们思考组织的方式,企业、院校、行业协会、政府机构等都可归结为不同的组织类型,而这些组织在市场或价格体系不能发挥作用的领域负责着更高效的资源配置。企业的性质即是一

---

[1] [美]弗朗西斯·福山:《国家构建:21世纪的国家治理与世界秩序》,黄胜强、许铭原译,中国社会科学出版社2007年版,第46—48页。
[2] 张五常:《经济解释——制度的选择》,中信出版社2014年版,第16页。
[3] [美]埃里克·弗鲁博顿、[德]鲁道夫·芮切特:《新制度经济学——一个交易费用分析范式》,姜建强、罗长远译,上海三联书店2006年版,第542页。

种组织类型，虽然个体生产可以通过市场交易实现合作，但企业存在的价值恰恰在于节约交易费用。企业规模的边界即取决于"在企业组织内部额外交易的费用超过通过市场进行同样交易的费用，此时企业的规模就达到了极限"[①]；或者说企业作为一种资源配置类型，其组织边界是管理费用小于资源配置收益。可见，企业是在价格体系之外重要的资源配置方式，体现了集体行动的优势。

但科斯只是指出交易具有"稀缺性"，使得对交易费用的分析拥有了价值，而威廉姆森在科斯的基础上拓展和深化了对交易费用决定因素的认知。威廉姆森继承了科斯的交易费用框架，并对组织和市场在资源配置中的选择进行了深入的研究。他认为有约束的理性意味着合同方不可能预料到未来所有可能发生的意外情况，并针对所有可能的投机行为提供形式上的保护，没有约束的雇佣合同和权利关系会实现更灵活的调整。此外，市场效率有赖于众多的互相竞争的市场参与者存在。但是在一些特定的合同条件下，大量参与者趋向于转变为少量参与者，从而使合同签约人充分利用不对称的信息牟利，对此问题的解决方案又一次把类似交易纳入垂直一体化的组织范畴内。

具体而言，威廉姆森将交易费用决定因素分为两组：第一组为"人的因素"，即有限理性和机会主义；第二组为特定的"交易因素"，即交易不确定性、交易频率和资产专用性。另外，交易还受到市场环境因素的影响。交易的市场环境是指潜在交易对手的数量。威廉姆森指出，开始的交易具有大量供应商参与竞标，并不意味着交易关系确定后上述条件还会依然存在，这取决于事后竞争是否充分，也取决于企业所提供的资产或服务的专用性程度。如果没有专用性资产的投入，企业就不能对邻近的其他企业构成持久的优势，尽管其关系仍会维持一定的时间[②]。正是基于上述种种因素，威廉姆森论述了大幅提高交易费用的情况，明确了资源配置问题就是经济效率问题，制度存在的意义在于降低交易费用，

---

① ［美］奥利弗·E. 威廉姆森、［美］西德尼·G. 温特：《企业的性质——起源、演变和发展》，姚海鑫、邢源源译，商务印书馆 2010 年版，第 116—121 页。

② 同上书，第 116 页。

提高资源的配置效率。新旧制度就是围绕资源配置在不断更迭，直至达到制度供求的均衡状态。对企业参与现代职业教育交易费用的分析脉络如图2—1所示。

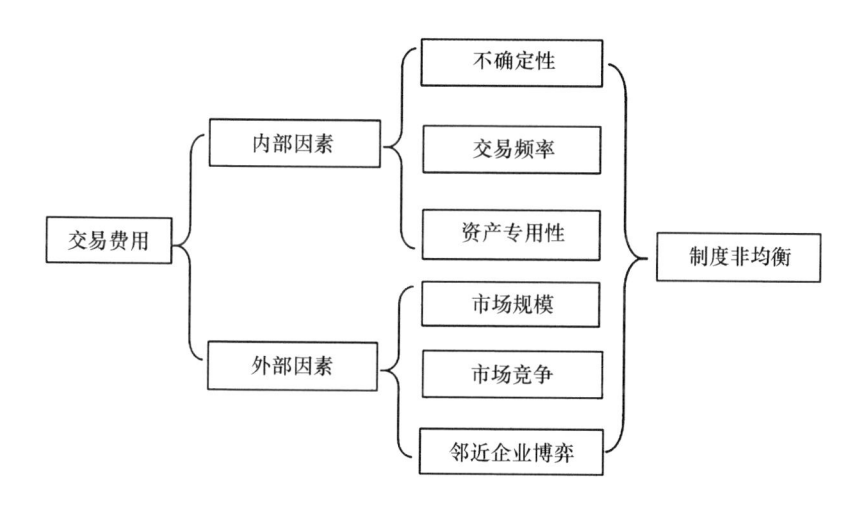

图2—1 交易费用分析框架与制度关联

对于现代职业教育治理而言，交易费用的存在说明企业的有限理性与机会主义并存，这就需要健全企业参与制度来保护和约束多元参与者之间的利益关系。

只有当企业根据自身的需要，在制度的保护中可以保证自身的参与收益时，才可能发生企业参与的意愿。而且，企业参与过程中校企间交易的不确定性极高，结合现代职业教育极强的外部性，让企业来承担这种外部性风险显然有违其存在的组织逻辑，因而，交易费用的高低就成为决定企业参与现代职业教育治理的核心问题①。本研究对企业参与困境的理论分析将从企业的性质出发，探讨企业参与现代职业教育交易费用产生的前提，分析影响企业参与交易费用的内部与外部因素，进而为分析和健全企业参与制度提供基本的理论依据。

---

① 肖凤翔、李亚昕：《论企业参与现代职业教育治理的制度供给路径——基于交易费用的分析方法》，《教育研究》2016年第8期。

二 企业参与的产权介入与制度关联

产权作为企业参与制度分析之中的另一翼，是现代职业教育治理必须面对的一环。对于企业参与困境而言，产权的清晰界定将会极大地降低企业参与的交易费用，但剩余控制权的存在也说明产权是不可能完全界定，否则经济运行也就不会存在交易费用了。那么，企业参与中的产权概念又该如何理解呢？如前所述，最初的产权只是一个法学范畴，认为产权仅仅是经济关系的法律形式，否认了产权作为经济关系的客观性，颠倒了产权关系与法律关系的次序。从逻辑上讲，产权是主体对财产权利的行为权利，无论是行为主体还是产权客体的财产利益都拥有独立性。而法律中有关财产权利的概念和规定，并非法律独创，而是依托于原本就存在的经济关系，法律的概念只是产权在意识形态上的反应。因此，可以说法权是产权的法律硬化形式，而非创造产权的原动力，客观的社会经济关系才是产权关系的依托。当此种经济关系获得法律上的认可时，就成为具有法定意义上的权利，即产权获得了法权的形式，但产权又不总是及时地、充分地获得法权形式。即便如此，产权依然客观存在，因此，产权与法权的逻辑序列应是：先有产权然后才可能有法权，产权是法权的本源，法权是产权的反应。

科斯很早就指出，旧制度经济学或法学中的产权只是强调所有权，承认所有权的绝对性、排他性与永续性，这种"产权"概念所关注的仅仅是公平而非效率。而至科斯提出交易费用之后，产权的概念便超出了法学的范畴，延伸至经济学研究中。如科斯定理指出的，"在交易费用为正的现实世界中，产权的制度安排会对资源配置的效率产生影响，并由此衍生出了新制度经济学中的产权理论"[1]。正是在这个意义上，本研究认为产权同交易费用一样，可视作制度分析的"一体两翼"。倘若交易费用为零，产权的制度安排对资源配置效率没有任何影响，但在交易费用

---

[1] Ronald H. Coase, "The Federal Communications Commission", *Journal of Law & Economics*, Vol. 2, No. 4, October 1959, pp. 1 – 40.

为正的情况下，产权理论的发展为交易费用的降低提供了另一种思路。基于此，巴泽尔直接将交易费用定义为界定和保护产权的费用，可见产权理论与交易费用之间的紧密关系①。当然，最早从经济学角度研究产权的是马克思，尽管马克思没有明确提出"产权"概念，但其在《资本论》中对社会制度的研究即是以公私产权划分为标准的。此外，其理论中所涉及的"所有权关系""商品所有权""各类资本所有权"等，也都可以归结为产权经济学的研究范畴。可见，马克思主要从产权对社会发展的影响入手来进行研究，而新制度经济学对产权的研究通过交易费用的引入，二者均同市场经济的发展建立了关联。由于市场是一个具有复杂结构和复杂协作体系的集合，对产权研究的目的就确定为消除交易中存在的不确定性，降低机会主义对交易方的侵害，以促进社会经济发展。如此二者间的关系就可以理解为交易的本质就是产权的转让，是资源配置的基础环节，进而就构建起交易费用、产权制度与资源配置之间的紧密链接，产权理论也就成为新制度经济学中的一个基本的、核心的范畴。

在对企业参与交易费用的解释中，产权的归属无疑对交易费用的高低有着决定性的作用。特别是针对人力资本产权的分析，其先天性的自我拥有的特征将使企业参与的产权配置变得更为复杂，但对其清晰的界定也是企业参与现代职业教育体系高技能人才培养的前提。实际上，人才的培养的基本底座是有效的制度安排，比如公立大学与私立大学在人才培养上的差异，其实最根本的是制度安排上的差异。以美国硅谷为例，通过经济学界对硅谷的关注与研究发现，虽然硅谷在高科技创新方面取得了巨大成功，但其实硅谷真正发明的东西很少——计算机、互联网、搜索引擎、智能电话等均非硅谷发明，硅谷真正的发明其实是将人才作为创新的源泉，并成功地与人力资本产权制度密切关联。因此，可以说硅谷成功首先是经济学的成功，其次才是科技和创业精神的成功。由此，

---

① [美] Y. 巴泽尔：《产权的经济分析》，费方域、段毅才译，上海人民出版社1997年版，第8页。

我们也可以透视出产权问题尤其是人力资本产权在现代职业教育体系中对高技能人才培养中的基础作用。所以，本研究将重点通过对企业参与的人力资本及非人力资本产权的相关内容分析，来厘清产权因素对企业参与的交易费用影响，以为后续研究建议中企业参与产权的分割提供理论依据。具体分析框架如图2—2所示。

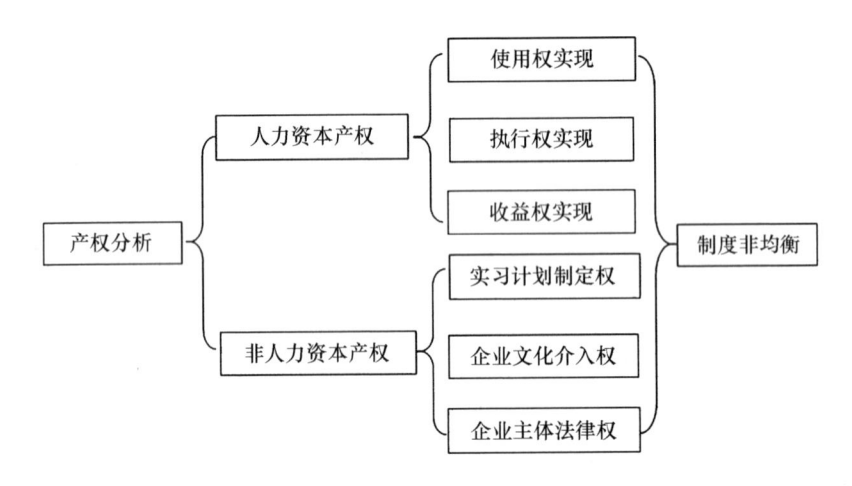

图2—2 产权分析框架与制度关联

三 企业参与困境的新制度经济学诠释逻辑

交易费用和产权作为理解企业参与现代职业教育治理的两条核心分析脉络，其最终都要通过制度变迁来实现。因此，研究结论的推导与研究建议的提出都要集中到制度设计之上，所以制度变迁理论将作为对企业参与问题分析的"协调者"和研究框架的"统筹者"。制度变迁理论作为新制度经济学的重要分支，其主要代表者是诺斯。诺斯将交易费用和产权理论应用于经济史研究，并在此基础上对整个西方世界的经济增长重新作出了新的解释。诺斯的基本观点是："经济增长的关键是制度因素，一种提供适当的、个人刺激的有效制度是促使经济增长的决定因素，"这就是诺斯著名的"制度决定论"[①]。"制度决定论"的主要观点

---

① [美]道格拉斯·C.诺思：《制度、制度变迁与经济绩效》，杭行译，格致出版社2014年版，第30页。

集中体现在诺斯1937年与托马斯合著的《西方世界的兴起》一书中。在诺斯的"制度决定论"提出之前，创新、规模经济、教育、资本积累等因素都曾被经济学家认为是经济增长的原因。诺斯和托马斯却对此提出了质疑，其指出"如果经济增长所需要的就是投资和创新，为什么有些社会具备了这些条件却没有如意的结局？他们认为'它们乃是增长'，而非增长的原因，有效的经济组织才是经济增长的关键，一个有效率的经济组织在西欧的发展正是西方世界兴起的原因所在"①。为保持经济组织效率，需要在制度上做出安排，其中最重要和最基本的就是确立产权。诺斯运用产权理论进行经济史研究，最终形成了包括产权理论、国家理论和意识形态理论在内的制度变迁理论。归纳起来，诺斯的制度变迁理论要点是"有效率的产权结构是经济活力的源泉；国家决定产权结构，因而国家最终要对造成经济的增长、衰退或停滞的产权结构的效率负责；意识形态是个人与其环境达成协议的一种节约费用的工具，其功能可以弱化偷懒和'搭便车'的道德风险"②。在本研究后续的非人力资本产权分析中，对其中的企业文化与院校文化的黏合部分即会涉及如何结合二者用以规避实习者的卸责现象，在制度的供给方面也会据此分析和提出何种制度设计才可以弱化邻近企业的"搭便车"行为。

　　在企业参与现代职业教育治理的诸多因素中，企业的技术进步与人力资本因素占据了制度需求重要的地位。另外，市场规模因素也会影响现代职业教育治理中企业参与的制度需求，上述因素均将被纳入研究问题的分析框架。对企业参与困境而言，一方面是由于市场这只"看不见的手"在现代职业教育资源配置中的失调，按照亚当·斯密所倡导的通过价格体系配置社会资源的理论预设，自由分工和专业化生产就可以自然达到社会财富的最大化，但交易费用的"发现"打破了市场体系的神话。对现代职业教育治理而言，企业参与困境的出现也正是由于其行为

---

　　① ［美］道格拉斯·诺斯、［美］罗伯斯·托马斯：《西方世界的兴起》，厉以平、蔡磊译，华夏出版社1999年版，第199页。

　　② 同上书，第121页。

的外部性所致。另一方面，虽然政府这只"看得见的手"适时介入，企图通过强制性制度变迁，一举扭转企业参与的困境，然而残酷的现实表明随着政府政策的不断引导，企业的冷淡态度似乎不为所动，依旧"任性"地我行我素。可与此同时，我们也真实地观察到德国、日本等发达国家借助于既不同于市场又不同于政府的制度安排实现了本国高技能人才培养制度的有效供给，而这正是所谓的"第三只手"的作用，而这正是本研究制度分析框架搭建的现实指向。

从新制度经济学的角度理解，企业参与困境可以视为典型的市场调节失灵所导致的外部性问题，经济学中传统的解决外部性问题的方式即是通过政府的"有形之手"进行干预，通过政策、财政等治理工具，对企业参与的正外部性产出给予补贴，负外部性产出予以限制。但如前所述，政府干预是在信息对称、理性决策和不存在寻租活动的前提下才能出现理想效果，否则其干预不仅存在不确定性，成本可能还会大于外部性所造成的损失。而新制度经济学为外部性问题的解决提供了一种新的思路，其从外部性问题的交互性入手，说明制止甲企业对乙企业的资源侵害，同时也会影响甲企业的资源配置。对此，科斯指出，"人们一般讲该问题视为甲给乙造成损害，因而要决定的是：如何制止甲？但这是错误的。我们正在分析的问题具有相互性，即避免对乙的损害将会使甲遭受损害，必须决定的真正问题是：是允许甲损害乙，还是允许乙损害甲？关键在于避免较严重的损害[①]"。据此，本研究分析框架的搭建即从交易费用和产权工具两方面入手，来分析和识别造成企业参与困境的原因，以明确企业参与的制度供给方向，具体理论分析框架如图2—3所示。

需要强调的是，上述分析框架始终坚持两个基本原则。一是制度与技术的互为作用，即生产力与生产关系的辩证关系。马克思生产力和生产关系的原理实际上就是最早关于技术和制度的关系理论。诺斯

[①] Ronald H. Coase, "The problem of Social Cost", *Journal of Law and Economics*, Vol. 3, October 1960, pp. 1–44.

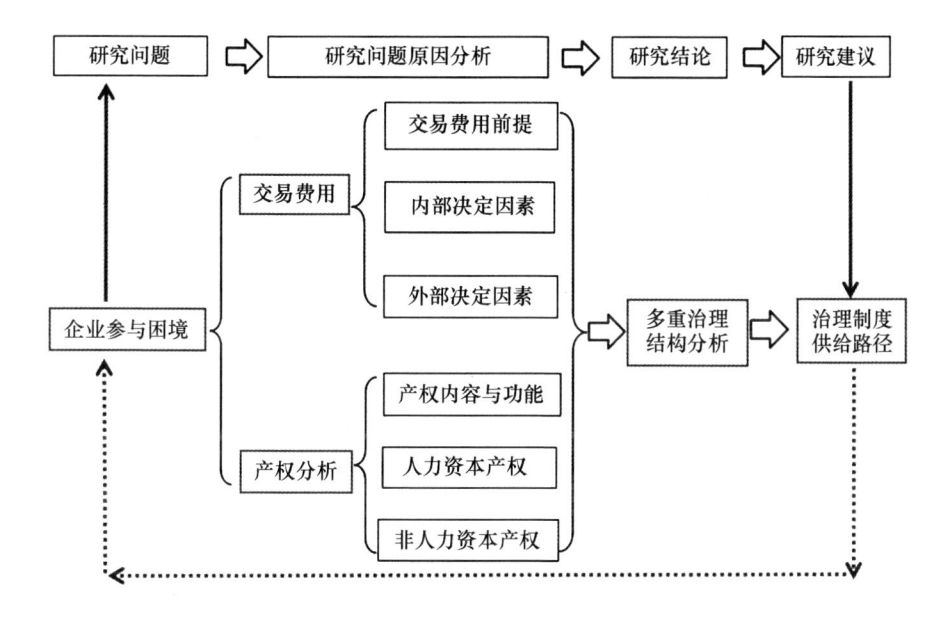

图 2—3　企业参与困境的理论诠释逻辑

也认为，马克思是"将技术限制同制约同人类组织的局限性结合起来的先驱"[①]。但诺斯却提出了经济发展的"制度决定论"，其认为不是技术创新决定制度创新，而是制度创新决定技术创新，并指出"产业革命是提高发展新技术和将它应用于生产过程的私人收益率的结果"[②]。虽然诺斯并不否定技术对制度的重要作用，比如技术所引发的规模报酬递增、技术对降低制度成本的作用等，但他同时指出，是制度的进步刺激了技术的发展。本研究遵循马克思辩证法的观点，坚持制度与技术交互作用的基本观点。其中，制度创新在作为技术创新实现的前提条件上，对技术创新起着先决性的决定作用，在技术创新从根本上要求制度创新的意义上，对制度创新起着基始性的决定作用，以此避免极端主义的理论阐述。

---

① ［美］道格拉斯·C. 诺思：《制度、制度变迁与经济绩效》，杭行译，格致出版社2014年版，第177页。

② ［美］道格拉斯·诺思、［美］罗伯斯·托马斯：《西方世界的兴起》，厉以平、蔡磊译，华夏出版社1999年版，第191页。

二是制度与组织的互相影响。组织包括本研究所描述经济团体（如企业）、政治团体（如行政机构）、社会团体（如行业协会），还有教育团体如职业院校等等。诺思曾指出，"组织作为一个有目的的实体，是由其创立者设计出来，用以最大化其财富、收入，以及其他一些由社会制度结构所提供的机会所限定目标的机构。在追求这些目标的过程中，组织逐渐地改变着制度结构。同时，诺斯指出组织并非总是生产性的，是为了实现创立者的目标。组织不仅是制度约束的函数，也是诸如技术、收入、偏好等约束的函数"①。可见，组织同制度存在的目的一样，也是为人们的相互交往提供某种结构，用以减少交易费用。从概念上，制度与组织的关系就如同竞技体育中的"规则"与"参赛队"，规则的目的是确定比赛的进行方式，而参赛队的目标则是在规则的约束下赢得比赛——融技巧、战术和配合于一体，所以制度和组织在各自的创建、演化过程中虽截然不同，但互为影响。

第四节　本章小结

本章是全文分析的逻辑基础。

首先，研究梳理了新制度经济学的理论主旨，指出该理论产生所针对的是公共领域的现实困境，其发展所面对的是经济全球化的挑战和转型期各国的制度需求，并着重指出了新制度经济学对制度分析变量"交易费用"和"产权"分析工具的引入，这就为研究问题提供了新的观察和分析视角。

其次是研究揭示了企业困境的系统共性，指出其为典型的经济行为的外部性问题与价格体系的失调所致。传统的经济学之所以忽视此类问题的研究，是因为该类问题的决策和行动是由非市场因素决定的，进而超出了经济学有关行为的传统假定，可新制度经济学的拓展恰恰证明了

---

① ［美］道格拉斯·C. 诺思：《制度、制度变迁与经济绩效》，杭行译，格致出版社2014年版，第88页。

此类问题也可以用经济学的方法来研究,即无行为主体的所谓公共利益或集体利益是不存在的。

　　再次是搭建了企业参与现代职业教育的理论分析框架。研究将交易费用和产权作为新制度经济学的"一体两翼",进而将其作为企业参与困境分析的核心理论脉络,文中采用威廉姆森对交易费用影响因素和多学者集成的产权理论,搭建出针对研究问题的理论分析框架,并将二者最终汇集到制度变迁的结论推导与建议提供上,以此为研究问题的解决提供基本的理论指导框架。

第三章

企业参与现代职业教育困境的交易费用分析

理论分析框架的搭建明确了问题研究的分析脉络，本章将顺此理论逻辑从交易费用角度来解析企业参与困境的原因。虽然我国现代职业教育已初具规模，但在人才培养质量、办学条件等方面仍然问题频出，而企业参与的集体行动困境使上述问题更加恶化，因此激发企业参与活力，落实企业参与行动就成为现代职业教育治理的关键。但是"既要马儿跑，又要马儿不吃草"显然有违市场逻辑，那么，面对企业参与的集体行动困境，市场作为配置资源的方式为何功能失调、效率低下，本章将借助制度分析框架中交易费用的视角，来重新识别和理解影响我国企业参与现代职业教育困境的制约因素，以为后文研究建议中的制度供给提供理论依据和方向指导。

第一节 企业参与困境的交易费用分析前提

一 企业完全理性决策的存疑

新古典经济学中不仅把人视为单一的"经济人"或追求利益最大化的机器，还假定"经济人"决策的完全理性。虽然两种表述视角不同，但二者间却都可以取得相同的经济效果，即完全理性是利益最大化的前提，利益最大化是完全理性的自然结果。正如马丁·霍利斯等所言："几乎所有的教科书都没有直接阐述理性经济人，但理性经济人的潜在假定存在于投入与产出、刺激与反应之间……我们不知道他要什么,但我们知道,无论他要什么,他会不顾一切地以最大化的方式得到它。"① 现实中的完全理性并不符合人类行为的实际效果,无论是人的意识、决策环境与计算能力等任何方面,有限理性更符合人类经济生活的现实。科斯曾对此表示,"大多数经济学家都作出这样的假设,即人是理性地追求最大化者,在我看来这个假设既没必要,也会引人误入歧途"②。正基于此,威廉姆森把理性分为三个层次:"一是强理性,即预期收益最大化;二是弱理性,即有组织的理性;三是中等理性,介于二者之间"③。新古典经济学强调第一层次的理性,而新制度经济学强调的是中等理性,即所谓的有限理性。威廉姆森认为,"只有在有限理性中新制度经济学才成立,交易费用的存在才有基本的前提"。在新制度经济学看来,如果承认人的领悟能力有限,就会促使人们转而研究制度问题,也只有承认理性是有限的,才会更深入地研究市场和非市场这两种组织形式。在威廉姆森看来,"有限理性是一个无法回避的现实,因此就需要正视为此付出的各种成本,包括计划成本、适应成本以及对交易实施监督所付出的成本"④。据此可以推断,企业完全理性假设的前提是存在着一套特别的制度与充分的信息。

在现代职业教育体系运行中,企业参与的环境不可能拥有完整对称的信息,而且凭借主观模型引导来做出选择的时候,一是企业参与的主观选择会受到制度等外部因素的影响,二是企业选择的最终合作对象与参与方式并不一定就是最为合适的选择。正如诺思所指出的,"程序理性(procedural rationality)的基本假设,才是发展理论的根本基石"⑤,此处

---

① [英]霍奇逊:《现代制度主义经济学宣言》,向以斌等译,北京大学出版社1993年版,第88页。
② [美]罗纳德·哈里·科斯:《论生产的制度结构》,盛洪、陈郁译,上海三联书店1994年版,第348页。
③ [美]奥利弗·E.威廉姆森:《资本主义经济制度——论企业签约与市场签约》,段毅才、王伟译,商务印书馆2002年版,第69页。
④ 同上书,第68—70页。
⑤ [美]道格拉斯·C.诺思:《制度、制度变迁与经济绩效》,杭行译,格致出版社2014年版,第128页。

的程序理性即为不完全理性。更进一步,诺思通过人对环境计算能力的有限性和环境本身的可辨识性两方面来阐述人的有限理性。对于人对环节的计算能力和认识能力的有限性来说,人们首先是通过某一些先在的心智构念(preexisting mental constructs)来处理信息、辨识环境的。先存的心智建构帮助人们解读并解决所面对的问题。对此,社会生物学家杰克·赫舒拉法(Jack Hirshleifer)将生物演化模型与经济社会学中的模型对比之后发现,单个人体内一种疾病的演化过程,便是一群群细菌、抗体、细胞等之间相互关系的函数。同样,一个国家的经济演化就是一群群个人、贸易单位等之间相互关系变化的产物,而生物变异除了内部遗传,还来自基因重组和自然选择的压力①。同理,现代职业教育体系的演进与发展,主要涉及企业、院校、政府、行业协会、社会组织等之间的互动,各个参与体所表现出来的差异性是其合作的基础和前提,比如企业作为市场竞争的基本单位,生产是其基本功能,在现代职业教育体系中也有对其他参与体的需求,但企业的每一个决策判断都要基于自身所拥有的信息,这种情况下企业参与的决策失误在所难免。可以说在社会经济演化的任何领域,只要涉及不同组织模式间的差异性所产生的合作,即使有社会制度及刻意教化的支持,仍然不可能完全避免错误的发生。

　　理解有限理性的第二个关键要素是对环境的辨识。诺思指出,"对有限理性的描述在标准的经济学家的节目单里是很少或根本不会出现的,因为我们的生活被例行公事所充斥,对环境的熟识使得个体的选择变得既寻常、重复,又再清楚不过,从而使得我们一天中所做的90%的行动都根本无需太多思考。"但实际上,正是那一系列嵌入期间的制度的存在,才使得我们可以这样不假思索地作出必需的选择。"我们理所当然的行事,是因为交易结构的制度化降低了不确定性,而当我们一旦离开了人际关系化的,重复行动的选择环境,转而面对非人际关系化的、不重

---

① [美]道格拉斯·C. 诺思:《制度、制度变迁与经济绩效》,杭行译,格致出版社2014年版,第24页。

复交易的选择时,结果上的不确定性就会增加。我们面对的问题越复杂、独特,结果就越是不确定"①,上述种种情况的发生均会导致交易费用的产生。

由此可见,有限理性的存在对于企业参与现代职业教育的集体行动困境有着同样的解释力,一是企业不可能做到完美的决策,二是企业决策所基于的信息不仅具有不完全特征,还具有不对称特征,例如企业对合作院校及实习生的信息了解不可能做到完全对称,这就会直接导致企业参与前后一系列交易费用的产生,而这也是企业参与困境中交易费用的分析前提。

二 企业参与效用最大化的追求

古典经济学中的将市场经济活动的主体确定为"经济人",将其追求目标为利益的最大化。正如亚当·斯密所言,"我们每天所需的食物和饮料,不是出自屠夫、酿酒家和烙面师的恩惠,而是出自他们自利的打算。我们不说唤起他们利他心的话,而说唤起他们利己心的话"②。上述假设有利于研究者排除复杂的人类行为干扰,但现实中人们不仅有追求财富最大化的行为,还有利他主义以及自我实施等非财富追求,此种不同的动机与追求均有悖于古典经济学中理性选择的行为,并极大地改变着人们实际选择的结果。如诺贝尔经济学奖获得者加里·贝克尔(Gary S. Becker)在家庭研究中涉及利他主义行为时所言,利他主义应被视为另一种意义上的效用最大化行为,其认为人们能从他们的幸福中获得效用。

此外,对非财富的追求在不同的民族、地区和国家间的差异很大,这说明除了财富最大化的目标以外,非财富最大化的目标也常常约束着人类的行为。据此,诺思将"利他主义、意识形态、尊严和自愿负担等非财富目标引入个人预期效用函数,从而建立了更接近现实的人类行为

---

① [美]道格拉斯·C.诺思:《制度、制度变迁与经济绩效》,杭行译,格致出版社2014年版,第26页。
② [英]亚当·斯密:《国民财富的性质和原因的研究》,郭大力、王亚南译,商务印书馆1981年版,第14页。

模型。由于非财富最大化目标的实现往往必须具备集体行为偏好,并由此产生了人们在财富目标和非财富目标之间的权衡关系,而制度恰恰就决定了人们的这种权衡"①。不同制度形成不同财富与非财富目标之间的比例,人类的每一个制度创新都会影响这种比例关系的调整。

对此,诺思指出,"我相信传统的行为假定已妨碍了经济学家去把握某些非常基本的问题,对这些假定的修正实际上是社会科学的进步,现实行动者的动机比现有理论假定的要复杂得多"②。

为了减低经济人的抽象程度来分析企业问题,新制度经济学主张"应以可行的现实主义术语来刻画经济人"③。因此,本研究中遵循新制度经济学中关于人的行为的基本假设,将企业参与现代职业教育的目的确定为效用最大化,企业参与的效用最大化应该包含两个方面,财富最大化和非财富最大化,财富最大化表现在企业产品的生产成本的下降,通过企业参与获取未来潜在的人力资本收益等方面,但企业的资产构成不仅包括生产成本,还包括企业的品牌效应等虚拟资产,显而易见,企业参与现代职业教育会为企业的社会责任感加分,关键是制度的安排如何让企业的实际参与行动体现出非财富方面投入的价值。

实际上,将企业的利他主义和自我约束等非财富行为动机引入本研究中,是与诺思将非财富因素作为经济人的预期效用函数相一致的,这样的分析假设更接近于现实的企业行为模型。非财富最大化动机往往具有集体行为的偏好,人们往往要在财富与非财富之间进行选择权衡,而企业权衡的实质和结果就是企业参与的效用最大化。但是,在企业追求效用最大化的过程中,对自身价值和偏好表达所付出的代价越低,这种非财富价值在他们所作的决定中就显得越重要。当然,对非财富的追求只能解释企业参与的极少部分行动,这说明在企业参与现代职业教育过

---

① [美]道格拉斯·C. 诺思:《制度、制度变迁与经济绩效》,杭行译,格致出版社2014年版,第47页。

② 同上书,第23页。

③ [美]奥利弗·E. 威廉姆森:《治理机制》,石烁译,中国社会科学出版社2001年版,第273页。

程中，对财富的追求是基础，对企业参与行为起着决定性的作用。同时，非财富价值的实现不能总是以牺牲企业的利益为代价，而交易费用作为其中的重要变量，是决定企业参与偏好的重要影响指标，并由此衍生出企业参与中制度对改变财富与非财富获取的权衡，进而影响企业参与现代职业教育的行动决策。

三 企业参与的机会主义倾向

在新制度经济学理论中，机会主义行为倾向被视为经济体活动的基本特征，所谓机会主义倾向"是指人具有随机应变、投机取巧、为自己谋取更大利益的倾向。用经济学术语来表达，即指在非市场均衡中，人们追求收益内在、成本外化的逃避经济责任的行为"[1]。对此，威廉姆森指出"机会主义是指信息的不完整的或者受到歪曲的透露，尤其是指在造成信息方面的误导、歪曲、掩盖、搅乱或混淆的蓄意行为。它是造成信息不对称的实际条件或人为条件的原因，这种情况使得经济组织的问题大为复杂化了"[2]。其对此进一步指出，"人的动因天生就是机会主义，这是人们为实现目标而寻求自我利益的一个深层次条件。因此，缺乏可信承诺支持的许诺并不能确实地免除责任"[3]。在威廉姆森看来，自私是人的本性内核的唯一，人在经济活动中总是尽最大能力保护和增加自己的利益，只要有机会，就会损人利己。亚当·斯密也曾对此指出，"市场这只'看不见的手'可以巧妙地利用人们的利己心，把个体增加自身利益的行动引导到增加社会福利的方向上来，以此达到增加国民财富的目的。然而，即使在文明社会，人们对于自身目标，特别是对财富的合理追求，在某些情况下也可能伤害他人的利益，即 A 的合理自私可能对 B

---

[1] [美]迈克尔·迪屈奇：《交易成本经济学》，王铁生、葛立成译，经济科学出版社1999年版，第34页。

[2] [美]奥利弗·E. 威廉姆森：《资本主义经济制度——论企业签约与市场签约》，段毅才、王伟译，商务印书馆2002年版，第68—70页。

[3] [美]奥利弗·E. 威廉姆森、[美]西德尼·G. 温特：《企业的性质——起源、演变和发展》，姚海鑫、邢源源译，商务印书馆2010年版，第112页。

的合理自私造成侵害"①。市场可以通过利己达到社会财富的共荣,但若是夹入人性中损人的机会主义行为,"看不见的手"的作用就会受到限制。可见,机会主义的本性会增加市场交易的复杂性,影响市场运行的整体效率,所以市场作为一定社会规则下的交易空间,其确立和运行需要一定的正义的道德规则和法律制度的约束。

然而,新制度经济学中所讲的追求私利的人与新古典经济学中所讲的追求私利的人是有重要的区别的,后者是指处于市场活动中的经济人间的交易,是在拥有完全信息的前提下,在确定的制度安排下追求的自身利益最大化,因而市场这只"看不见的手"的确可以增加社会福利。经济组织存在的意义实际上就是各自组织所拥有技术资源的自然表达,或者是单纯的规模经济问题,企业内部运行的"黑箱"根本没有必要去解释。无论是对于市场还是组织,只需扮演好自己的角色就不会产生偏离原则的问题。但是,新制度经济学所分析的交易是在不确定的环境下,在信息不完全对称的情况下所追求的自身利益最大化,其行为和结果所构成的交易系统要复杂得多,而对企业参与现代职业教育制度、产权等治理与研究的意义,恰恰在于减少这种不确定性。

据前文企业参与目标的分析可知,企业参与现代职业并非只追求财富的最大化,还追求非财富的最大化。这就说明企业作为市场活动的主体,既有利己的一面,也有损人的一面,二者并不矛盾,实际上人性中除却机会主义的动机,也有信任的一面。正如努德海文所说,"交易成本经济学在分析经济组织时,假定机会主义是人性中恒定的内核,而可信任度只是对它的补充,且后者随着各国文化和制度的差异有所不同。在交易费用经济学中,信任只起到了微不足道的作用。只有在交易的另一方无需做出机会主义行为就能满足自身最大利益时,信任行为才不会与个人假定相冲突"②。这即是说对机会主义的过分强调使得新制度经济学在分析组织交易时会有不可避免的局限性,是对人性中信任内核的否定,

---

① [英] 亚当·斯密:《道德情操论》,蒋自强等译,商务印书馆2015年版,第126页。
② [荷] N. 努德海文:《交易成本经济学中的机会主义和信任》,载 [美] 约翰·克劳奈维根编《交易成本经济学及其超越》,朱舟、黄瑞虹译,上海财经大学出版社2002年版,第142页。

是不符合经济活动的实际的。于是，努德海文提出了一种"分裂内核"模型，如图3—1、图3—2所示。不同于威廉姆森的机会主义内核，努德海文的人性内核分裂模型中，经济人具有天生的诚信本能和机会主义倾向，这种模型假定更符合经济活动的现实，也使得经济学所面对的问题更为清晰，即在何种情况下机会主义会被激活，而何种情况下交易方更倾向于选择信任。

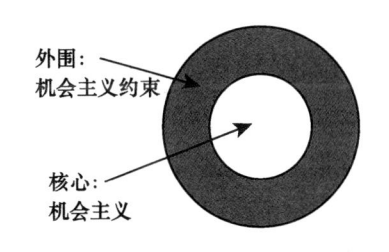

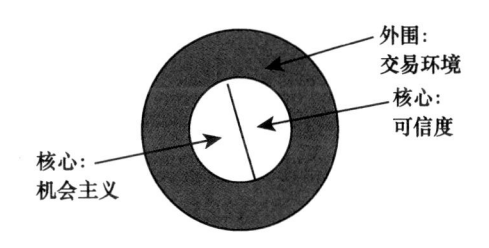

图3—1　威廉姆森的人性内核模型　　图3—2　努德海文的人性内核分裂模型

努德海文对此问题的回答为，双方的关系至关重要，当交易一方试图得到关于另一方的信赖信息时，信任关系将得到强化。例如对于企业参与来说，合作院校和实习者的完整信息将直接影响企业参与的决策，还有标准化的参与合同、制度化的参与平台等都会对企业参与的交易费用产生影响，进而左右企业参与的集体行动。

第二节　企业参与困境的交易费用内因分析

有限理性和机会主义的存在，导致了企业参与行为的复杂性，也是交易费用分析的前提。同时，有限理性和机会主义也决定了企业参与现代职业教育效用最大化的目标。而经济人假设修正对于市场交易和组织交易的意义重大，表3—1概括了经济人假设修正后对市场性和组织性两种交易类型的影响。

正是基于有限理性和机会主义所产生的交易费用，企业作为一种组织才具有了存在的价值，因为在企业内部可以基于相对充分的信息，进行适应性、连续性的决策，为交易提供更大的确定性。同时，企业内在的控制优势也可以最大限度地避免机会主义的产生①。正如科斯所说，交易费用的引入，使得现实中经济人的行为表现地更为真实，并催生出对"制度"作为内生经济变量的分析，交易费用既是一种工具，也是一种方法②。

表3—1　　　　　　　　经济人假设的组织性含义③

假设 对象含义	有限理性	机会主义
对市场交易而言	内容完全的 契约是不存在的	作为许诺的 契约是天真的
对组织交易而言	支持适应性、连续性的 决策模式将使交易容易进行	交易拥有人工保护 或组织的内在控制优势

但科斯只是指出交易具有"稀缺性"，使得对交易费用的分析拥有了价值，而威廉姆森在科斯的基础上拓展和深化了对交易费用决定因素的认知，除了对经济人有限理性和机会主义倾向进行修正外，更为重要的是指出了影响交易费用产生的"特定因素"，即不确定性、交易频率和资产专用性，并建立了交易费用与资产专用性的变量关系式，为交易费用的实证检验奠定了基础④。据此，威廉姆森运用交易费用分析方法，论述了经济组织中大幅提高交易费用的情况，明确了资源配置问题就是经济效率问题，制度存在的意义在于降低交易费用，提升资源的配置效率，新旧制度就是围绕资源配置在不断更迭，直至达到制度供求的均衡状态。

对于现代职业教育治理而言，企业参与实为建立在有限理性之上的

---

① 肖凤翔、李亚昕：《论企业参与现代职业教育治理的制度供给路径——基于交易费用的分析方法》，《教育研究》2016年第8期。

② 张五常：《交易费用的范式》，《社会科学战线》1999年第1期。

③ ［美］奥利弗·E. 威廉姆森、［美］西德尼·G. 温特：《企业的性质——起源、演变和发展》，姚海鑫、邢源源译，商务印书馆2010年版，第120页。

④ 同上书，第116—121页。

机会主义行为，尚未建立起一套行之有效的制度来保护和约束企业的参与权益。只有当企业根据自身的需要，在不影响其资产使用效率的前提下，才可能发生企业参与的实际行动。而且，企业参与过程中合作双方交易的不确定性极高，结合现代职业教育极强的外部性，让企业来承担这种外部性风险显然有违其存在的组织逻辑，因而，交易费用的高低就成为决定企业参与现代职业教育治理的核心问题[①]。然而，上述行为特征对企业参与交易费用的影响，是通过特定的"交易因素"来实现的，下面就从交易的不确定性、交易频率的变化以及资产专用性三个维度，来分析企业参与困境中交易费用产生的具体过程。

一 交易的不确定性

这里的不确定性指广义的不确定性，它既包括事前由信息不对称导致的意外事件，也包括契约中可预测的不确定性，其意义在于使企业面对多种不确定时，可以选择不同的交易类型以避免较高的交易费用。库普曼斯（C. Koopmans）将不确定性分为两种：第一种是原发性不确定性，即指由于自然无序行为和无法预测的消费者偏好的变化造成的不确定性；第二种是继发性不确定性，指由于缺乏信息沟通，使一个人在做出决策时，无从了解其他人同时也在做出的决策和计划所带来的不确定性[②]。

无论是由信息不对称所导致的继发性不确定性，还是由自然无序所带来的原发性不确定性，在企业参与过程中都会存在。同时，这种交易的不确定性会通过机会主义表现出来，并且行为的不确定性在机会主义的作用下会变得千差万别而无法预见。当交易过程的不确定性极高时，交易双方对未来可能发生的事件就无法预料到，因而也就很难把未来可能的事件写入合约中。此时，就需要设计一种交易当事人都能接受的合

[①] 肖凤翔、李亚昕：《论企业参与现代职业教育治理的制度供给路径——基于交易费用的分析方法》，《教育研究》2016 年第 8 期。

[②] ［美］奥利弗·E. 威廉姆森：《资本主义经济制度——论企业签约与市场签约》，段毅才、王伟译，商务印书馆 2002 年版，第 85 页。

约安排，以便在事后可能事件发生时保证双方能够平等地进行谈判，并做出新的合约补充，这样就会不可避免地产生交易费用。

据此理解，处于现代职业教育中的企业也会面临同样的威胁，网络治理中任何参与方的"任性"行为都会增加以契约为基础的交易费用。企业参与现代职业教育的首要目的是寻求自身确定的利益，同时要防止院校等合作方的机会主义行为。为此，企业不仅要确定院校提供的学生是否符合提供岗位的素质要求，还要尽可能地降低参与行为对企业生产费用的影响，于是企业与院校间需要诚实的沟通。可是，无论双方如何充分沟通，信息始终处于不对称的状态。而且，企业作为市场主体，总是以己方搜集的信息作为交易决策的基础，特别是对于专用性技能的训练，如何保证企业权益和了解学生的潜在能力就需要投入相当的费用，企业参与合作培训的专用性技能程度越高，信息搜集所需要的费用就越大[①]。

若依据诺思从商品和服务的多维属性对交易费用的影响分析，无论企业采取何种治理结构参与现代职业教育，核心都会集中在对人力资本为主的生产要素的获取上，而对潜在的人力资本即实习者来说，企业要想了解众多实习者方方面面的信息是要付出高昂的事前交易费用。用诺思的语言描述就是"确定所交换的每个单位物品或服务的单个属性的层次是要支付信息成本的，它是交易在这方面代价高昂的基础"[②]。而且，即使信息完全对称，也不能保证企业就能够做出最佳的决策。斯密对此指出，"每个人首先和最主要的是关心他自己，当然，在每一个方面，每个人都比其他任何人都更适宜和更能关心自己"[③]。从企业的角度所做出的决策，并不能保证每一次都可以实现自身收益的最大化。而对理性经济人前提假设的修正，说明企业参与往往是在非对称信息条件下，极可

---

① 肖凤翔、李亚昕：《论企业参与现代职业教育治理的制度供给路径——基于交易费用的分析方法》，《教育研究》2016年第8期。
② [美]道格拉斯·C.诺思：《制度、制度变迁与经济绩效》，杭行译，格致出版社2014年版，第41页。
③ [英]亚当·斯密：《道德情操论》，蒋自强等译，商务印书馆2015年版，第359页。

能使用的是主观性的、错误连连的模型。当企业参与过程中信息的反馈不足以匡正这些主观模型时,便会出现制度供给的非均衡状态。加之现行的企业参与由于缺少制度化的约束,使得其参与行为多取决于企业单方意愿,市场上参与企业的比例越小,诱发相关企业对人力资本争夺的概率就变得越大。市场通行的惯例是资源的稀缺性越大,诱发机会主义行为的概率就越大。而邻近企业的博弈与制度安排的缺失往往诱发组织间的投机行为,诸如知识产权泄露与潜在的人力资本的流失等[1]。交易的不确定性一方面直接损害企业参与的积极性,导致集体行动困境;另一方面也会极大地降低现代职业教育运行的整体效率,影响其外部性收益。

虽然不确定性无法根除,但由很多方法可以降低不确定性。传统管理中对于企业参与过程中的不确定性,或由此带来的突发事件(contingencies)的处理方法趋向于封闭性,因其忽视了企业与院校两种组织文化异质性。如前所述企业是价值最大化导向,而职业院校是人文价值导向,这种差异会导致某种治理措施有效性的变化。制度化的治理逻辑更强调对企业参与过程中突发事件处理的开放性,通过组织间的依存和互补来达到有效的治理[2]。如果说传统的对突发事件的处理采取的是"硬法"的话,治理逻辑下对突发事件的处理的更强调"软法",主张通过意义建构等建立起组织间的沟通和信任。

现有的对降低不确定性的措施主要有以下几种。第一,是为企业提供制度化的参与平台,规范企业参与流程,降低企业参与过程中的不确定性,但当前的制度供给恰恰处于非均衡状态。第二,通过行业协会或合作委员会等组织来降低不确定性。我们姑且忽略行业发展的非均衡性,以行业协会或合作委员会现有的发展水平,让其担此重任实在是有些勉为其难。而且,任何组织的任何计划都意味着其成员自由的损失,这也

---

[1] 肖凤翔、李亚昕:《论企业参与现代职业教育治理的制度供给路径——基于交易费用的分析方法》,《教育研究》2016年第8期。

[2] Ruth V. Aguilera and Gregory Jackson, "The Cross-National Diversity of Corporate Governance: Dimensions and Determinants", *Academy of Management Review*, Vol. 28, No. 3, February 2003, pp. 447–465.

会在一定程度上影响企业参与的策略选择。第三,增加企业对未来不确定性的控制,但这同样需要花费成本,包括实际的花费和人员的消耗等等。可见,不管采用何种方式来降低不确定性的风险,我们都会面对以下问题,那就是不确定性所带来的危害到底有多大?为了降低不确定性,我们在其他方面能够付出多大的牺牲?如同所有的经济问题一样,针对这个问题,我们仍根据相对重要性递减原理,来解决替代行为的配置问题。毫无疑问,我们可以将现代职业教育所有的资源都用来降低不确定性,而不用于其他用途。但即使如此,我们仍然不能确定到底能在多大程度上降低不确定性,姑且不论我们为了降低不确定性所耗费的交易费用,这就使得降低不确定性的问题变得极为复杂。

但同降低不确定性同等重要的是不确定的分布问题,如何集中和分担不确定性的发生对于企业参与行为也将产生重要影响,特别是随着产业专业化发展的不断推进,不确定性不可避免地随之增加。比较而言,其实企业更难以忍受的是相对"高风险"的不确定性,尤其是对于企业最重要的专用性人力资本。我们只要集中资源降低企业参与人力资本收益的不确定性,其参与的积极性就可以被持续激发和保持。显然,从总体上降低不确定性的绝对量及分散不确定性,我们只能在有限的资源条件下有所选择。同时实现二者,鉴于交易费用的存在,既没有可能,也不值得。

由此可见,交易的不确定性是企业参与现代职业教育的基本事实,也是企业参与所不能完全根除的因素,在一定程度上导致了企业参与困境的产生。诺思指出,"不确定性存在于人类活动的各个领域,其源于人类互动过程中个人所拥有的有关他人行为信息的不完全性,个人计算能力的上限则是由处理、组织及利用信息的心智能力决定的。人的心智能力与辨识环境时的不确定性结合在一起,便演化出了旨在简化处理过程的规则和程序,由此便形成了制度框架,通过结构化(structuring)的互动,限制了行为人的选择集合"[1]。可见从另一方面来看,不确定的存在

---

[1] [美]道格拉斯·C. 诺思:《制度、制度变迁与经济绩效》,杭行译,格致出版社 2014年版,第 30 页。

也恰恰是企业参与效用获取的源泉,这也为企业参与交易的合约安排和协调方式选择提供了制度介入的空间和方向。

二 交易频率的变化

交易频率指交易发生的次数,企业参与的交易频率并不会影响交易费用的绝对值,只会影响它的相对成本。企业参与的交易类型一旦确立,多次发生的交易较之单次交易更容易降低该企业参与的交易费用,这与亚当·斯密所说的劳动分工受市场规模所限的表意是一致的。由此,交易费用与交易频率的关系可以表述为,交易费用随交易频率的增加而递减,但不会无限减少或趋近于零。

交易频率的变化一方面源于企业的非规范化参与,另一方面源于市场需求所导致的临时性生产调整。处于企业和院校两类组织间的交易,从发生到完成少则几个月,多则一年或更长,期间总是充满着双方的博弈。例如当生产型企业的市场需求减少时,企业就可能借口人力费用过高而停止履行契约,在不违反法律的情况下给院校造成损失。当服务型企业面临需求旺季时,院校也可能以此为由向企业寻求更高的实习补偿。为此,校企双方会尽可能将合作协议细化,明确市场变化时实习者的权利和企业必须履行的义务。但是任何契约不可能是完全的,由此产生的机会主义行为往往会影响企业参与的交易频率,提升企业的交易费用。而且,当企业参与交易频率较高时,通常会形成应付诸如安全等"意外"事故的惯例,他们可以为此建立一个专门的治理机构,例如校企合作治理委员会等。但当交易偶尔发生时,处理"意外"的费用就会升高,而为这种"稀缺"交易建立专门治理机构的意义就会降低,即使勉强设立也往往会囿于极高的交易费用而形同虚设,这也会在一定程度上导致企业参与的困境产生[①]。

由此可见,企业参与一旦选定某种治理结构,其运行成本多大程度

---

① 肖凤翔、李亚昕:《论企业参与现代职业教育治理的制度供给路径——基于交易费用的分析方法》,《教育研究》2016年第8期。

上能被现代职业教育的产出所抵消,某种程度上取决于在这种治理结构中企业参与的交易频率。多次发生的交易较之单次发生的交易,可以带来更大的企业参与收益。更重要的是在多次交易中,机会主义的表现空间相应的也会被压缩,因"机会主义只有在单次交易中占优"[1]。如此,交易频率便会对企业参与的交易费用产生影响,进而影响企业参与的行动选择。

三 企业资产专用性的限制

"资产专用性(asset specificity)是指在不牺牲生产价值的前提下,某项资产能够被重新用于不同用途和由不同使用者使用的程度"[2]。一项资产的专用性与此项资产用于其他用途或由不同使用者使用时产生的生产价值损失程度成正比,损失程度越大,资产专用性越高;反之则专用性越低,通用性越高。

资产的专用性源于市场的扩大和分工的细化,企业资产专用性程度越高,参与院校合作中潜在的交易费用就越高。以对企业参与影响较大的四种典型性资产为例进行说明。一是资产本身的专用性,其中以大型制造类企业的专用生产设备最为典型,此种资产的专用性程度较高,用途转换较为困难,此种企业资产参与专业实践需要分离教育和生产过程,甚至开设专门车间以供受教育者使用,这无疑会大大增加企业参与的交易费用。二是资产选址的专用性,如为了节省运输费用,汽车生产厂一般会选在距离配件供应商很近的地方,服务类企业宜选择靠近顾客群的位置,而这些企业又倾向于选择"紧挨着"的院校合作,如果选择"偏远"的院校合作,无疑也会提高交易费用。三是人力资本的专用性,该专用性是指在资产专用性上所积累起来的、具有特定经验和高技能水平的员工群体,是在边干边学中积累的人力资本,具有相当的企业专属性。

---

[1] [美]曼瑟尔·奥尔森:《国家兴衰探源》,吕应中等译,商务印书馆1999年版,第2页。

[2] [美]奥利弗·E. 威廉姆森、[美]西德尼·G. 温特:《企业的性质——起源、演变和发展》,姚海鑫、邢源源译,商务印书馆2010年版,第121页。

对于类似的企业参与院校专业实践合作，不仅要牺牲专属员工的部分生产时间，还要接受受教育者达到岗位能力后，人才双向选择和企业知识产权外泄的风险，这也会影响企业参与的潜在交易费用。四是品牌资产专用性，指可以给企业带来溢价、产生增值的无形资产，其载体一般为名称、术语、象征符号等企业标识，通过作用于消费群体的心智来获得对其产品与服务认可从而实现相应的增值，是企业与消费者购买行为之间互相磨合所衍生出的产物。相较于前三种，当前企业的品牌资产专用性对于其参与现代职业教育的影响较小，但随着现代职业教育治理结构的规范化发展及参与制度的不断健全，企业品牌对于其参与的激励作用会越来越明显，占其效用目标的比例会越来越高。

若企业参与现代职业教育的投入资产具有很强的专用性，一旦交易由于不确定性而终止，企业投入的资产无法短时间内转作它用，必然带来巨大的沉没成本（sunk cost）[1]，此时便可凸显出表3—1中所描述的组织连续性契约的意义。因此，企业参与资产专用性的程度越高，与相关专业院校合作过程中的依赖性就会变得越大，因参与方都可能处于己方利益的考量，随时借口中断参与而产生额外的交易费用。但问题是企业不是院校，企业参与的主要目的是获取确定的收益，而院校也不能任意地牺牲公共利益来满足企业的需求，所以资产专用性可被视为影响企业参与交易费用最独特的核心变量[2]。

综上所述，由多种特定因素产生的潜在交易费用，是导致我国企业参与陷入集体行动困境的主要原因。虽然彻底消除交易费用既不可能也不现实，但这并不意味着交易费用不可以降低。而科斯关于企业存在的意义即说明了企业相对市场在降低交易费用上的优势，这恰为后文中企业参与制度的均衡供给留下了操作空间。

---

[1] "沉没成本"是经济学和商业决策制定过程中会用到的概念，代指已经付出且不可收回的成本。沉没成本常用来和可变成本作比较，可变成本可以被改变，而沉没成本则不能被改变。

[2] 肖凤翔、李亚昕：《论企业参与现代职业教育治理的制度供给路径——基于交易费用的分析方法》，《教育研究》2016年第8期。

第三节　企业参与困境的交易费用外因分析

一　市场因素的影响

市场对企业参与的影响包括两方面：一方面是市场规模，另一方面是市场竞争，市场竞争的充分性与激烈程度均会对企业参与的交易费用产生影响。

首先，将市场规模看作影响企业参与交易费用的因素，是因为其能够改变特定制度安排的利益和费用。如搜集企业信息、发布企业参与报告或建立企业参与平台以筛选参与者的制度运行成本，并不随着交易量的增长而同比例增长。与之相反，规模经济条件下，企业参与信息的搜集、企业参与报告的发布等制度设立的运行成本会随着市场规模的扩大而降低，也就是规模经济主导下的企业参与成本递减。对此，美国经济学家戴维·菲尼（David Feeny）指出，"市场规模一扩大，固定成本即可通过很多交易而不是相对很少的几笔交易收回，这样固定成本就成为制度安排创新的一个较小的障碍了"[①]。在破解企业参与困境的初期，国家化的治理逻辑会促使政府通过财政、税收等治理工具实现对企业参与的成本补偿，但一味的经济刺激并不能保证企业参与动机的持续。只有当企业参与实现了规模化，政府在政策制定和立法议程中的交易费用才能降至最低，此时调整产权配置的成本也才可能降低，制度变迁才会变得可能。可见，市场中的企业规模对工业化阶段的技能形成有显著的影响，并可能促成相对稳定的技能形成机制[②]。正如刘易斯所言，"一旦制度开始变迁，它们会以一种自动强制实施的方式发生变迁。老的信念和制度在变化，新的信念和制度彼此之间以及新的信念和制度与相同方向上的

[①] ［美］V. 奥斯特罗姆等主编：《制度分析与发展的反思》，王诚等译，商务印书馆1992年版，第142页。

[②] Michael Dobbins and Marius R. Busemeyer, "Socio-Economic Institutions, Organized Interests and Partisan Politics: The Development of Vocational Education in Denmark and Sweden", *Socio Economic Review*, Vol. 13, No. 2, April 2015, pp. 259–284.

未来变迁之间都逐渐变得调和一致"①。

其次，市场规模对交易费用的影响还与制度间的"连锁效应"有关，即"一种新的制度安排出现往往会拉动相关制度安排发生相同方向的变迁，如同产业变动的连锁效应"②。如在降低企业参与的交易费用上，一方面需要推动院校的专业课程改革，促使专业标准与产业标准对接。另一方面也要实现现代职业教育体系中管理制度创新，前者即可视为健全企业参与制度中的前向连锁效应，后者即后向连锁效应，而这种连锁效应的发生只有在规模化的企业参与集体才可能实现。

再次，较大的市场规模或者说大范围的企业参与行动，更易于形成群体偏好，从而对企业参与的交易费用产生影响。群体偏好即某一集团的共同爱好、价值观念等，群体偏好的形成与变动部分原因是相对价格的变化。虽然社会历史文化传统和习俗是决定性的因素，但偏好也会在潜移默化中发生变化，并对企业参与的交易费用或制度均衡产生直接或间接影响，"前者指偏好的变化直接导致制度变迁需求；后者指偏好变化并不直接指向某一制度安排，而是在较长时期里影响制度环境和制度选择的集合空间并最终导致制度安排发生变化"③。对规模化市场而言，同企业参与相配套的劳动力市场制度，职业教育证书制度都会随之聚集，并影响和带动与此相应的职业认同、文化认同等非正式制度的演进，从而对企业参与正式制度产生反向用力。

市场竞争对企业参与交易费用的影响，主要取决于其竞争性的充分与否上。市场竞争的充分性是指由于信息不对称的存在，企业非完全理性决策所导致的对市场调节能力的影响。亚当·斯密曾认为，在市场这

---

① W. Arthur Lewis. *The Theory of Economic Growth*, London: George Allen & Urwin, 1955, p. 146.

② 连锁效应：出自著名经济学家赫希曼分析经济发展过程而提出的概念，指国民经济中各个产业部门之间的相互联系、相互影响和相互依赖的关系机制。分为前向连锁和后向连锁两种形式。如汽车工业是钢铁企业的前向连锁，而采矿业是其后向连锁。

③ W. Arthur Lewis. *The Theory of Economic Growth*, London: George Allen &Urwin, 1955, p. 147.

只"看不见的手"的作用下,自由竞争会使资源的配置效率达到最大化[1]。据此推论,现代职业教育中企业参与的市场运行也是如此,供求双方通过掌握完整的信息,通晓市场的供需数量与质量,即企业可根据现代职业教育的实际需求决定参与与否。院校也知晓所有的企业需求信息及其对职位的要求与报酬,如此企业参与的集体供给和需求就会自然地达到最佳配置,但事实上如此完美的市场机制是不存在的。信息非对称存在及企业决策的不完全理性决定了将市场作为唯一的调节机制是不恰当的,正如美国学者理查德·莱斯特(Richard Lester)所说,"市场的力量被软化、限制,甚至被社会及其他经济因素所代替"[2]。以企业参与的人力资本市场为例,企业选择的指标不仅仅是劳动力的边际成本或边际收益,还包括职业承诺、职业精神等非生产因素。同理,受教育者选择职位也不仅仅考虑劳动报酬,还会考虑职业尊严、荣誉等非经济因素,而劳动报酬往往也不仅仅取决于受教育者真实的边际生产力,还会受到双方对性别、文化资本、社会资本及政策法规等因素的影响。上述多种因素的交织导致市场竞争的充分性受阻,从而影响参与企业的行为决策,并最终导致企业参与行动中潜在交易费用的产生。

通过以上分析可以得知,市场规模与市场竞争一方面会产生大量潜在的交易费用,带来企业参与行为的外部性问题,导致企业参与的集体行动困境,但另一方面,规模化市场与充分的竞争又可以降低或消除企业参与中潜在交易费用的存在。因此,我们可以说市场因素所带来的成本递减和企业参与的集体行动困境是同时存在的,而这也正是制度化治理逻辑的空间指向与现实需求。企业参与现代职业教育的制度供给路径,关键就在于区分不同的集团偏好、惯例及价值观念,通过对有效企业参与行为的鼓励,破解企业参与的集体行动困境,而这正是现代职业教育的治理之道的意蕴所在。

---

[1] [英]亚当·斯密:《国民财富的性质及其原因的研究》,郭大力、王亚南译,商务印书馆1981年版,第6页。

[2] 转引自[美]凯瑟琳·西伦《制度是如何演化的》,王星译,上海人民出版社2010年版,第52页。

二 邻近企业的博弈

本研究中的邻近企业是指同参与企业处于相同领域并拥有相同或相似的资产专用性程度，有动机获取现代职业教育公共领域资源的相关企业。邻近企业的存在会使企业参与产生潜在的交易费用，其亦根源于市场经济的外部性。

邻近企业博弈会导致现代职业教育治理中典型的企业参与困境，正是由于企业参与收益无法保障，才会出现类似加勒特·哈丁（Garrett Hardin）所描述的"公地悲剧"。对此，亚里士多德（Aristotle）很早就注意到"凡是属于最大多数人的公地（the commons）常常是最少受人照顾的东西，人们关心着自己的东西，而忽视公共的东西"[1]。而斯考特·戈登（Scott Gordon）像哈丁一样描述了一个同样的动态格局，"属于所有人的财产就是不属于任何人的财产，这句保守主义的格言在一定程度上是真实的。所有人都可以自由得到的财富将得不到任何人珍惜。如果有人愚笨地想等到合适的时间再来享用这些财富，那么到那时他们便会发现，这些财富已经被人取走了"[2]。

对此，曼瑟尔·奥尔森（Mancur Olson）在《集体行动的逻辑》中明确指出，只要存在着一种与群体有关的利益就足以激发集体行动去获取这一利益的假定是不成立的。其中，被引证最多的一段话为"除非一个集团中人数相当少，或者除非存在强制或其他某种特别的手段以使个人按照他们的共同利益行动，否则有理性的、寻求自我利益的个人不会为实现他们的共同的或集团的利益而采取行动"。奥尔森的观点在很大程度上是建立在这样一个前提之上，即"如果 个人在集体物品被生产出来后，不会被排除在获取这一物品所带来的收益之外，那么这个人就不会

---

[1] 转引自［美］埃莉诺·奥斯特罗姆《公共事务的治理之道：集体行动制度的演进》，余逊达、陈旭东译，上海译文出版社2012年版，第3页。

[2] 同上。

有动机为这个集体物品的供给自愿奉献力量"①。奥尔森认为中等规模的群体是否会自愿提供集体利益，仍是一个尚未解决的问题。他关于中等规模群体的定义不是取决于介入行动的人数的多少，而是取决于每个人的行动引人注目的程度。

企业参与的集体行动困境同公地悲剧有着相似的系统成因，该类模型中均是对个人试图实现集体利益时所面临的行动逻辑的解释，每一个模型的中心问题都是"搭便车"问题："任何时候，只要邻近企业不被排斥在分享由参与企业努力所带来的利益之外，该企业就没有动机为共同利益做贡献，而只会选择通过搭便车的方式获取所需人力资本"②。如果所有的企业都选择"搭便车"，现代职业教育对企业参与的吸引力就会出现类似的治理困境。当然，现实中的情况更多的是部分企业选择提供集体物品，部分企业选择"搭便车"，这又是如何解释呢？对问题的回答还要返回到科斯的经典论文《社会成本问题》之中，科斯在其中曾直截了当地指出，"若无交易成本，则新古典经济学的有效竞争结论就能成立"③，因为有效的市场竞争结构总能使交易双方在无须任何成本的情况下，达到收益的最大化。交易零成本可以使制度安排被绕过或被改变。换言之，竞争会消除博弈论模型中的种种背叛行为所带来收益的那种不完全与非对称信息，即信息回馈过程将匡正那些不正确的模型，惩罚那些偏离行为，从而形成企业参与获取收益的正确模型，但这一切发生的前提是一套有效治理制度的介入。

由此可见，虽然邻近企业博弈会导致企业参与困境，但市场竞争也会为消除博弈模型中的种种背叛行为提供条件。前提是通过制度化的治理，去匡正错误的模型，使"搭便车"行为无利可图，以引导企业参与获取正确的收益模型。针对类似公共事务的治理，奥斯特罗姆曾作出深

---

① [美]曼瑟尔·奥尔森：《集体行动的逻辑》，陈郁等译，上海人民出版社1995年版，第4页。

② [美]埃莉诺·奥斯特罗姆：《公共事务的治理之道：集体行动制度的演进》，余逊达、陈旭东译，上海译文出版社2012年版，第5页。

③ Ronald H. Coase, "The Problem of Social Cost", *Journal of Law and Economics*, Vol. 3, October 1960, pp. 1–44.

刻陈述,"作为一个研究实际现象的制度主义者,我假定个人是力求尽可能的有效解决问题的。这个假定是我的一个准则。与认为有些人是邪恶的或非理性的,而其他人是全知全能的假定不同,我认为个人在分析和理解复杂环境的结构上具有的能力是非常类似和有限的。作为一个科学家,我的责任就是确定什么问题是人们正在努力去解决的,以及什么因素帮助或阻碍着他们的努力。当我看到的问题除了与搞得的复杂性和交易上的各种困难有关外,还与缺乏预测能力、信息和信任有关时,我必须努力对所有这些问题作出公开说明,而不是回避"[1]。因此,邻近企业博弈所导致的集体行动问题需要通过国家的强制性的制度介入进行调整。如果没有国家的强制实施合约,要维持企业参与职业教育治理的复杂交易又是极为困难的,《国务院关于加快发展现代职业教育的决定》健全企业参与制度的目的,正是为企业主体争取参与收益提供制度保障,以提升现代职业教育治理中企业参与的谈判能力。问题的原因分析清楚了,那么对策就会显而易见,现代职业教育企业参与如何实现均衡供给,以破解企业参与困境,均将放在本研究后续问题解决部分进行探讨。

第四节　本章小结

本章从交易费用视角分析企业参与困境的成因。首先,研究遵循新制度经济学对"经济人"假设的修正,将企业参与现代职业教育的目的确定为不完全理性下的效用最大化,进而为交易费用分析的介入提供前提条件。修正后的假设与科斯在《企业的性质》一文中所表述的观点是一致的,即企业的主观模型只能部分地反映其参与中的利益表达,而基于其上的不完全理性决策会导致资源配置的绩效下降。

接着,文中借助威廉姆森的交易费用分析模型,从不确定性、交易频率变化及资产专用性的内部因素和市场、邻近企业的博弈等外部因素

---

[1] [美]埃莉诺·奥斯特罗姆:《公共事务的治理之道:集体行动制度的演进》,余逊达、陈旭东译,上海译文出版社2012年版,第32页。

分析了企业参与中潜在交易费用的产生情况，指出了交易费用是造成企业参与集体行动困境的原因之一，并指出在上述造成交易费用的诸多因素中，资产专用性无疑具有更为关键性的影响。

　　但无论是内因、外因、市场竞争与规模，抑或邻近企业博弈对交易费用的影响，归根结底都是由于交易费用的存在改变了企业的效用函数，从而改变了企业的成本——效用比较链条，并由此导致企业对参与效用判断的变化。这意味着原来符合企业效用判断的制度安排变得不再与这种效用判断相符，从而产生了企业参与的集体行动困境。由此，我们就可以理解诺思所说的"由于制度矩阵的不同所导致的意向和结果之间的巨大差距"[①]。但是，制度矩阵的报酬递增特征以及企业参与的主观模型提示我们，虽然交易费用不可能消除，但并不意味着其不可以降低，此时制度变迁就成了改变企业效用判断的客观结果，这既是本章分析的最终目的，也是本研究最后所要努力达到的目标。

---

① [美] 道格拉斯·C. 诺思：《制度、制度变迁与经济绩效》，杭行译，格致出版社 2014 年版，第 99 页。

第四章

企业参与现代职业教育困境的产权因素分析

交易费用会导致企业参与现代职业教育的集体行动困境。但若在交易费用给定的前提下,企业应该以积极的姿态参与到现代职业教育治理中,以便共同获取相应收益,如此企业参与困境便可迎刃而解,然而此种情况并没有发生。对于企业参与现代职业教育的制度供给而言,除前文所涉及交易费用之外,同样会受到产权配置的影响。对此,科斯定理即指出不同的产权安排会产生不同的交易费用,所以能否发展出有效的、低成本的产权制度,乃是激发企业参与活力的又一关键因素。本章即遵循制度分析框架中企业参与产权内容,透视其对企业参与集体行动困境的影响。

第一节 企业参与的产权内容与功能

一 企业参与的产权内容

产权从内涵上可理解为,"对稀缺资源的使用所引起的人与人之间相互认可的行为关系,它会影响个体相应于物的行为规范,个体必须遵守这种相互关系或承担不遵守这种关系的成本"[1]。对于产权的外延,有广

---

[1] [美]阿曼·阿尔钦:《产权:一个经典注释》,载[美]罗纳德·科斯等《财产权利与制度变迁——产权学派与新制度学派译文集》,刘守英等译,上海三联书店2014年版,第121页。

义和狭义之分。狭义的产权外延将其界定为"财产所有权,是指存在于任何客体之中或之上的完全权利,它包括占有权、使用权、出借权、转让权、用尽权、消费权和其他与财产相关的权利"①。另一位学者阿贝尔也对产权的外延做出了与此类似的表述,他认为产权包括,"所有权、使用权、管理权、分享权、安全权、转让权及其他权利,还包括不对其他权利和义务履行加以约束的权利、禁止有害于使用权的权利等"②。而广义上的产权则与人权等同,其主要代表是巴泽尔、阿尔钦等人。巴泽尔曾对此指出,"划分产权和人权之间的区别,有时显得似是而非,人权只不过是产权的一部分"③。具体到本研究中的企业参与产权,其始终是以一定的企业参与物或财产为载体,及在其基础上所衍生出的相关权利。从企业主体所拥有的不同权能和责任来看,本研究中所涉及的企业产权主要包括所有权、使用权、管理权、收益权,即企业参与的"四权"。具体而言,企业参与的产权包括对人力资本所承载技能"四权"分析,加之非人力资本所承载的围绕技能形成所产生的培训计划参与权、组织文化介入权及相应的主体法权分析,如此便将本研究中的产权限制在与问题相关的范畴,以防止对企业参与产权分析的泛化。

二 企业参与的产权功能

(一) 产权分割的意义

经济学中的产权功能与交易费用密切相关,正是由于市场交易的存在,才产生了对产权界定的客观需要。而产权的转让、获取和保护又反过来对交易费用产生影响,从而确立了新制度经济学中"产权"的分析范式④。事实上。企业参与现代职业教育更多的是在产权制度的约束下,各参与方由共同利益而产生的集体合作行为。但尽管如此,还是由于缺

---

① [英] 沃克:《牛津法律大辞典》,邓正来等译,光明日报出版社1988年版,第729页。
② 刘伟、李凤圣:《产权通论》,北京出版社1998年版,第10—12页。
③ [美] Y. 巴泽尔:《产权的经济分析》,费方域、段毅才译,上海人民出版社1997年版,第16页。
④ Ronald H. Coase, "The problem of Social Cost", *Journal of Law and Economics*, Vol. 3, October 1960, pp. 1 – 44.

乏有效的产权制度安排对企业参与收益的保护，导致了大量交易费用的产生。由此，巴泽尔直接把交易费用定义为产权的转让、获取和保护的有关成本，即对资产的消费、收入、让渡和保护都需要通过交易并随之产生费用，足见产权的重要性。对此，马克思经济学的制度分析内容也曾多有涉及，如集体产权问题、人力资本产权问题及土地产权等。配杰威齐（Pejovich）曾指出"许多社会学家包括亚当·斯密都重视产权，马克思却第一个断言，对于产权的规范是因为人们要解决他们面临的资源稀缺问题，而产权结构会以其特定而可预见的方式来影响经济行为"①。

通常而言，把商品看作只有一种属性的同质实体，容易得出商品要么被拥有，要么不被拥有，不存在任何所有权的中间状态。曾经也有一段时期，研究产权的经济学家都不赞成对产权进行分解和施加约束。他们认为任何约束都会"稀释"（attenuation of rights）产权，该派观点认为，每个人利用财产获利能力的大小，取决于使用权、转让权、收益权等的实现程度，上述排他性的权利可以保证企业财产不落入公共领域，使企业在交易中得到收益。然而，对产权的"稀释"会约束所有者的行动自由，降低资产的价值。此种做法实际上就是绕过价格机制而分配资源，价格本身就可以进行资源的有效配置，对价格实施约束等于"画蛇添足"，如此便会降低资源的产出效率。

但在市场经济的实际运行中，组织和个人的财产会处处受到限制。马克思早期就通过对市场交换的系统考察与分析得出，最早的交换是偶然的、简单的交换形式，集中反映为物物交换，但它却是市场价格机制形成的最初状态。随着交换范围的扩大和物品种类的增加，简单的一对一交换发展为一对多交换，但此时的物物交换，由于受到空间、时间的限制，使得交易费用很高，很多潜在的交换难以实现。随着"一般等价物"的出现，尤其是人们将交换媒介固定在金银身上时，人类的交换进入以货币为媒介的时代。在《资本论》后续的第2卷、第3卷的研究中，

---

① 转引自［冰］思拉恩·埃格特森《新制度经济学》，吴经邦译，商务印书馆1996年版，第55页。

马克思进一步从流通领域分析了社会总产品的交换和生产价格机制的资源配置效率，揭示出市场作为交换关系所反映的生产者之间的利益，从而从制度上展示了财产制度关系与市场发展的逻辑联系①。其实，这同新制度经济学所强调的产权划分对经济发展和资源配置效率的影响是同样的道理。比如楼房建设的规模和地点即要服从城市规划的安排，公司股东如何支配自己的财产也要受到严格的限制。无论是前者的公共约束，还是后者的私人的、自愿的约束都是其组织的创办者制定的，是为了合作效率的提升。

更重要的是，正是有了这些约束股票和土地的价值才会提升，可见财富最大化与所有权受到的约束之间的矛盾只是表面的、不真实的②。由此，经济权利并等同于法律权利，后者是要么存在要么就不存在，而经济学中的产权总是以权利束的状态呈现。产权在很大程度上是由政府创造并实施的，因此产权相对于商品的多维属性，总是以集合的状态出现。如天大新校区图书馆内（类似于企业）广泛使用的联创复印服务，图书馆（主体是学生）拥有复印服务的权利，但却不能拥有复印机本身。当复印机运行良好时，图书馆不是唯一的得益者，当复印机运转出现问题时，图书馆也不是唯一受损的一方。联创作为复印服务提供者是复印机运营服务的剩余价值索取者。如果提供的服务好，联创就会得到收益，反之它就会受损，所以联创是复印机产权的部分所有者。此外，复印机的制造商"环星"（Ecostar）对复印机的部分硬件损害也会有后期保修的责任。另外，能免费私下使用复印机的联创雇员在工作时间内也可视作该设备产权的所有者，因而他们对复印服务的部分产出也拥有索取权。通过图书馆联创服务的案例说明，某种商品可以视作多种产权属性的总合，不同的属性统统归于一人所有并不一定最有效率。因此，现实中商品多维属性一般是为不同的个体所有。此时的产权划分就需要专门制度

---

① 《资本论（第一卷）》，中共中央马克思恩格斯列宁斯大林著作编译局编译，人民出版社1975年版，第102—110页。

② ［美］Y. 巴泽尔：《产权的经济分析》，费方域、段毅才译，上海人民出版社1997年版，第119—121页。

作出排他性的规定,避免所有者之间的侵权行为。

产权的这种可分割性包含两方面的意义,即可以产生权能行使的可分割性和利益可分割性。有权能的分解必然就有利益的分割,因为在企业参与产权获取过程中,任何先前行使权能的主体都不会轻易放弃原有利益。产权的可分割性可以从不同的层级上表现出来,比如以人力资本为载体的企业产权可以分为如前所述的"四权"。而在具体的权能行使过程中,如对企业参与的收益权等还可以再行分解。

对于产权的分割需要强调两点。第一,产权的可分割性不是无限度的,一方面是产权不具有无限分割的特性,另一方面是产权分割的前提是相关主体的出现,产权主体是不具有无限性的,所以产权也不可能无限分割,否则就会出现无效产权。第二,并不是任何产权都具有可分割性,如企业参与中人力资本的所有权,其不具有任意可分性,否则就会回到野蛮的奴隶时代,而且不会获得任何经济上的回报。显然,只有当制度安排十分可靠,足以使分解财产的用处成为可能时,产权分割才能获得源于这种划分的效益。

(二) 企业参与产权功能的实现方式

产权功能即指产权对于社会经济关系和经济运行的作用,在新制度经济学看来,产权最主要的功能就是给产权主体以激励。对此,德姆塞茨指出"产权的一个主要功能是引导人们将外部性较大的激励内在化"[1],而这种内在激励主要是通过两方面来实现的。

首先,产权能够减少企业参与的不确定性,并降低交易费用。如前所述,信息的不对称性与企业完全理性决策的存疑使得企业参与现代职业教育的交易存在多种不确定性,从而导致了企业参与的集体行动困境。为了减少这种不确定性,人们总是通过设计各种规则和制度,来降低不确定所带来的交易费用,而产权制度就是其中最重要的一种,它可以帮助企业形成合理的预期、减少不确定性和降低交易费用产生。正如德姆

---

[1] [美] 哈罗德·德姆塞茨:《关于产权的理论》,载 [美] 罗纳德·科斯等《财产权利与制度变迁——产权学派与新制度学派译文集》,刘守英等译,上海三联书店 2014 年版,第 70 页。

塞茨所说,"产权是一种社会工具,其重要的作用就在于他们能够帮助一个人形成他与其他人进行交易时的合理预期,这些预期通过社会的法律、习俗和道德得到表达。产权的所有者拥有他的同事同意他以特定方式行事的权利,一个所有者期望共同体能阻止其他人对他行动的干扰"[1]。具体而言,产权减少不确定性和降低交易费用的功能是通过设立产权和明晰产权来实现的,即确定不同资产的不同产权,或确定同一产权的不同主体。如此就会使企业参与的制度环境变得更为清晰,各个参与者之间都明白自身和他人的权责空间,企业参与中的不确定性就会大大降低,从而就可以增进现代职业教育资源配置的运行效率。

其次,产权的分割与落实能够促使企业参与的外部性收益内部化。如前所述,企业参与困境很大程度上源于市场在配置资源中的外部性,这种外部性有正外部性和负外部性之分。当企业参与的收益小于社会收益时,企业参与就表现为负外部性,此时企业虽有参与动机,但无法产生参与行动,并导致企业参与困境,而这即是因为缺乏产权制度的保护。一旦确立了企业主体的产权,情况就会变得不同,比如硅谷的成功与人力资本产权制度密切关联,其成功正是得益于产权制度的配置,才能聚集起无数的科技发明和创业神话。再比如专利制度的发明,如果没有专利制度的保护,市场可以随意模仿,虽可能存在在个体驱动下的偶然发明,但大规模的创新驱动是不可能发生的。专利制度的功能恰恰就在于使发明者的知识产权得到保护,帮助其将外部性收益内部化。对此,诺思指出,"付给数学家报酬和提供奖金是刺激努力出成果的人为办法,而一项专为包括新思想、发明和创新在内的知识所有权而制定的法律则可以提供更为经常的刺激。没有这种所有权保护,便没有人会为社会利益而拿私人财产冒险"[2]。由此,产权制度的安排便通过鼓励发明与创

---

[1] [美]哈罗德·德姆塞茨:《一个研究所有制的框架》,载[美]罗纳德·科斯等《财产权利与制度变迁——产权学派与新制度学派译文集》,刘守英等译,上海三联书店2014年版,第133页。

[2] [美]道格拉斯·诺斯、[美]罗伯斯·托马斯:《西方世界的兴起》,厉以平、蔡磊译,华夏出版社1999年版,第8页。

新，并使之收益率接近社会收益率的方式，不断地推动着社会的进步与发展。

综上，产权制度的安排对企业参与现代职业教育的收益有着重要的影响。正是由于企业参与的外部性，才导致了企业参与困境的出现。而企业参与产权的明晰就可以保障企业的外部性收益，如此企业主体参与的利益才能有所保证，此时产权的激励功能就可以通过利益机制得以实现。下面将通过分析企业参与的人力资本产权与非人力资本产权的内容，讨论对企业进行产权分割的可行性，从权利和责任两方面来明晰企业参与的行为，以健全企业参与制度提供基本的理论依据。

第二节 企业参与的人力资本产权分析

对企业参与困境来说，现代职业教育治理的核心议题是保证其参与的人力资本收益。在交易费用为正的情况下，人力资本产权的制度安排将直接影响企业参与的激励和行为。《国务院关于加快发展现代职业教育的决定》（国发〔2014〕19号）中健全企业参与制度，通过研究制定相关法规和激励政策，发挥企业办学的主体作用的表述[1]，强调的恰是制度安排对企业参与态度的重要影响。没有制度的治理是不存在的，企业参与制度的缺失导致实践中"校热企冷"的现象比比皆是，这种"剃头挑子一头热"背后所隐含的实质问题正是人力资本产权制度的供求失衡。本节拟沿着制度分析框架中人力资本产权的分析脉络，理解我国当前企业参与困境产生的原因，进而为研究建议提供相应的理论依据。

一 人力资本的产权结构与交易特征

（一）人力资本的分类与特征

人力资本（human capital）由美国经济学家西奥多·舒尔茨（Theo-

---

[1]《国务院关于加快发展现代职业教育的决定》（国发〔2014〕19号），http://www.scio.gov.cn/ztk/xwfb/，2014年5月2日。

dore W. Schultz）等提出，其指"体现在人身上的技能和生产知识的存量，目的在于提高一个人的技能和获利能力"①。舒尔茨之前的经济学家普遍认为，人力资本的称谓存在将人视为奴隶或机器的嫌疑，致使学界对该词的使用始终持谨慎和怀疑的态度。但是，舒尔茨通过对人力资本投资如何提升美国农业及整体经济生产率的分析，梳理出了技术变化中的人力资本要素，明确了"农民的技能和知识水平与其耕作的生产率之间存在着密切的正相关关系"②。随着人力资本的大量投资，人的经济价值不断提高，产生了对制度的新需求。

自舒尔茨在1968年发表《制度与人的价值的不断提高》之后，人力资本作为生产要素的价值越来越大。舒尔茨指出，"随着经济的增长，作为生产要素的人的经济价值相对于物质资本的经济价值不断提高，因而产生了保护热量资本权利的制度变迁需求……人的经济价值的提高产生了对制度的新的需求，一些政治和法律制度就是用来满足这些需求的"③。舒尔茨的观点最终促成了当前私人和公共领域对人的投资制度化的状况，如教育与健康条件的改善。

根据人力资本的观点，经济增长与人力资本价值的提高对制度变迁产生了强大的需求，对现代职业教育中以获取人力资本为主的企业参与来说，其制度需求表现在如下方面：一是企业参与已从节约生产费用的动机转向节约（人力资本）交易费用的动机；二是随着企业技术创新与积累的进步，对那些能够生产和分配技术的制度需求会增加；三是在现代职业教育体系中，人力资本的价值和开发模式会刺激不同的制度需求，如企业实习保险制度、通行的资格框架制度、企业文化对课程的介入权利等。用舒尔茨的话说就是，"每一个工人对其免于事故责任的额外保障

---

① ［英］约翰·伊特韦尔等编：《新帕尔格雷夫经济学大辞典（卷2）》，刘登翰译，经济科学出版社1996年版，第736页。

② ［美］西奥多·舒尔茨：《人力资本投资——教育和研究的作用》，蒋斌、张蘅译，商务印书馆1990年版。

③ ［美］西奥多·W. 舒尔茨：《制度与人的价值的不断提高》，载［美］罗纳德·科斯等《财产权利与制度变迁——产权学派与新制度学派译文集》，刘守英等译，上海三联书店2014年版，第176页。

性需求会渐而转向对权利的需求，对健康与人身保险的需求也是如此……人作为一个生产要求，他在获取工作方面需要更大的平等，尤其是对那些有高技术要求的工作。与此密切相关的是，人们在通过在职培训和高等教育以获取高技术的工作方面也会要求有更小的歧视"①。

由此可见，人力资本价值的上升是诱使企业参与制度变迁的重要因素。人力资本相对价值的提升之所以会产生制度变迁的需求，是因为当高技能人才因市场需求变得稀缺而价值上升时，其产权所有者可以从其所有权中获得更多的收益，因此，现代职业教育中的企业会努力争取相关产权。特别是当企业对人力资本所有权中获得的收益大于保护这种专有权而支付的成本时，对企业参与产权制度的安排就会变得顺理成章。

舒尔茨讲的制度需求显然也包括人力资本产权制度。为此，他还对人力资本产权制度的滞后提出了批判，其指出"从历史上看，也有足够的证据显示拥有了土地已经越来越不再意味着占有重要的经济力量源泉，相对于人力资本的物质资本所有权，情况亦是这样……在李嘉图和马克思时代支配土地和其他形式的物质资本的所有权制度，已经远远不适合于大量进行人力资本投资的当代社会"②。舒尔茨理论中的人力资本概念主要包含以下含义：一是人力资本不是人本身，而是其所承载的技能、知识和健康等质量因素；二是人力资本是一种具有经济价值的生产能力；三是人力资本并非与生俱来，而是后天投入所获得。简言之，人力资本是凝聚于个人身上的生产性资本，其形成主要依靠后天性的教育和训练获得。

由于人力资本凝聚于劳动者身上，劳动者便会以特定角色分属于不同的社会组织，便形成了特定的人力资本产权。从内涵上解读，人力资本产权可理解为对稀缺性人力资本的使用所引起的人与人之间相互认可的行为关系，它会影响个体之间及个体相应于物的行为规范，个体必须

---

① [美]西奥多·W. 舒尔茨：《制度与人的价值的不断提高》，载[美]罗纳德·科斯等《财产权利与制度变迁——产权学派与新制度学派译文集》，刘守英等译，上海三联书店2014年版，第179页。

② 同上书，第178页。

遵守这种相互关系或承担不遵守这种关系的成本①。经济学中的产权思想与交易费用密切相关,正是由于市场交易的存在,才产生了对产权界定的客观需要,而产权的转让、获取和保护又反过来对交易费用产生影响,从而确立了新制度经济学中"产权"的分析范式②。由此,人力资本产权即可表述为在人力资本交易过程中的所有权及其派生出的使用权、支配权和收益权等一系列权利的综合,加上制约人们行使这些权利的规则③。从社会组织或机构专业分工角度看,企业参与现代职业教育并产出人力资本,但企业参与的外部性和教育本身的公共属性,客观上要求对企业参与成本进行某种形式的补偿,以促使企业参与行为有序、有效进行。更重要的是,在遵循市场规则的前提下,通过相应的制度安排来保障企业人力资本产权的收益。从产权交易的属性来看,企业参与高技能人才培训的实质,是人力资本产权在教育组织与产业组织间的转移,这既是企业参与的基本目的,也是现代职业教育治理的关键。

但是,任何资本存在的价值都在于其稀缺性,那么企业参与现代职业教育所追逐人力资本的稀缺性到底体现在何处呢?据贝克尔(Gary Becker)"通用培训"和"专用培训"的经典分类便可透视其中的原因。贝克尔指出,"通用培训会使得提供培训的企业至少和其他企业同等程度地提高生产率"④。即无论是参与企业,还是邻近企业,这种培训都是有用的。或者,可理解为通用培训在增加培训企业的边际效益同时,也同样会增加邻近企业的边际效益。换句话说就是,通用性人力资本能在一定程度上提高所有企业的生产率。因此,通用培训具有极强的经济外部性,企业参与现代职业教育的目的绝不会是"为他人作嫁衣裳"。而且从

---

① [美]马克·汉森:《教育管理与组织行为》,载[美]罗纳德·科斯等《财产权利与制度变迁——产权学派与新制度学派译文集》,刘守英等译,上海三联书店2014年版,第148页。

② Ronald H. Coase, "The problem of Social Cost", *Journal of Law and Economics*, Vol. 3, October 1960, pp. 1–44.

③ 黄乾:《人力资本产权的概念、结构与特征》,《经济学家》2000年第5期。

④ [美]加里·贝克尔:《人力资本理论——关于教育的实证和理论分析》,郭虹译,中信出版社2007年版,第16页。

受益者的角度来说，通用培训的投资者和受益者首先是受训者本人，处在完全劳动力竞争市场中的企业要么会选择市场购买的方式，要么会采用由员工自行承担培训费用的方式，来进行通用培训及获取通用性人力资本。"专用培训"则不然，完全的"专用培训"指"对受训人所在的企业以外的企业的生产效率没有任何影响的培训。许多在职培训既不是完全的专业培训，也不是完全的一般性培训，这类培训会更多提高这类培训企业的生产率，基本是属于专业培训。而有培训会使得提供培训的企业至少和其他企业同等程度地提高了生产率，基本上也属于一般性培训"①。

由此可见，不同类型的培训对生产率的提升幅度，在不同的企业是不同的，能更大程度地提高提供培训企业的生产率的培训即可称为专用培训。完全专用培训即可理解为对受训者所获得的技能对邻近企业的生产率没有丝毫的影响，换句话说，企业专用性人力资本能更大程度地提高培训企业的生产率，而在培训企业之外，该人力资本的生产价值就会迅速贬值。在此情况下，贝克尔指出"企业必须支付培训费用，因为没有一个理智的雇员会对他没有好处的培训支付费用。企业将以利润更多的形式得到这种培训的收益，利润的增加来源于更高的生产率，无论收益多少——按适当的比例贴现——只有在收益至少等于成本时，企业才会提供培训"②。可见，按照贝尔克"通用培训"和"专用培训"的经典划分，企业参与现代职业教育的直接动机是获取同"资产专用性"相对应的专用性人力资本。

与此同时，我们还应注意企业同专用性人力资本间的双向依赖性。一方面专用性人力资本的形成有赖于企业的参与，这种专用性特征在客观上构成了其产权随意退出的障碍。因其一旦离开，其生产价值就会大打折扣，之前的时间、学习即培训投入将很难挽回。另一方面，企业因专用性人力资本的存在，生产效率、产品质量均会大幅提升，使企业保

---

① [美]加里·贝克尔：《人力资本理论——关于教育的实证和理论分析》，郭虹译，中信出版社2007年版，第21页。

② 同上书，第26页。

持更强的竞争优势，可以说专用性人力资本是企业参与的动力源，因此企业一旦失去对该项人力资本的产权控制，其参与的积极性将大大降低。所以，对企业参与的产权交易，需要相应的制度安排来限制双方的机会主义行为，以提升交易的确定性。

由此可见，人力资本同物质资本一样，具有稀缺性和生产性，但与物质资本相比，人力资本又具有自身的交易特征：一是人力资本与其所有者不可分离，这是人力资本的根本特征；二是人力资本具有主动性特征，表现为面对不同的"刺激"，其能够做出比非人力资本更为复杂的反应；三是高度的异质性，源于其与承载者的不可分离与个体的异质性；四是外部性特征，如通过"一般性培训"所获得的通用技能，可能会随着个体的流动进入邻近企业，其人力资本外部性收益就会为邻近企业所获得。

对于现代职业教育所培养的人力资本来说，企业完全获得既不可行，也不可能，因为对企业来说主要是人力资本的使用权，至于人力资本的其他权利对于企业来说没有拥有和控制的必要，所以只有对人力资本产权维度有一个充分的认识，其产权的分割与转让才可能得以实现。

(二) 企业参与的产权结构与交易特征

人力资本产权即可表述为在人力资本交易过程中的所有权及其派生出的使用权、支配权和收益权等一系列权利的综合，加上制约人们行使这些权利的规则[①]。

首先是所有权，指人力资本在社会和法律上的主体归属。人力资本与其承载着不可分离的特征决定了人力资本所有权属于人本身。由此，在企业参与现代职业教育过程中，无论是在校学生还是企业的实习员工，人力资本的所有权毋庸置疑都属于实习者本人，也正基于此，才产生出企业的管理、控制和监督等费用。

其次是使用权，该权是指消费人力资本使用价值的权利，是对人力资本的实际占有。在市场经济条件下，对人力资本的使用有两种情况：

---

① 黄乾：《人力资本产权的概念、结构与特征》，《经济学家》2000年第5期。

一种是人力资本自雇，完全使用自身人力资本；另一种是受雇，即所有者将人力资本使用权部分转让，由企业使用让渡部分人力资本。在生产高度社会化、专业化和规模化的条件下，个体往往无法获取生产效益最大化所必需的非人力资本，而现代职业教育治理体系的目的即以个体受雇的形式，实现人力资本同企业专用性资产间的均衡，从而优化现代职业教育的治理结构。以现代学徒制为例，即可被理解为企业出让部分专用性资产，包括师傅及生产资料，来与实习者（即学徒）合作，在企业实现生产价值的同时，获取学徒潜在的人力资本产权。

再次是执行权，又称为支配权。执行权有两层含义：一是指所有权主体在事实或法律上决定如何安排、使用自身权能的可能，如实习者可以选择接受企业的实习岗位，也可以选择拒绝执行等；二是指使用权主体决定和安排客体使用方向的权能，如企业可以安排实习者以岗位 A 实践实习任务，也可以选择以岗位 B 执行。

最后是收益权，指通过人力资本获取经济利益的权利。对非人力资本投资，收益权归其投资者是没有任何疑问的，但人力资本所有权天然属于其承载者，加之人力资本的外部性特征，收益权的划分就会变得更为复杂。对现代职业教育治理而言，参与企业理应享有与其投入资产份额相匹配的收益，但因为个体是人力资本的承载者，亦投入了时间、精力、智力等要素，且企业人力资本的获取必须建立在拥有实习者使用价值的基础上，种种特征均使得企业参与外部性收益表现得格外明显。

由于上述人力资本产权的结构化和其先天拥有的特征，使得企业参与人力资本的产权交易具有了如下特征：一是人力资本的所有权不可转让，始终属于其资源的承载者（即实习者本人）；二是人力资本使用权的部分转让，如在企业参与过程中，契约会对企业所获实习者的工作时间做出类似"八小时工作制"的规定，这是所有者转让给使用者的使用量；三是所有权的不可分性、使用权的部分转让决定了企业在面临市场风险时，人力资本须以价值贬损的方式（如转岗、待业或失业等）承担自身风险。

上述交易特征正是企业人力资本收益的问题所在。一旦企业在参与现代职业教育过程中提供专用培训，囿于人力资本所有权的天然属性，若受训者在培训完成后极有可能处于利益的考量而选择跳槽，那么企业参与收益将无法保证，浪费了企业参与专用性资产的投入。同理，受训者若最终未被企业留下，也会面临一定的损失，因为其专用技能相对于邻近企业会有一定程度的贬值[①]。受训者的流动与企业专用性人力资本收益是紧密联系在一起的，受训者流动性的高低取决于企业所提供的工资待遇、团队生产环境、企业文化及个体偏好等，但很大程度上取决于企业的工资待遇，因此若企业能与受训者或国家分担并共享专用性人力资本投资的成本与收益，那么企业参与的积极性便会得到大大改善。而各自分担的份额则取决于受训者流失率与工资待遇、解聘率与企业利润之间的关系及其他相关影响因素，如企业对风险的态度、受训者对流动的偏好等，其中企业参与过程中所产生的交易费用同专用性资产所对应的人力资本专业程度呈正相关，而与受训者的流动性呈负相关。

需要强调的是企业专用性人力资本的绝对性和相对性。专用性人力资本的绝对性主要是指人力资本主体是对特定企业而言的，对企业参与现代职业教育来说，个体经过一定时期的实习会获取企业特定的技能和知识，成为企业潜在的专用性人力资本，该人力资本是企业外部劳动力所不具备的，因而相对于后者而言具有相当程度的不可替代性。但是随着专业分工的深化，生产的规模化和标准化将进一步提升，企业的专用性人力资本又具有相对性，所以说专用性人力资本具有一定的时空限制，是一个专用到通用再到专用的一个不断演化的过程。

据贝克尔对专用性人力资本投资重要性的论断，企业参与现代职业教育的关键便在于对专用性人力资本获取的确定程度，专用性人力资本的流动性既对企业的收益有很大影响，也同受训者的收益极为相关，因此如何保障人力资本收益将是决定企业参与现代职业教育治理成功与否

---

① 肖凤翔、李亚昕：《论企业参与现代职业教育治理的制度供给路径——基于交易费用的分析方法》，《教育研究》2016年第8期。

的核心问题。

对于在职培训来说，贝克尔对这一问题的解决方式是，在专用培训期企业为员工提供一份低于市场均衡水平的工资，以共同承担专用投资的成本，而在专用性培训之后，双方共同获取投资收益。上述方式的完成需要雇佣关系的稳定性，在这种共享模式下，雇员的工资——任期曲线的斜率是向上倾斜的。可见，企业在职培训专用性人力资本的前提，是保持雇佣关系的稳定性，但是在企业参与现代职业教育治理中，实习者并非企业员工。虽然实习者可以接受一个预先设定的低工资，但由于专用性技能和努力无法准确定义和衡量，加之契约执行的不完全性存在，使得企业参与的潜在人力资本收益很难通过一个显性的契约得到保护，这就会影响企业参与的行动策略。

事实上，在现实中的劳动力市场中，不同职业的雇佣关系的稳定性和收入存在较大差异，不同行业劳动流动率及雇佣政策也存在较大差异，这说明理论上的应处于完全竞争的劳动力市场状态并不存在，现行的劳动力市场处在一个相对竞争的状态[1]。一定量的人力资本一旦进入某企业，便会与企业处于部分"锁定"的状态，产生这种情况的原因与员工所掌握的专业技能程度及企业所支付的雇佣成本有关。换言之，即企业的人力资本具有了一定的企业专用性，成为企业的准固定要素。多林格和皮奥里的内部劳动力市场理论，对此进行了进一步的阐述。他们认为，企业进行的专用性人力资本投资激励了企业提供其他的制度安排，以有效地降低雇员的流动，提高雇佣关系的稳定性，这种稳定的雇佣关系进一步促进了专用技术的发展。随着大量生产技术的使用以及劳动分工的细化，将需要越来越人的专用性人力资本，因此稳定的雇佣关系将至关重要[2]。但是，在个完全竞争的市场中，契约的个完整性到底是如何影响企业参与人力资本收益的，是下节将要讨论的问题。

---

[1] Peter B. Doeringer and Michael J. Piore, *Internal Labor Markets and Manpower Analysis*, Lexington, Massachusetts: D. C. Heath and Company, 1971, p. 45.

[2] Ibid., p. 47.

二 人力资本产权交易的不完全实现

人力资本产权的多样性和经济人行为的复杂性使其产权的格局变得极为复杂。如人力资本使用权的让渡，可以提升人力资本的使用效率，但所有权的让渡就达不到此目的。人力资本产权交易的特征决定了企业参与契约的不完全实现，是伴随"售前售后"在内的结构性契约。因此，企业不仅需明晰对人力资本使用权的价格和数量，还需要对人力资本使用权、契约的执行权及收益权进行详细的条款约束。但即使如此，人力资本产权的特殊性仍促使企业参与产权交易的不完全性得以形成，并影响企业参与的集体行动。

（一）人力资本使用权的不完全实现

如果人力资本产权可以完全转让，对使用权的约定就显得无关紧要。但人力资本使用权只能部分让渡，这使得企业须对使用权进行后续使用项目和使用量的细化，可由于人力资本异质性的存在，决定了契约中不可能罗列所有的使用项目和使用量的条款，从而使人力资本使用权的交易具有了不完全性。以4S店汽车销售实习顾问A为例，"销售能力"是A的"使用项目"，"八小时"工作是每天的使用"量"，但在实践中，使用项目和使用量都存在较大的弹性。假如某天A因情绪不好，导致服务质量下降而影响到顾客的购买，虽然A执行了使用"量"，"使用项目"的质量却会大打折扣；又或者因临时调整，需要A参与售后维修的工作且出现了加班情况，会使"使用项目"和"量"的限制被双双突破。对此，科斯曾表示，"在购买物品时，主要项目能够预先说明而其后再决定的细节的意义并不大，但购买劳务（劳动）的情形显然要比购买物品的情形具有更为重要的意义"[1]。可见，对人力资本使用项目和使用量的约束都是契约中难以预先规定完全的。其次，企业参与现代职业教育一般是接受数名实习者培训，但出于降低交易成本的考量，企业通常同多

---

[1] Ronald H. Coase, "The Nature of the Firm", *Economica*, Vol. 4, No. 16, November 1937, pp. 386–405.

名实习者签订相同的实习合约,而不是根据个体的能力分别签约,这就意味着契约不可能覆盖每个实习者的所有情况,这也在客观上强化了使用权交易的不完全性。再次,企业参与的直接目的是获取实习者的人力资本使用权,但对职业教育所培养的高技能人才,其劳动构成是脑力输出和体力输出的集合,对于体力输出的使用量较易测量,但对于脑力劳动输出的使用量是很难量化的。如4S店不可能规定每个汽车维修人员在一定时间内必须修好多少台车,而且,维修过程中的意外也是不可能被量化的,种种情况都会直接影响人力资本使用权的实现。

(二)人力资本执行权的不完全实现

契约执行权的不完全实现不仅源于契约本身的不完全性,也源于签约方的道德风险(moral hazard),这会促使当事人"在最大限度地增进自身效用时做出不利于他人的行动"①。如当某人想购买一辆汽车时,其获取的是有关汽车颜色、加速器、款式、内部设计、伸腿空间、汽车里程——所有有价值的属性,尽管它只是一辆汽车;当某位病人去购买医生服务时,其不仅关注医生的医术,还包括医德以及候诊时间等,这些都会被囊括在病人所购买的服务内。对现代职业教育治理而言,企业在接受具体的实习者时,不仅会考察其以往的学校表现,而且要针对具体的岗位责任,判断其与该职位的匹配程度,同时还要对其实习期间的表现进行管理与控制、监督与评价,更要对其安全负责,对上述种种信息的获取及实践活动的安排都存在着高昂的成本。实际上,企业及各个参与方均拥有更多关于自身有价值特质的信息,双方均可能通过隐藏或者透露这些信息获得收益,这也是引发双方道德风险的基础。在现代职业教育治理过程中,实习者可能在工作时间确定的情况下,有意减低工作强度、降低产品质量,或者采用违约的方式,使实习契约得不到完全执行。

事实上,有关质量的信息在很多情况下是昂贵的、不确定的甚至是

---

① [英]约翰·伊特韦尔等编:《新帕尔格雷夫经济学大辞典(卷2)》,刘登翰译,经济科学出版社1996年版,第588页。

不可能得到的。身处集体行为中的实习者因而会产生某些个人单独工作时不存在的问题，这些问题包括欺骗、磨洋工、"搭便车"及道德风险[①]。新制度经济学家及公共选择经济学家如奥尔森、威廉姆森及德姆塞茨等都强调过这类问题。与此同时，企业也可能会人为地制造契约缺口，并利用缺口侵占实习者的收益权。如企业有可能会在契约中弱化关于实习岗位的难度和强度信息，为侵占实习者的收益权预留空间，企业还可能随意地改变实习者的工作岗位，提供简陋的实习环境，等等。

由于企业参与契约的不完整性加之双方隐含的道德风险，就会促使实习者为了自身利益的实现产生卸责行为，导致人力资本产出的减少或质量的下降，图4—1是人力资本自我雇用与受雇于人时的边际产出差额，假如边际产出的产品质量合格，横轴表示"人力资本"，但鉴于其无法直接度量，以工作时间替代，纵轴表示边际产出。假定所有者自我雇佣时的边际产出为 MP_1，即自我雇佣时可达到最高的产出水平，所有者受雇于人时的边际产出为 MP_2，由图4—1可以看出同一人力资本承载者在受雇和自雇时相同工作时间上的边际产出差异。MP_1 同 MP_2 之间的距离即人力资本所有者的卸责程度，距离越大，表明卸责程度越高。

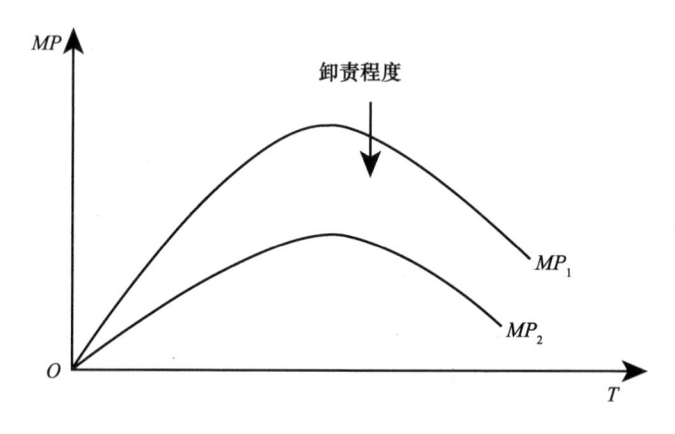

图4—1　人力资本的边际产出及卸责程度

[①] 林毅夫：《财产权利与制度变迁》，载〔美〕罗纳德·科斯等《财产权利与制度变迁——产权学派与新制度学派译文集》，刘守英等译，上海三联书店2014年版，第265页。

如果人力资本在受雇于企业时执行权完全实现,则两条曲线将会无限接近。在企业参与现代职业教育人才培养的过程中,为防止实习者卸责行为会对其实施相应的管理和监督,理性的企业会依据其所属的行业性质,选择费用较低的方式对实习者进行管理,但无论以何种方式都会影响企业参与契约的执行,增加企业获取人力资本的交易费用,并导致现实中企业参与的集体行动困境。

(三)人力资本收益权的不完全实现

要素使用与收益分配是一枚硬币的两面,在人力资本使用量不能够精确度量的前提下,如果能够确定人力资本所创造财富量的精确度量方法,也可以促使企业参与的人力资本收益变得完全。但不同于非人力资本,人力资本产出有很大的异质性,这使得对人力资本收益的精确测量也变得不太可能。而且,人力资本生产的团队性质也使得对收益的测量变得困难,在团队生产中多种不同类型的资源聚集生产,产品不是每种合作资源的可分离产出之和,也不是所有被用于团队生产的资源都具有个体性质,且合作生产的产品无法在个体间分割。对此,阿尔奇安和德姆塞茨曾指出,"衡量个体人力资本产出量并据此支付其报酬,比可分开的生产函数,成本要高出一个数量级"[1]。

此外,人力资本收益的外部性特征也会严重影响企业参与的人力资本收益。据贝克尔对"一般培训"和"特殊培训"的经典分类,前者对应形成通用性技能,这种技能会随着承载者的流动而使邻近企业受益,所以对于通用型人力资本的获取,企业通常选择市场招聘的策略。而对于"特殊培训"所形成的专用性人力资本,受专用性技能的评估和使用条件所限,承载者转移的可能性将大大降低,所以,企业对于专用性人力资本投资积极性较高。但是,由于人力资本突出的外部性特征及其所有权的天然归属,当培训完成后还是会使企业面临双向选择和知识产权外泄的风险,这就会出现专用性人力资本在"公共领域"聚集的可能。

---

[1] Armen A. Alchain and Harold Demsetz, "Production, Information Costs and Economic Organizetion", *America Economic Review*, Vol. 62, No. 5, December 1972, pp. 777–795.

正如巴泽尔所言:"除非产权完全界定——在交易费用为正的情况下,这是永远做不到的——部分有价值的资源总是留在'公共领域'(public domain)之中"[①]。此时,资本的价值就是资本的租值,但获取租值也需要花费一定的成本,如信息搜寻、缔约谈判费用,特别是专用性人力资本交易偏离一致性后所产生的额外费用,这会抵消部分或全部租值,即产生资本的租值消散(dissipation of rent)[②],从而导致人力资本价值的下降或消失,并影响到经济决策的整体效率。

以企业参与培养的专用性人力资本为例(如图4—2所示),横轴表示人力资本工作时间 T,纵轴表示完全竞争市场中专用人力资本的边际价值 VMP。VMP_1 表示人力资本未转移时的边际价值,VMP_2 表示人力资本转移到邻近企业的产品价值,两条曲线间的面积即为人力资本的租值。人力资本在邻近企业间迁移的程度越高、次数越频繁,这部分租值消散的面积越大。虽然存在人力资本的专用性限制,但考虑到产业发展的规模化、标准化及人才横向迁移能力的存在,大部分企业依然会尝试并可能获取"公共领域"的人力资本。只要企业通过市场策略获取人力资本的成本低于或等于直接参与培训的费用,即使企业拥有强烈的参与意愿,也很难转变为现实中有效的集体参与行动。

对现代职业教育治理体系而言,企业为了避免人力资本流入公共领域,须对人力资本的产权施加限制,以使企业能够方便地运用排他性,确保参与权利的获得与参与行为的收益。但人力资本所有权的天然属性,会使得任何企业无法染指,而人自身也会有选择的权利,此时企业对人力资本的投入可能会变成一种无偿付出。因此,对于人力资本所有权的属性也要做出相应的限制条款,使其对自身主动的违约行为承担部分责

[①] "公共领域"是巴泽尔分析和说明产权的重要概念,其指在信息不完全的情况下,交易中各方都存在攫取产品未被发现的价值的动机,除非产权完全界定,否则产品的部分价值将总是处在"公共领域",详情参见 Y. 巴泽尔《产权的经济分析》,费方域、段毅才译,上海人民出版社1997年版,第17页。

[②] "租值消散"是张五常提出的一个著名定理,其内容是如果竞争是在没有规则的情况下进行,那么商品的市场价值就会烟消云散。详情参见张五常《经济解释——制度的选择》,中信出版社2014年版,第84—92页。

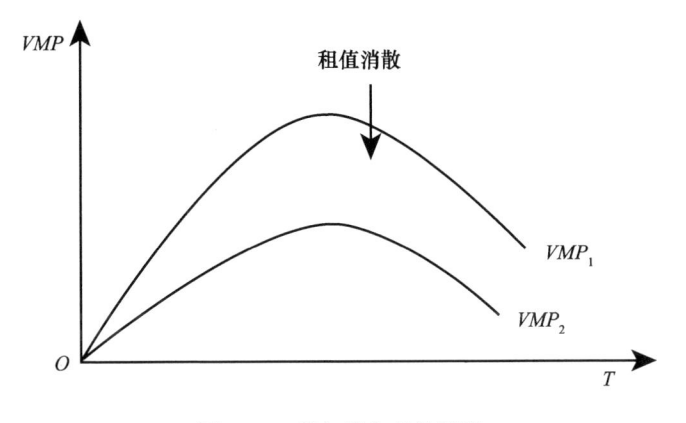

图 4—2　外部性与租值消散

任。当然，对于该部分的制度安排，还要取决于交易价值的大小，若交易价值相对较低，制度介入所花的成本就会得不偿失。可以设想，随着某项交易频率的增加，交易价值的增大，针对该交易所投入的资源也将增大。如民航公司和飞机制造商之间签订的限制性条款肯定多于租车公司同汽车制造商之间的条款，一般而言，民航公司同飞机制造商的合同中会规定专门设计的机制，并派自己工程师进行监造；飞机制造商也会在飞机交付使用后，派专人监督飞机的使用，由此可见产权可以根据人们的偏好，得到最有利于主体的界定。但是，由于人力资本产权的属性非常复杂，测定每种产权属性的成本又极其高昂，因此，要彻底界定人力资本产权是不可能实现的。巴泽尔对此指出，"产权永远不会是完全界定的……对于既定商品的不同属性的权利，或者对于一笔交易的不同属性的权利，甲乙间并不全是同等地明确界定的"[1]。正因为产权界定的困难，公共领域的产权才随处可见，大到辽阔的海域，小到商场空调机的冷风等。随着产权测算成本与保护成本的不断变化，个体产权和公共领域产权也会不断地博弈，直至达到彼此间的平衡。

通过上述分析可知，在企业参与现代职业教育治理过程中，人力资本的使用权、执行权和收益权均出现了一定量的"稀释"，致使企业参与

---

[1] [美] Y. 巴泽尔：《产权的经济分析》，费方域、段毅才译，上海人民出版社 1997 年版，第 88 页。

高技能人才培养的产出不仅处于不断变化之中,且其服务流无法准确预期,"当收入流可变且不能完全预见时,要确定人力资本的收入流费用是很高的"①,这种多变性和不确定性都会在一定程度上减少人力资本的价值。

更为关键的问题是除却邻近企业的竞争,其他参与者也能够影响交易产生的服务流,这就会加剧企业人力资本产权的稀释。如实习者的岗位表现并非均质,其产出部分取决于自身潜能,部分取决于企业同院校合作形式的有效性。企业会发觉若要测量实习者未来的优异表现,在多大程度上取决于个体潜能,多大程度上取决于企业实训环节,对此类问题的信息搜集费用是非常高昂的。同样,院校也很难讲清实习者潜能的实现,在多大程度是上是由于企业角色,多大程度取决于个体素质。其结果必定是,企业对待实习者的专业实践草草了事,而院校也不会强求企业必须达到预期要求,合作双方都会预期到对方有类似的行为,基于此,企业与职业院校间的需求和供给函数都会被迫做出调整,利用市场配置资源的效率就会下降。

如果实习者个体的异质性无须代价就可以测量,企业与院校的行为属性可以轻易地判断和精确地确定成本,那么企业参与的障碍便不复存在。事实上,完整而精确地估计企业参与交易成本的代价会昂贵得令人却步。因而,以收益最大化为参与动机的企业一般不会选择完全行使其权利,而人力资本产权收益可能会部分滞留公共领域,部分又被邻近企业攫取,租值消散的结果必然导致企业在交易中不能获得预期的人力资本收益,并最终致企业参与的集体行动困境。

经济学家巴泽尔对产权落实的意义做出过经典表述,"其他人越是倾向于影响某人的收入流而又不需要承担他们行动的全部成本,该资产的价值也就越低"②,如此人力资本的承载者就没有任何有价值的资产可估,而市场就会无人问津。上述情况不仅会影响到企业参与高技能人才培养

---

① [美] Y. 巴泽尔:《产权的经济分析》,费方域、段毅才译,上海人民出版社 1997 年版,第 6—7 页。

② 同上书,第 6 页。

的效率，也会损害人力资本自身的"可持续发展能力"。而据贝克尔对专用性人力资本投资重要性的论断，企业参与现代职业教育的关键便在于对专用性人力资本获取的确定程度，专用性人力资本的流动性既对企业的收益有很大影响，也同实习者的收益极为相关，因此如何保障人力资本收益将是破解企业参与现代职业教育困境的关键。

三 人力资本产权制度的非均衡供给

对于企业的在职培训来说，贝克尔对人力资本流失的解决方式为，在专用培训期，企业为员工提供一份低于市场均衡水平的工资，以共同承担专用投资的成本，而在专用性培训之后，双方共同获取投资收益。但是，上述方式的完成需要雇佣关系的稳定性，在这种共享模式下雇员的工资——任期曲线的斜率是向上倾斜的。可见，企业在职培训专用性人力资本的前提，是保持雇佣关系的稳定性。然而，在企业参与现代职业教育治理中实习者并非企业员工，虽然实习者可以接受一个预先设定的低工资，但由于专用性技能和努力无法准确定义和衡量，加之契约执行的不完全性存在，均使得企业参与的潜在人力资本收益很难通过一个显性的契约得到保护，这就会影响企业参与的行动策略。

在现实中的劳动力市场中，不同职业间的雇佣关系的稳定性和收入实际上存在较大差异，不同行业劳动流动率及雇佣政策也存在较大差异，这说明理论上的、处于完全竞争的劳动力市场状态并不存在。现实中的劳动力市场始终处于一种相对竞争的状态，一定量的人力资本一旦进入某企业，便会与企业处于部分"锁定"的状态，产生这种情况的原因与员工所掌握的专业技能程度及企业所支付的雇佣成本有关。换言之，即企业的人力资本始终具有一定的企业专用性，可视作企业的准固定要素。

多林格和皮奥里的内部劳动力市场理论对此进行了更进一步的阐述。他们认为，企业进行的专用性人力资本投资激励了企业提供其他的制度安排，以有效地降低雇员的流动，提高雇佣关系的稳定性，而这种稳定的雇佣关系会进一步促进专用技术的发展。随着大量生产技术的使用以及劳动分工的细化,将需要越来越大的专用性人力资本,因此稳定的雇佣关系显得至关重要[1]。

威廉姆森将人力资本专用性的分析纳入一种受保护的治理结构之中,这同样使我们感觉到企业的利益诉求同人力资本的利益诉求的差异,需要额外的制度来保护企业的专用性投资。经济学家克莱茵也认为,在涉及专用性人力资本时,机会主义的问题通常就会变得更复杂。由于法律上禁止人拥有或使用奴隶,所以解决问题的办法往往是采用显性或隐性契约的形式,而不只是纵向一体化的形式[2]。因为企业和实习者间的机会主义行为具有交互性,如果专用性人力资本的投资由企业承担,企业会面临实习者的流动。如果该项投资由实习者承担,虽然企业可能做出高工资承诺,可一旦专用性投资实施完成,企业可能会拒绝履行承诺或故意压低工资,而此时实习者无论选择留下还是辞职都将会得不偿失。因此,要解决企业参与中双边机会主义行为带来的讨价还价问题,要依靠额外的显性或隐性的制度安排。从根本上讲,企业参与的利益诉求同现代职业教育的发展是一致的,企业和实习者都是为自身的未来投资,实习者希望得到更高的收入,而企业也希望投资有所回报。问题就在于契约本身是不完全的,以专用性人力资本投资为变量的企业参与行动的实现,最关键的在于有效的产权制度安排。

由此可见,企业参与的目的不同,就需要匹配不同的治理结构,尤其是在契约无法保证企业参与人力资本收益的条件下,必须配有其他的制度安排,对企业参与的人力资本收益形成捆绑效应,进而才能进一步将企业的参与意愿转化为现实中的有效行动,以破解企业参与的集体行动困境。

第三节 企业参与的非人力资本产权分析

企业参与现代职业教育的困境不仅受人力资本产权的影响,非人力

---

[1] Peter B. Doeringer and Michael J. Piore, *Internal Labor Markets and Manpower Analysis*, Lexington, Massachusetts: D. C. Heath and Company, 1971, p. 45.

[2] 胡浩志:《企业专用性人力资本研究——理论及中国的经验证据》,经济科学出版社2014年版,第28页。

资本产权的安排也会降低现代职业教育的资源配置效率，进而对企业参与的集体行动产生影响。基于企业参与现代职业教育的具体实践，对于人力资本之外的产权，本研究主要从与企业直接相关的实习计划制订权、企业文化参与权及企业主体的法律权利三方面来进行分析。

一 企业参与实习计划的制订权

现代职业教育的"现代性"特征，集中表现之一便为"职业性"，其直接体现在与社会经济发展的链接上，企业参与现代职业教育客观上要求专业标准与产业标准的对接，以为产业体系的发展和经济方式的转变提供有力人才支撑和技术引领。教育部等六部委发布的《现代职业教育体系建设规划（2014—2020年）》便涉及改革职业教育课程体系的内容，其指出要建立产业发展驱动专业改革机制，以实现院校专业发展的市场化导向，重点提出要"建立专业设置信息发布平台和动态调整预警机制"，并"建立产业技术进步驱动课程改革机制，适应经济发展、产业升级和技术进步需要，建立国家职业标准与专业教学标准联动开发机制。按照科技发展水平和职业资格标准设计课程结构和内容"[①]。

此表述与本部分企业参与的非人力资本产权密切相关。首先，产教融合驱动专业改革是通过具体的企业参与来实现的，企业作为产业技术的领地也是毋庸置疑的，虽然现阶段企业全程参与院校的专业课程设计机制有待完善，但是企业直接参与院校实习（实训）计划的制定是实现专业实践课程动态调整的基本前提。其次，在企业参与的实习（实训）环节中，需要完全按照企业真实的技术和装备水平设计理论、技术和实训课程，此时若仅凭院校一方的课程设计很难囊括企业实习岗位所需的全部信息，据此设计出的实习（实训）计划难免与真实的业务流程设计有所出入。企业的参与可以为此提供充分的信息，包括真实案例、真实项目等内容，以最大限度地激发实习者的学习兴趣、探究兴趣和职业兴

[①]《教育部等六部门关于印发〈现代职业教育体系建设规划（2014—2020年）〉的通知》（教发〔2014〕6号），http://old.moe.gov.cn/publicfiles/business/htmlfiles/moe/moe_630/201406/170737.html，2014年6月16日。

趣。再次，企业的技术进步及积累日新月异，尤其是在关乎国家竞争力的重要产业部门，企业的技术力量已经成为新技术、新装备、新工艺、新材料等试验与应用的主要平台，此时急需相应的专业化人力资本与企业技术创新和发展的同步提升，由此便可以突出赋予企业实习（实训）计划的制定权对于建立双方技术创新联合体的重要性。

虽然《国务院关于加快发展现代职业教育的决定》中"鼓励行业和企业举办或参与举办职业教育，发挥企业重要办学主体作用"[1]，为企业参与现代职业教育奠定了良好的政策基础，然而，对于激发当前企业参与活力来说，企业在具体参与过程中对实习计划的制定权并未予以明确，使得企业资源并未得到有效利用，致使学生的实习也变成走马观花，这也是当前造成企业参与集体行动困境的重要原因。

反观德国"双元制"中的教育企业制度，其之所以能成为参与主体，一是学生的企业实习时间有保障，如果职业院校的学习年限为三年，企业至少能够支配50%的时间用于实习实训教学；二是企业除却遵守联邦政府统一颁布的《职业培训条例》，还可在培训框架计划内制订合乎企业自身与学生发展的"个性化"《培训计划》。企业不仅要为学习者提供专业能力训练，还要注重培养学生的社会适应能力[2]。具体而言，"双元制"中的教育企业从培训内容规划、培训条例制定、培训教材开发等多个方面都有框架性的结构安排。各产业分属部门分别制定相关职业类别的培训条例，包括教育内容、时间安排以及考核方法等，并会同联邦教育科学部共同颁布实施。各企业根据培训条例和本身的特点制订具体的培训计划并付诸实施。《职业培训条例》详细规定了企业培训的目标、内容及考核等要求，这些方面包括：（1）培训职业名称；（2）培训期限；（3）培训目标；（4）培训内容大纲；（5）考试要求。培训内容大纲是其中最重要的部分，它为企业详细说明了应在何时、按何种顺序向学生传授哪些基本

---

[1] 《国务院关于加快发展现代职业教育的决定》（国发〔2014〕19号），http://www.scio.gov.cn/ztk/xwfb/，2014年5月2日。

[2] 姜大源：《德国企业在职业教育中的作用及成本效益分析》，《中国职业技术教育》2004年第8期。

的职业知识和技能，企业根据培训大纲制订出适合本企业的"培训计划"。

在落实培训大纲的基础上，"双元制"对教学内容和实施方法也有着严格的规定。学生在企业的职业技术培训由企业义务完成，企业要保证培训的质量，须将课堂教学与现场教学有机结合起来，既为学生掌握必要的职业训练和做好就业准备提供条件，又可以把在工作岗位上接触到的各种信息反馈给学校，使学校不断更新课程教学内容，提高人才培养质量。在教学评价上其采用学生的自我评价、学生相互之间的评价和教师评价相结合的方式进行。近年，项目教学法逐渐流行，这种教学方法就是让不同课程的内容在一个教学项目中体现出来，有时又称为跨专业的课程或"模块教学"，目的是使学生养成以系统思维的方式解决实际问题的习惯。由此，通过赋予教育企业一定的实习计划自主制定空间，将条例的统一要求与企业自身的生产实践相结合，通过如表4—1中所示的多种培训方式，实现企业参与实习计划权的分割与配置。

可见，不同的行业与专业培训均具有不同的特点，比如对于大型车间的培训既要照顾到学生的技能培养，又不能影响企业的生产实践，就须采取培训与生产相分离的方式，而对于传统的手工艺行业来说，就需要现场教学的实践。如果涉及需要多企业参与的专业教学，就采用在不同的企业之间交叉进行跨企业培训，其具体形式类似于企业内培训，但涉及多个企业。这样，就在客观上要求赋予企业实习计划的制订权，以充分地利用企业教学资源，提升实习质量，同时避免企业接受学生实习中的懈怠行为。

表4—1　　　　　　"双元制"企业内培训五种主要形式

工业教学车间培训	非系统的工业培训	传统手工艺培训	企业辅助人员系统培训	企业辅助人员非系统培训
在大型企业中进行，主要特征是培训与生产过程是分离的	在中小型企业进行。其特征是培训与生产过程联系密切，大都在生产车间进行	培训与生产过程联系最密切，教学全在生产现场进行	通常由大企业和行政机关负责，特征是把职业学校的理论教学与企业实践培训联系起来	中小型企业采用临时性的实际操作培训

二　企业参与组织文化的介入权

企业参与现代职业教育不仅局限于接受学生实习（实训）等具体行为中，还包括非正式制度层面的企业形态文化对职业教育课程的渗透。企业形态文化外显为企业的制度管理、产品设计、创新理念、服务意识、社会责任感等方面，内隐于企业的价值观和人文理念方面①。一方面企业形态文化渗透着相应的产业文化，代表了一定的产业文化理念，体现着产业行为的文化特征；另一方面，企业形态文化在职业教育课程中的呈现，能够让学生提前感受企业文化和企业理念，促使学生职业生涯意识的产生。

但是，现实中企业和院校两类组织文化并未实现有效融合，组织间的文化差异也会影响企业参与的行动策略。以代表职业教育发展水平的高等职业教育为例，截至2012年我国高职高专的数量已达1297所，高职（高专）在校生人数964万人（普通本科院校1145所，人数1427万人），无论是从院校数量，还是在校生规模，高职（高专）已然占我国高等教育的半壁江山②。但是，职业教育在我国企业发展和社会转型中的作用并未得到充分发挥，从整个社会文化的整体环境来看，产业文化也没有扭转社会对于职业教育和技术文化的偏见。这种情况导致的直接结果就是职校毕业生的职业认同较差、职业承诺度偏低及毕业生跳槽现象频发。企业文化参与权的缺失会引发实习者对企业的认同问题，非常不利于各参与主体间的民主协商和谈判，这种集体认同的缺失会间接提高企业参与的交易费用，并导致企业参与的集体行动困境。

有学者可能会担心企业形态文化融入职业教育课程会影响到"学科式"课程对个体公共价值的养成，特别是对于以经济利益为主导的企业形态文化而言，会将个体塑造成唯利是图的"小人"。这种担忧一方

---

① 刘建湘：《企业形态的高职院校文化研究》，《教育研究》2011年第12期。
② 中华人民共和国教育部统计数据，http://www.moe.gov.cn/publicfiles/business/html-files/moe/s7567/list.html。

面忽视了企业文化与社会公共价值的一致性，研究假设已然明确企业参与的目标是效用最大化。虽然经济利益在企业效用目标中占比很大，但优秀的企业文化亦包含着一定的社会责任感，任何一家企业要想得到社会认可，拥有社会责任感的企业文化是其必不可少的组成。另一方面，教育所体现的公共价值的外部效应已经在基础教育阶段得到持续传达，对于职业教育阶段的学生而言，就业技能和企业文化的认同显然更为重要。现阶段对企业式文化的引入还处在探索阶段，但这对于激发和巩固学生的专业兴趣和认同极为重要，也代表着企业主体确立后职业教育文化课程内容的调整方向。随着社会的进步，尤其是党的十八大提出国家治理理念以来，已经证明了我国社会发展的多元趋势。在一个多元的社会，对于教育制度的最终评定是"看它是否提供了合适的背景来促使个体的基本生活目标得以实现"①，即共同享有人生出彩的机会。对于现代职业教育治理而言，企业形态文化的课程融入正是顺应企业主体参与的客观要求；换言之，企业形态文化融入职业教育课程，是在技术技能之外，使学生对企业认同的必要过程。同时，企业形态的文化课程有助于个体职业发展的自觉，有利于个体寻求自身的职业和行业从属，是企业获得现代职业教育"邻近效应"收益的课程保证②。以日本企业的终生雇佣制为例，其制度安排剥夺了雇主通过工资、职位或解雇威慑来激励员工的手段，貌似是用来鼓励工作偷懒的，然而日本企业的终身雇佣员工却以工作勤奋而闻名，这恰恰是组织文化的作用。事实上，每个国家都会有这样的组织，他们不通过建立严密的考核和问责制度，没有使用复杂的个人激励方法，而是依靠组织规范来寻求从特定性低的工作中获得最佳的绩效。通过物质手段可以很容易地使企业专业人员达到"最低满意"和不偷懒，但若要实现更大、更持久的激励却绝非单一的物质手段可以达到，而类似的组织文化却可以促进合作行为的规范，甚

---

① Edwin G. West, *Education and the State: A Study in Political Economy*, London: Liberty Fund, Inc., 1994, p. 86.
② 肖凤翔、李亚昕：《论企业参与现代职业教育治理的制度供给路径——基于交易费用的分析方法》，《教育研究》2016 年第 8 期。

至达到正式制度激励难以取代的效果。

组织中每个成员都具有非常复杂的效用功能,包括个人的经济利益,以及对群体目标和价值的参与。在许多场合,群体目标与个人利益有抵触,但群体目标均由于人的社会性中所包含的非常强大的自然情感而取得了最后的胜利。所有正规组织均由非正式的群体组成,群体的范围有时候与正规组织的单位相等,有时则大于组织的范围。对于企业参与来说,对员工影响最大的是对组织的认同感,这最终会激励他们竭尽全力。由此可见,如何实现企业与院校间的文化链接,培育正确的组织认同,是激发企业参与动机、破解企业参与困境的重要环节。

从文化的植入特点来看,企业文化应当内化而不能从外部来施加,企业文化作为制度化的激励机制的补充而不是替代时最能发挥作用。对企业文化的执行和监督,往往比制度化的机制更为细致、适应性更强。如对于组织内的所有成员来说,都是彼此之间的监督者,虽然团队成员的偷懒行为很难监督,但在成员之间却无法隐瞒,因为其内部会有一套羞辱或排挤偷懒者的机制。组织文化的极端例子常常体现在军事组织中,常规的个人经济刺激不可能把人动员起来在战争中甘冒生命危险。"军事组织处理此问题的方式,就是通过组织内的群体认同取代个人认同,并通过传统、仪式和历史事件这些具有凝聚战士精神的教育来进一步强化群体认同感。如在美国海军陆战队的新兵训练中,新入伍的士兵都不允许使用自己的名字,而一律把自己称为'陆战队员'。对军人来说,最强烈的责任不是相对于大的组织或者像国家这类抽象的事物,而是与他们同一排或同一班的战友,他们不愿意被战友视为懦夫,通过反复强化这种群体关系,个人才能战胜怕死的本性"①。当然,军队的特殊性同企业有很大不同,但组织文化的重要性都不言而喻。企业文化的典型案例如我国著名的华为通信,其员工个人在华为

---

① [美]弗朗西斯·福山:《国家构建:21世纪的国家治理与世界秩序》,黄胜强、许铭原译,中国社会科学出版社2007年版,第64页。

的组织文化中即被视为华为人，从而实现群体文化的认同。可见，群体认同会影响个人自私的本性，只有在组织文化中得到了认可，也只有在组织和个体互相成就的过程中，个体才能最终获得群体认同和经济激励。

从文化属性解读，企业文化属特定性偏低且烦琐的范畴，此类组织文化对员工的激励并不会在社会中自然产生，其本身就需要一个教育的过程，需要依靠良好员工的培训和完善的基础设施。企业文化一方面具有特定的职业特征，另一方面受到周围环境的影响。现代职业教育中对企业文化的认同会集中体现在对职业文化的认同，这种认同会淡化家庭和亲友之间形成的自然关系，甚至会改变原有的对职业文化的轻视，而这种认同应该在企业文化中熏陶，也必须在企业参与现代职业教育过程中有所强调。只有这样，企业的组织文化所倡导和建立的各种职业规范所形成的抗衡效应，才可能逐渐地超越原有的社会文化认知，并形成以职业精神为基础的组织文化，进而提升企业参与现代职业教育的文化凝聚力。

当前，我国企业形态文化融入职校课程的具体方式有如下几种：一是间接引入，即将职业习惯、职业岗位感情和职业道德的培养贯穿在课堂教学、技能训练和企校合作的过程中；二是直接引入，即将企业的职业道德规范、职业成功实例、人力资源管理要求列入院校的课程内容；三是相关的课程开发，利用校企合作的时机，聘请企业专家或管理人员参与校本课程开发，全面及时地掌握现代企业在物质文化、制度文化、行为文化与精神文化各个层面动态，并将其核心内容引入课程教学，为学生的企业实习和日后的职业成长提供条件[1]。如此便可以有效地引导学生通过对企业文化、行业文化的了解，激发其自身的职业发展意识，以塑造个体积极的职业习惯，最终将个体从组织内部的"约束"中解放出来，实现个体的职业发展的自觉。

因此，赋予企业组织文化的介入权，有利于现代职业教育治理中利

---

[1] 刘建湘：《企业形态的高职院校文化研究》，《教育研究》2011年第12期。

益相关者间协商和谈判的顺利进行，同时对企业文化的认同也是企业获取人力资本的柔性条件，也有利于降低企业参与中潜在的交易费用，对破解企业参与的集体行动困境意义非凡。

三 企业参与主体确立的法律权

治理的目标不仅在于各方利益的契约化保证，更重要的是对各权利主体的法制化约束，这就涉及如何以法制化的形式固定和规约企业参与的利益关系，以保证企业参与效用。然而，我国职业教育法制还相当不健全，唯一的《职业教育法》只是规定了公民有接受职业教育的权利，各级政府"应当"将职业教育纳入当地社会发展规划。现行的《职业教育法》缺少必备的法律条款明确规定职业教育领域具体的行为和措施，具体表现如下：一是"应当""可以"等伸缩性较强的用语充满了职业教育体系构建和实施部分，对于企业权力方面的规定只是明确企业可以单独举办和联合举办职业学校、职业培训机构，而培训机构也"应当"如何，并没有涉及企业"必须"保证对接受培训的学员授以所需技能之类的规定；二是对于职业教育发展保障部分的条款，也是以"鼓励""应当"为主，不确定用语甚多；三是在职业教育法制实践中职能机构比较混乱，除了一部《职业教育法》，地方配套的职业教育法律法规由谁来制定及如何执行，至今都未能明确，更谈不上职业教育法制监督体系的建设[①]。停留在这一层面的法律变通范围较大，执行力度较差。在治理的视域下，企业参与权利的明晰，责任的确认是主体参与现代职业教育发展必须首先予以确定的。一味地倡导与鼓励企业参与现代职业教育的资源供给，而又缺乏具体的操作措施，是难以将企业参与意愿转化为有效行动的。

没有法律保障的治理是不存在的。企业主体的确立是为了弥合国家治理逻辑和市场治理逻辑的局限，倡导由来自不同领域、不同层级的公

---

① 肖凤翔、李亚昕：《论企业参与现代职业教育治理的制度供给路径——基于交易费用的分析方法》，《教育研究》2016年第8期。

私行为体,如组织、非权力机构、社会、市场等力量构成复杂而利益共享的网络式治理结构,来实现协作治理。对于多元参与者而言,其角色定位取决于各自所能支配的资源和可发挥的功能,并据各自功能合理配置现代职业教育资源,最终输出为现代职业教育的治理能力。当前,我国企业参与现代职业教育困境的背后是政府和院校的"一厢情愿",由政府提供和生产的模式有一定的优势,如短期内可以集中职业教育资源、指令性的计划易于贯彻执行、保障宏观收益的提高等。特别是在我国社会主义条件下,政府作为公共利益的代表是不可或缺的,尤其对于教育系统而言,单靠市场力量不足以完成民族国家所赋予教育的使命,因其首要目的是提供社会稳定所需的共同价值,这也是政府力量在职教领域率先发展并占据优势的原因之一。但随着教育产业化的推进和高等教育大众化的实现,职业教育在计划时代的身份魔咒逐渐被破除,质量问题逐步凸显,职业教育的人才结构并未对接产业发展需求,毕业生结构性失业的矛盾突出。对此,弗里德曼(Milton Friedman)认为,"公立学校很少受到私立学校的竞争,并可以享受政府资助,只要它们不必为激烈的竞争节省开支,指望公立学校效率或质量有所提高的一切想法都是痴心妄想"[1]。对于"政策设计"导向下的职业教育而言,企业主体从职教发展伊始的被忽略到现在的功能弱化,均是职业教育发展被计划干预过多的表现。企业既是现代职业教育的受益者,又是其产品的提供者之一,职业教育公共产品的供给缺少了企业主体的参与就相当于"一条腿走路",是无法与产业发展标准对接起来的。而企业参与困境的背后是法律制度安排使企业身份的边缘化所致,此时"校热企冷"等教育现象的出现也就不足为奇了。

反观职业教育发达的德国,早在1897年就颁布了最为重要的《手工业保护法》。该项法律使得手工业协会(Handwerkskammern,以下简称为HWK)被赋予更大管制权,规定了只有通过技工考核且年满24周岁的工

---

[1] Milton Friedman, "Public Schools: Make Them Private", *Washington Post*, February 19, 1995.

人或者在手工业部门独立工作至少 5 年的人，才有带徒弟的资格，并赋予了 HWK 对学徒合同的管制权、学徒培训质量的监督权、组建学徒考试委员会并实施制度化的学徒技能考核体系等诸多职能。为了保证 HWK 责任职权的落实，其被政府授权可以派代表进入手工业企业中去评估其培训安排，而且当某企业培训达不到规定标准时，HWK 有权撤销该企业培训学徒工的资格。HWK 作为准公共权力组织，为受训者与雇主之间达成可信承诺协议提供了一个强有力的保障机制。为了获取资格认证，受训者有心理准备接受低工资，也愿意接受较长时间的学徒契约（一般为 3 年，但最长时间不得超过 4 年）。与此同时，手工业协会通过监管还可以评估企业的培训质量，防止企业剥削学徒的行为。手工业企业能够从学徒工的生产劳动中获取利益，为了避免丧失培训资格，企业也会对学徒工进行较好的培训，如果受训者总是不能通过技能考核，那么所在企业的培训许可证将会被吊销。可以说，《手工业保护法》一举奠定了德国职业技能培训体系建设的基础，虽然隐藏在立法初衷背后的是强大的政治推动力，但立法背后的政治动机与其最终导致的结果却对德国日后技能形成体系的演化产生了关键性的影响。此后，德国政府又颁布了一系列的职业教育法律、章程，如 1969 年颁布的联邦《职业教育法》，在企业职业技术教育的指导思想、方针政策、培训权责及培训的组织形式等方面均做出了具体阐述，保障了国家对职业教育的影响力，确立了"双元制"中企业在职业教育中的法律地位，从法律上将战后德国的行业培训纳入统一的国家管理之下。

另外，德国还为《职业教育法》的落实颁布了相关的配套法律体系，比如 1972 年的《企业章程法》和 1981 年的《职业教育促进法》等，形成了一个较为完整的职业教育法律体系。既有针对学校的，也有针对企业的，同时还涉及培训等内容，政府也会负责定期对相关的法律法规进行调整。该法律体系详细规定了各行各业的职业教育细则，如中小型企业、农业、药剂师助理的职业教育及家政职业教育等，并明晰了对相应违法行为进行处罚规定。为普及职业教育法律法规，德国政府亦将相关法律知识列入考试内容，例如钟表制造专业的结业考试就规定考核有关政府的职业技术教育政策、劳动法规和社会保险制度方面的内容，以检查受职业教育者对职业技术教育法规的掌握情况。对于企业实际培训的专职培训人员和专任教师，把是否具备必要的职业技术教育法律知识作为他们的任职资格之一，以此来敦促受教育者学习职业技术教育的相关法规，确保德国职业教育法律知识的普及[①]。

德国《职业教育法》明文规定，接受职业教育者具有获得职业培训合同规定的所学专业必需的知识和技能的权利，培训企业必须履行向接受职业技术教育者传授为达到培训目的所需的知识和技能的义务，受职业技术教育者由于培训企业方面的责任而结业考试不合格，有权要求企业赔偿不能按时成为熟练工人所造成的工资差额，如果企业不接受，受教育者即可向法院提起诉讼。德国对此执法相当严格，例如波恩曾发生三次因培训企业失职，受教育者结业考试不合格而要求企业赔偿工资差额的起诉，法院均依法判决，其中最高的一次赔款达1.2万马克，并取消了该企业举办职业教育的资格[②]。

可见，权力与责任是对应的。在赋予企业主体法律权力的同时，企业也应承担相应的参与责任，以此来保证其产权配置与服务功能的同步。此时，政府的角色便会顺势作出调整，由"参与者"向"裁判者"转变，将专业技术生产与收益空间同时让予企业，而不应只是在责任上的让渡。就制度化治理逻辑而言，政府角色应是上游"竞赛规则的制定者，兼解释和强制执行规则的裁判员，它的基本作用在于调解我们对于规则意义上的分歧，并使参加游戏的人遵守这些规则"[③]。据此推断，院校的角色应在于中游的教学实施、质量监控和管理协调，而位于下游的执行，应通过合同和契约由专门的企业主体来完成，如此才能形成企业主体深度

[①] 肖凤翔、李亚昕：《论现代职业教育治理中企业权利的重构》，《职教论坛》2015年第24期。

[②] 黄日强：《比较职业技术教育研究》，原子能出版社2010年版，第171页。

[③] [美]米尔顿·弗里德曼：《弗里德曼文萃》，胡雪峰、武玉宁译，北京经济学院出版社1991年版，第120页。

参与的、高质量的现代职业教育治理体系。而上述情况的出现需要企业参与法律地位的确立。

综上所述，政府作为职业教育发展的政策制定者应完善现代职业教育服务市场，为企业参与现代职业教育提供相应的法律框架，即提供一种"有效率的公共服务，一种独立的司法体制及履行合同的法律框架"[①]。该法律不仅要明确企业作为现代职业教育的参与主体所应拥有的相应权利，而且要明确实习者必须获取教学计划所规定的知识和技能的法律保证，以体现权责间的平衡。因此，要突破企业参与现代职业教育的集体行动困境，就要求政府部门搭建企业参与的法律平台，赋予企业相应的法律地位，以使其能够协调、强制和监督现代职业教育的体系运行，并最终构建起法律实践共同体，促成现代职业教育多元治理下的资源集成与利益共享。

第四节　本章小结

本章继续遵循新制度分析的逻辑框架，从产权的视角分析了企业参与困境的原因。研究一方面分析了企业参与人力资本产权的不完全实现，这会大大增强企业行动收益的外部性，使得人力资本流向公共领域，并导致所谓的租值消散。另一方面非人力资本产权的模糊，也从侧面加剧了企业参与收益的外溢。但是现代职业教育体系本身的开放性客观上要求企业的深入参与，而企业的发展也同样需要高技能人才的供应。这种系统内外的双重开放，使得现代职业教育与经济发展的紧密程度大大增加，在客观上要求对企业参与行动的外部性顺应"制度化"治理的逻辑转变，以弥补国家治理和市场治理的不足。

在制度化治理过程中，研究指出应通过企业权力的重构来发展高质量的职业教育以满足经济发展和市场需求，要明确企业多方式、多要素参与现代职业教育的相关产权，保障企业权力的实现，研究重点阐述了

[①] 俞可平：《治理与善治》，社会科学文献出版社2000年版，第88页。

要在实习计划、组织文化和法律层面让渡部分产权,让企业真正成为现代职业教育的参与主体。如此才能从根本上激发企业参与活力,破解企业参与困境,进而提升现代职业教育的关键治理能力。

第五章

企业参与现代职业教育困境的多重治理结构

对企业参与行动来说,当市场购买可以实现效用最大化时,其会选择市场方式获取现代职业教育资源,当通过组织交易实现效用最大化时,其就会选择内部交易方式获取现代职业教育资源,而这一切都取决于交易费用的高低与产权配置的情况。前文已遵循制度化的治理逻辑,从交易费用和产权两方面对企业参与困境进行了原因分析,实际上,制度化治理是一种国家逻辑和市场逻辑的弥合,每一种治理逻辑都存在有效实现的前提条件。本章将继续遵循制度分析的理论框架,借助威廉姆森企业资产专用性模型,分析针对不同企业参与困境所适用的治理逻辑,并对企业参与的制度变迁做出相应预测,以为健全企业参与制度提供清晰的供给路径。

第一节 企业技术结构与治理结构的对应

一 技术结构与交易类型的匹配

企业的技术结构是指企业参与现代职业教育中所投入的资源和技术特征。据威廉姆森对交易技术结构的分析,企业的技术结构主要表现为参与的资产专用性与交易频率两方面。企业参与现代职业教育的效率依据企业的技术结构会有所不同,同一企业的技术结构与不同的组织匹配时,交易将表现出不同的行为倾向,也会产生不同的交易费用;同一组织与不同的技术结构匹配时，其交易费用也会有所不同。"如果企业参与的技术结构与特定的交易类型匹配时，其交易费用最低，我们就可以认为此时资源配置的运行效率最高"①。据此，威廉姆森指出了技术结构与交易类型之间的最优匹配关系（如表5—1所示），这就为分析企业参与困境的治理提供了结构性依据。

表5—1 技术结构与交易类型匹配

		企业技术结构		
		弱资产专用性	混合资产专用性	强资产专用性
频率	偶然	市场交易	三方交易	
	经常		双方交易	组织交易

由表5—1可见，如果企业参与的资产专用性较弱，无论交易频率如何，那么市场化交易最为有利。虽然市场化交易会给机会主义留下空间，但在资产专用性很弱或极低时，交易被中断的沉没成本也很低，此时便可以充分发挥出价格体系的作用。如果企业参与资产具有中等程度专用性，或交易频率适度，则适合市场与组织结合的混合式交易。如通过签订长期契约，使供需交易形成一损俱损、一荣俱荣产权关系，此种组织结构类型接近于"中间体组织"②的概念。而对于企业参与的高强度资产专用性，或频率较高的交易，适合于组织内交易。但是对某些高度专用性资产，虽然可以纳入企业内交易，但容易出现规模不经济的情况。此时也应纳入政府等公共组织内交易，典型如基础教育服务的政府供给。

---

① ［美］奥利弗·E.威廉姆森：《资本主义经济制度——论企业签约与市场签约》，段毅才、王伟译，商务印书馆2002年版，第126—133页。

② 此概念由日本学者今井贤一在分析市场组织相互渗透时提出，指的是一种介于市场与组织之间的体制，既有市场的特点，又具有组织的特点；其成员拥有独立的利益，并且可以进入和退出。但是，成员之间的交易借助某种保障机制而具有一定的长期性质，由此，成员一般并不能轻易地进入和退出，并且形成了共同利益最大化的行为倾向，这又类似于企业内部组织之间的关系。比如一家大型企业与众多稳定的零配件承包小企业之间组成的企业集团，就是一种中间体组织。中间体组织按其成员关系特征又可区分为两种：由交易双方以及仲裁者构成的三方规则结构的中间体组织和仅由交易者本身组成的双方规则结构的中间体组织。

据此分析可知，企业在参与现代职业教育的过程中，交易费用的高低同企业自身的资产专用性程度密切相关，并受到交易频率的影响。企业参与究竟采取何种交易方式并不是整齐划一的，而是应根据自身的技术结构选择效率最高、交易费用最低的方式。从企业的技术结构视角，我们可以尝试重新理解为何近年以校企合作为主题的研究如此之多，但企业参与困境始终无法得到有效治理。从治理的多元视角分析，如有研究从政府治理角度出发，将企业参与困境的原因归结为政府对其作为主导角色发挥作用的形式和路径定位不准，对自身参与职业教育治理的职责范围有待明确，应对方式为加强现代职业教育治理体系建设，完善职业教育法律制度，重点提升政府的职业教育治理能力[1]。有研究从行业协会角度切入，认为其未能发挥组织协调作用，未能建立相应的行业标准，并监督企业付诸实践，加之自身发展水平有限，要想短期内提升至如德国行业协会的治理能力实在勉为其难。有研究建议通过政策引导，推动行业组织在人才预测、信息平台建设方面的积极作用[2]。再比如从院校角度的研究，将原因归为部分职业院校专业设置趋同、课程内容滞后，技术服务能力较弱，也因为缺少双方共同约定的实习规范和标准（如管理成本较高等）导致学生实习质量较低，院校应树立市场意识，提升专业设置的针对性和匹配度，建立和保持专业间的共治共享机制，以缓解人才供需的结构性矛盾[3]。还有从学生视角的研究，认为"实习生"身份消解了企业的劳动力支配权，有悖企业首要的生产职能，加之学生对企业文化认同需要相当的时间，往往使得学生实习期的表现波动较大。对此，解决的方式应是提高工学交替频率、延长实践学习时间、提升实习报酬等，以消解学生对校企组织间的认识差异[4]。已有研

---

[1] 和震：《职业教育校企合作中的问题与促进政策分析》，《中国高教研究》2013年第1期。

[2] 潘海生等：《中国高职教育校企合作现状及影响因素分析》，《高等工程教育研究》2013年第3期。

[3] 潘荣江等：《高职院校专业结构调整优化研究》，《高等工程教育研究》2014年第3期。

[4] 王为民、俞启定：《校企合作"壁炉现象"探究：马克思主义企业理论的视角》，《教育研究》2014年第7期。

究也有从交易费用的角度分析企业参与困境的研究，诸如搜寻合作院校信息、讨价还价、争议解决费用及退出成本等会造成企业的消极参与，因此应加强双方合作培训的规范性，通过政策法律、规范文本、专项补贴和发展职教联盟等方式降低企业参与的交易费用[①]。

若据威廉姆森对企业技术结构与交易类型的匹配关系，上述研究虽为优化和完善企业参与现代职业教育提供了多种解决方法，但研究均暗含了同样的前提假设，即企业的技术结构是"同质的"，忽视了不同企业参与的资产专用性程度，或交易频率的差异，这就会导致研究建议选择中的单一的治理逻辑，而不能推导分层式的治理结构。

如前所述，企业参与现代职业教育的资产专用性具体表现为其所投入的人力资本和非人力资本两方面，前者主要为培训师资、管理人员等的专用性，后者诸如厂房车间、仪器设备、原材料及其他基础设施的专用性。对不同企业投入资产专用性程度与交易频率的忽视往往导致已有研究仅关注单一的校企合作治理结构。此时，即使有针对性的对策建议也会囿于治理结构的限制而难以实现。因为在资产专用性条件下，交易的一方具有利用契约的不完全性获利的动机，但同时也使得企业参与现代职业教育治理拥有了多种结构选择[②]。下节将从企业技术结构的角度，推导其参与现代职业教育的多重治理结构，进而为健全企业参与制度提供更为清晰的供给路径。

二 资产专用性模型与治理结构分析

企业技术结构与交易类型的匹配会影响企业参与现代职业教育的交易费用。据威廉姆森对交易费用的释义及分析，资产专用性无疑是其最为核心的变量，且两者之间呈正相关，这就为企业参与交易费用的实证检验提供了方法依据。借助企业资产专用性模型的分析，可以重新理解我国当前企业参与现代职业教育的治理结构选择，并为下一步企业参与

[①] 程培塎：《企业参与校企合作分析：交易成本范式》，《职业技术教育》2014年第34期。
[②] 李亚昕：《论企业参与现代职业教育的治理结构选择》，《高教探索》2017年第1期。

制度的变迁提供清晰的方向。

首先，假设交易频率固定，并忽略交易的不确定性对企业交易费用的影响，仅借助资产专用性模型对企业参与职业教育治理的方式进行讨论。就企业参与而言，其人力资本的获取方式主要取决于两个因素，一是企业市场招聘的成本高低，二是企业参与人力资本培训的成本差异，或者说二者之间的比较，当前者成本低于后者，企业宜选择市场直接招聘的形式聚集人才；反之，企业则宜采取联合培训或内部培训的方式积累所需人力资本[①]。

但从交易费用角度分析，市场直接招聘比企业组织培训能产生更强大的刺激并节约管理与控制费用，市场还能汇集需求，从而实现比组织范围更大的规模经济，因此市场在生产成本控制方面有优势，而企业内部培训的优点在于节约外部交易费用及较强的应变能力。因此，在忽略规模经济且企业需求固定的前提下，单位企业的人力资本配置宜采用市场招聘还是内部培训，决定因素在于对招聘成本的控制和内部培训期间企业可调节空间的大小。

据威廉姆森的治理成本模型，假定 $\beta(k)$ 为内部治理成本，$M(k)$ 为市场治理成本，其中 k 是资产专用性指数，则据前分析可得知：$\beta(0) > M(0)$，$M' > \beta'$，意即企业的管理与控制成本高，可以说企业的管理与控制成本相对于市场购买是额外支出。若选择市场购买的方式其交易成本较高，并在协调适应方面存在着明显劣势。令 $\Delta G = \beta(k) - M(k)$，曲线 ΔG 的轨迹见图5—1[②]。

当 $\Delta G > 0$ 时资产专用性较低，市场激励的好处要大于内部组织，此时采用市场购买方式是最优选择。随着资产专用性程度的提高，市场治理结构的优势逐渐丧失，内部组织的优势逐渐增强，$\Delta G < 0$ 时内部生产将取代外部购买。而在 $\bar{k}$ 点，选择企业还是通过市场来配置资源在费用上是无差异的。据此资产专用性模型，可推导出企业参与现代职业教育的

[①] 李亚昕：《论企业参与现代职业教育的治理结构选择》，《高教探索》2017年第1期。

[②] ［美］奥利弗·E.威廉姆森：《资本主义经济制度——论企业签约与市场签约》，段毅才等译，商务印书馆2011年版，第136—140页。

三种治理结构：即市场化治理、混合式治理和内部一体化治理，如表5—2所示①。

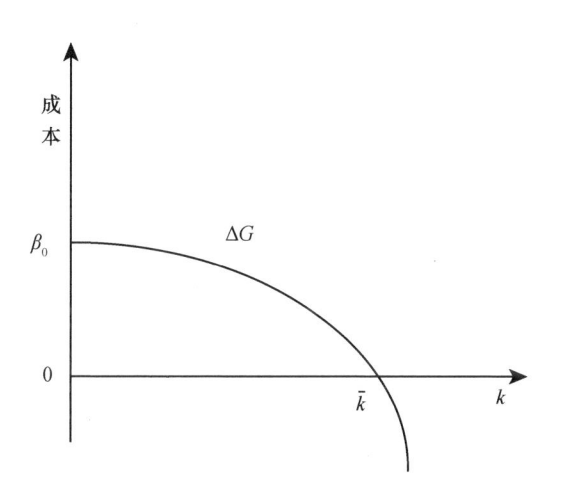

图5—1 资产专用性模型示意

表5—2　　　　　　　　　资产专用性与治理结构类型

	资产专用性程度		
	非专用	混合专用	高度专用
治理结构类型（固定交易频率、不确定性适中）	市场化治理	混合式治理（双方治理或多方治理）	内部一体化治理

威廉姆森之所以将资产专用性作为决定交易费用最独特的变量，是因为"正是由于资产重要性的存在，有限理性、机会主义及交易的不确定性才变得重要"②。在威廉姆森看来，资产专用性的存在决定了不同属性的交易，而不同属性的交易需与不同的治理结构相匹配，才能达到节约交易费用的目的。如当交易不涉及资产专用性时，无论频率如何，均

---

① 李亚昕：《论企业参与现代职业教育的治理结构选择》，《高教探索》2017年第1期。
② ［美］奥利弗·E. 威廉姆森：《资本主义经济制度——论企业签约与市场签约》，段毅才等译，商务印书馆2011年版，第137页。

应采用市场治理结构,可是只要交易涉及资产专用性:若频率较低,就适宜采用三方治理,即可借助第三者如仲裁机构等来面对契约的不完全性;若交易频率非常高,则宜采用双方治理,面对合约纠纷可通过法庭来解决;而当交易频率和资产专用性都很高的时候,则应采用统一治理,实行纵向一体化,在一个有统一权威关系的组织内进行交易①。可见,只要涉及资产专用性,则必须采取适当的保护措施,以避免企业专用性资产被套牢时沉没成本的发生。

企业参与现代职业教育的直接动机,是获取与专用性资产对应的人力资本,但同时又要极力避免邻近企业、合作院校或人力资本所有者潜在的"敲竹杠"。受这种潜在的机会主义威胁,企业即使有参与动机,但若此其参与收益不能得到制度化的保障,很难转变和落实为有效的集体行动。现实中的企业参与困境已然说明了这个道理,且企业集体行动困境的存在大大降低了现代职业教育整体的服务能力。

根据威廉姆森对此问题采取的纵向一体化的解决策略,此时的企业参与的制度供给应着眼于一体化治理结构中的交易保护。对此,克莱茵指出,"当契约一方进行专用性投资时,为避免双方'敲竹杠'而意图前瞻对方专用性投入的准租,把市场交易变为企业内部交易,可以节约事后的交易费用"②。其进一步借用著名的 GM-Fisher 案例对之进行了经典分析。

事实上,随着企业技术的不断积累,企业资产专用性的增强,企业参与现代职业教育获取专用性人力资本的目的会越来越强,可以说企业专用性的人力资本的投资将导致其参与的一体化趋势③。而且,相对于设备的专用性投资,专用性人力资本投资比专用性设备的投资对一体化更具解释力。

---

① [美] 奥利弗·E. 威廉姆森、[美] 西德尼·G. 温特:《企业的性质——起源、演变和发展》,姚海鑫、邢源源译,商务印书馆2010年版,第122页。

② Benjamin Klein et al., "Vertical Integration Appropriable Rents, and the Competitive Contracting Process", *Journal of Law and Economics*, Vol. 21, No. 2, October 1978, pp. 297–326.

③ Scott E. Masten et al., "Vertical Integration in the U. S. Auto Industry: A Note on the Influence of Transaction Specific Assets", *Journal of Economic Behavior and Organization*, Vol. 12, No. 2, February 1989, pp. 265–273.

第二节　规模经济形态下企业参与困境的多重治理结构

当规模经济因素介入后，企业参与现代职业教育的边际效益差异也会成为影响治理结构的一个重要影响因素。如果市场中只存在一家企业，并具有很高的资产专用性，即使没有相应的制度激励，由于不存在邻近企业与其竞争最终的收益，该企业也会毫不犹豫地选择参与相关院校的专业人才培养。但随着规模经济的介入，企业参与的潜在数量和动机都会不断增大，各企业间会为如何承担参与成本、分配参与收益而进行协商，这中间会经过一个漫长的博弈过程。尽管所有企业都希望达成一项最终决定，尽快结束协商，但这往往不能马上实现，因没有任何一家企业会主动牺牲自身利益。随着市场和生产规模的进一步扩大，邻近企业博弈也会随之加剧，典型的参与者会意识到其个体的努力可能不会对结果产生实质性的影响，而且不管其对问题投入努力几何，协商的结果对其收益的影响都大同小异，便会出现本研究中所面对的企业参与的集体行动困境。如此，对企业参与现代职业教育困境的治理就会被置于公共领域之中，此时单位企业的加入对于问题解决的贡献会越来越小，这正是规模经济对企业参与行为的消极影响[1]。但是，随着我国不同企业专业化水平的提升，会使得企业参与的需求呈现出非均衡性，从而为企业参与的治理结构选择提供必备的现实条件。

据威廉姆森生产成本与治理成本的比较模型，令 ΔC 为企业内部培训与市场直接招聘人力资本的静态成本之差。当资产专用性指数 k 较小时，标准人力资本是市场需求的主体，此时所进行的是标准化交易，外部供应即可实现企业的规模需求。如果企业自己培训，成本反而会很高，相应的 ΔC 就会很大。随着社会产品和服务的分工越来越细化，企业亦会不断提升生产技术和服务的专业化程度，相应地对人力资本的要求也会由

---

[1] 李亚昕：《论企业参与现代职业教育的治理结构选择》，《高教探索》2017 年第 1 期。

一般提升至中高端。此时，企业内部培训成本与通过市场招聘同级别人力资本的静态成本之差就会缩小，ΔC 渐渐趋近于零。显而易见，ΔC 是资产专用性 k 的减函数，但无论如何 $\Delta C>0$，其关系如图5—2所示①。

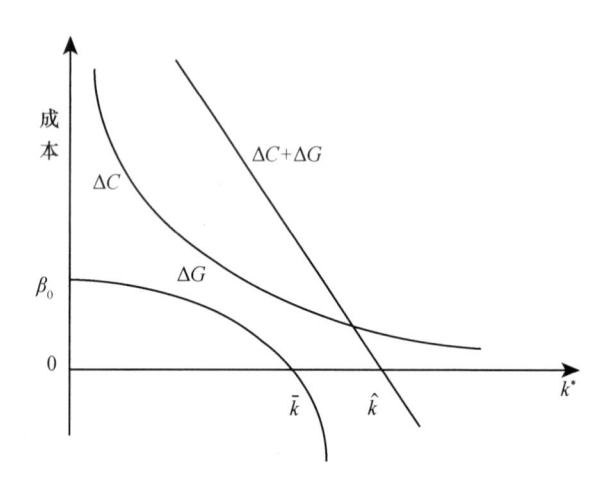

图5—2 规模经济中的资产专用性模型

$\Delta C+\Delta G$ 表示两者纵向相加之和，可见企业资产专用性指数越大，二者之和就变得越小。如果用 k^* 表示最佳资产专用性程度，则由图5—2可知不同的资产专用性适宜不同的治理结构，只有这样才可以最大化的节约企业参与的交易费用。

一 企业参与的市场化治理结构

当资产专用性水平极低即 $k^* \leqslant \bar{k}$ 时，市场化治理更为有利。无论从规模经济还是治理成本，企业资产专用性水平极低时，企业基本是采用市场购买的方式获取人力资本。一方面由于企业参与培训成本较高，另一方面标准化的人力资本在市场也较容易获取。外部交易既可以发挥市场的激励作用，又可以避免企业的管控成本，尤其当双方的交易重复进行时，市场配置最为有效。因是标准化交易，企业可以凭借已有的招聘

---

① [美]奥利弗·E.威廉姆森：《资本主义经济制度——论企业签约与市场签约》，段毅才等译，商务印书馆2011年版，第136—140页。

经验以极低的交易费用获取人力资本,双方契约时间的长短,交易的不确定性影响甚微。而且,相对于高度资产专用性所对应的专用人力资本,标准劳务契约也更能激励企业员工生产行为的积极性,降低由监督问题所导致的卸责行为对企业剩余收益的损害[1]。市场化治理结构与我国高等教育扩招初期只注重职业教育规模,忽视人才培养质量的现实境遇相匹配。20世纪末至21世纪初,我国产业经过改革开放十几年的发展还未升级换代,主要依靠密集劳动力资源优势来进行生产,加之企业资产专用性水平较低,采用市场化治理招聘通用型人力资本省时省力,企业亲身参与的动机也极低。

上述情况类似美国19世纪末20世纪初,技能形成体系的早期发展阶段。当时,美国既没有像德国的技能资格认证的基本架构,也没有如日本后期国家干预的烙印。美国政府努力发展的教育与培训几乎都是为了培养白领中产阶级,基本没有为蓝领工人提供的职业培训。加之美国的劳动力在跨地区和跨职业间的流动率极高,企业面对劳动市场的特征采取的行动策略首先是通过标准的批量生产,降低对技能的依赖,而美国的机械制造商也想方设法地选择技能替代技术。同时,移民的不断涌入使得美国劳动力市场中非技术工人相对"廉价而充足",正如汉森指出的,"经典的福特式生产方式的运用,使批量生产达到了顶峰"[2]。但生产过程的理性化、标准化以及任务的简单化存在着一些严重的局限性,尤其是在技能密集型产业如机械制造行业表现得尤为明显。这些企业对技能的天然依赖使得该类大型企业通常采取吸纳个体技术工人进入工厂的科层制中,以此将技术工人转变为所谓的"推压"体系的主体,该体系主要通过简化工作以及对工人施加压力而提升产出。如卡耐基钢铁厂工会罢工完败后,企业管理者为了巩固胜利果实设计了一个新的结构,将技艺高超的技术工人纳入企业的管理结构体系之中,并给予其高工资待遇,以此来汇聚企业所需的高技能人力资本。

---

[1] 李亚昕:《论企业参与现代职业教育的治理结构选择》,《高教探索》2017年第1期。
[2] [美]凯瑟琳·西伦:《制度是如何演化的》,王星译,上海人民出版社2010年版,第163页。

国内企业市场化参与的典型案例如阿里巴巴集团的"百城千校，百万英才"计划，该项计划是阿里巴巴集团 2015 年 6 月面向全国开展的重大人才培养战略，力争在三年内与国内千所高校合作培育 100 万名跨境电子商务领域人才，促进中国外贸发展，助力"一带一路"倡议，"百城千校，百万英才"计划可视为国内企业市场化治理结构的典型案例。具体而言，在阿里集团的参与结构中，虽然其同"千所"高校签约，但内容只涉及简单的岗前培训，如阿里集团在天津签约的首家高职院校——天津商务职业学院，根据协议，阿里巴巴集团天津分公司将为学院国际贸易实务、国际商务专业 2013 级全体学生进行岗前培训，培训内容即包括：熟悉阿里外贸平台、外贸企业跨境电商业务流程培训、求职心理培训及外贸职业生涯规划。但其最终目的是满足目前天津使用阿里巴巴国际站的中小外贸企业的用人需求，而紧跟培训的于同年 11 月在天津商务职业学院举行的"阿里巴巴'百城千校，百万英才'跨境电商校园招聘会"，则可直接视为市场化参与结构的佐证，即基本采用市场招聘的形式满足百余家阿里外贸平台客户企业的人力资本需求。

二 企业参与的混合式治理结构

当资产专用性水平呈中间状态即 $\bar{k} \leqslant k^* \leqslant \hat{k}$ 时，较易出现混合式治理。此时两种成本只有很小的差别，企业既可以通过市场治理，也可以通过双方或三方合作治理的方式介入。由于这两种治理结构的利弊权衡并不是很明显，致使企业对任何参与方式均可能表示不满。如出于机会主义的考量，企业可以从市场直接招聘所需人才，但考虑到市场上的人力资本供应主要以通用型技能为主，企业急需的专用型技能人才则往往得不到满足。若采用混合式治理结构，如当前的校企合作培养模式，其优势是双方的自主权都得到了维持，企业的参与的成本也得到了有效控制，但恰恰囿于双方对"实习生"劳动产权界定的模糊[①]，使得企业的组

[①] 王为民、俞启定：《校企合作"壁炉现象"探究：马克思主义企业理论的视角》，《教育研究》2014 年第 7 期。

织优势难以得到有效发挥。而且，考虑到实习生培训时间较短及培训完成后的双向选择，企业投入的资产专用性往往不高，使得校企合作通常以通用技能训练为主。此外，在校企合作过程中，双方为了各自的利益，对于冲突事件的处理一般要付出极高的谈判成本。由于我国多数行业协会组织及其权威缺失，加之政府又未能在协调双方合作上提供标准化的合约及可信赖的条款，均在一定程度上提高了企业参与的交易费用。上述分析也可以解释为何在访谈调查中大部分企业对参与人才培养的积极性与认可度都很高，可现实中又陷入集体行动困境的原因[①]。

混合式治理结构的典型案例可以对比美国技能形成体系的中期。此时，企业对高技能人才的需求越来越大，于是在美国各州的参与企业中，出现了所谓的"威斯康星模式"。该模式以组织化培训的方式来为企业提供生产所需的技术工人，以解决由于技工短缺所带来的企业间工资恶性竞争的沉重压力。威斯康星体系的轮廓可简单概括为如下内容：该州在1911年通过州法案，为企业参与学徒培训提供了制度基础，对企业培训过程及时间等都进行了详细说明，并由州工业局负责监管和担保，一旦在企业和学徒之间产生纠纷，州工业局将负责调停仲裁。为此，该局还成立了由企业、工会及学校组成的"州学徒培训管理委员会"，负责具体法律的执行，重要的是该委员会还拥有对学徒培训进行资格认证和监管的权利。可以说20世纪10年代的威斯康星模式在有些方面即效仿了德国双元制的做法。因在威斯康星，企业中的移民技工及其后代与德国很多重要的机器制造企业有着密切关联。事实证明，威斯康星模式有可能实现学徒培训的制度化而使之成为一个公平且内部运行顺畅的体系，从而为企业提供一个公开统一的培训标准和技能资格认证体系，进而吸引企业与年轻人投资参与技能培训学习。但是威斯康星模式自20世纪20年代便开始衰败，横在威斯康星对面的一个最大问题便是邻近城市（尤其是伊利诺伊州北部）"挖人"所带来的负外部效应。加之20年代的劳动力饱和部分缓解了过去对劳动力市场供给不足而对企业造成的压力，也使

[①] 李亚昕：《论企业参与现代职业教育的治理结构选择》，《高教探索》2017年第1期。

得非技术劳动力价格更加经济①。尽管在威斯康星体系中，企业的表现足够"忠诚"，其严格执行学徒培训的相关规定，但是邻近地区企业对培训的消极策略，使得越来越多的威斯康星金属加工企业转而选择其他地区的企业已采用的"理性化"战略，这即类似于当前我国企业参与中的集体行动困境。

混合式治理结构的典型案例如大连机床同天津轻工职业技术学院组建"大连机床工程系"的合作。该案例中企业参与治理结构的特点，一是企业和学院的"双主体"人才培养模式，通过工学交替，促进教学内容与岗位需求、实训场所与岗位环境、技能训练与岗位操作、技能考核与岗位证书的"四融通"。二是课程体系的"三对接"，即职业标准与课程内容的对接、生产活动与教学活动的对接、生产任务与学习项目的对接。如双方建成了《数控机床机械结构》《数控机床电气控制》等4门核心课程，开发了19个实训项目，以此促进职业性与专业性的融合，企业文化与学校文化的融合。三是建立了"双主体"的教学团队，如大连机床总工艺师赵宏安被学院聘为数控设备应用于维护专业兼职专业带头人，全程参与专业人才培养方案制定与课程开发。四是"双主体"的实训基地建设。如大连机床按照其生产环境改扩建、新建一体化实训室4个，并根据大连机床集团企业生产实际案例，售后服务的典型事件，同学院共同开发实训项目，以体现学生实习的真实化与情境化。

此项目是由双方共同出资，可视为典型的企业混合式参与案例。对于大连机床来说一方面可以为企业发展建立后备人才库，另一方面可借与学院共建"大连机床区域技术服务中心"之机，将数控机床整机展示、转配、调试、维修、营销同学院人才培养、课程开发、技术攻关等结合在一起，通过企业在天津地区的销售与售后服务拓展企业品牌资产。此中心由全国机械职业教育教学指导委员会的正式授牌也可以体现

---

① [美] 凯瑟琳·西伦：《制度是如何演化的》，王星译，上海人民出版社2010年版，第172页。

出企业参与的品牌价值,而"大连机床工程系"的存在本身也是对企业的无形宣传。然而,纵然双方的合作非常亲密,但从交易类型来看企业的参与行为仍处于混合式治理结构之中,其治理的组织结构仍处于一种"松散"状态,关键是企业参与的人力资本产权并未得到进一步的落实。

三 企业参与的内部化治理结构

当资产专用性水平极高即 $k^* \geq \hat{k}$ 时,则内部化治理更为有利。这不仅是"由于市场未能实现聚集效应,且当企业参与资产具有高度专用性而形成锁定效应(lock-in effect)时[1],市场治理还会带来各种矛盾。此时,企业很难在市场上直接招聘到与其高度资产专用性相匹配的专用人力资本,因此会选择内部培训的方式确保此类"稀有"交易的完成,努力避免沉没成本的发生。因企业参与的资产专用性极高,对应的人力资本若为邻近企业所攫取,沉没成本必定很大。同时人力资本转移的可能性也极低,即使有可能,对其评估也存在诸多困难,所以这种交易主体间一旦缔约,参与方都会有很强的动机维护交易的执行与完成。而且,交易次数的限制会使得双方建立专用治理机构的成本变得极为高昂,这种情况下企业会更倾向于选择内部一体化的治理结构来建立更为稳定的交易关系,以此解决企业对高技能人才的需求[2]。

据此可知,以技术进步为核心的资产专用性会在客观上要求匹配不同的治理结构,而不同的治理结构又对应着不同的治理逻辑与制度需求,可见企业技术进步与积累的增加对改变制度安排的利益有着普遍的影响。在过去和未来相当长的时期,技术进步都会促进生产规模的报酬递增,也会使得围绕复杂技术而设的组织"内部化"制度的建立变得有利可图。

---

[1] 锁定效应最初由斯坦福大学经济与人口学教授布莱恩·阿瑟提出,用以指代事物的发展过程对道路和规则选择的路径依赖。诺斯认为,在制度变迁中同样存在着收益递增和自我强化的机制,这种机制使制度变迁一旦走上了某一条路径,它的既定方向会在以后的发展中得到自我强化。

[2] 李亚昕:《论企业参与现代职业教育的治理结构选择》,《高教探索》2017 年第 1 期。

如同技术进步产生工厂制度，进而凝聚起当今城市工业社会的经济活动一样。虽然上述技术进步及制度变迁产生了如环境污染、交通拥挤等广泛的外部效应，某些外部效应已为组织所内部化，有些则没有，但这些未获得利润的外部性存在恰恰是制度创新的主要推动力。对此，戴维斯和诺斯在《制度变迁与美国的经济增长》中即阐述道，"尽管在美国历史上存在着无数的事件可能引起外在于现存安排结构的利润产生，他们也的确对过去新制度安排的'需求'做出过很大贡献，可能将来仍能继续起主导作用，但技术进步是诸类事件中最重要的一个"[1]。因此，技术的发展和变革反映了生产力的层次和结构变化，而生产力的发展必然引发生产过程中交易关系的变化，这种变化要求适应新的秩序，于是新的制度需求就会产生。如IT技术的突飞猛进彻底改变了企业的管理模式，这种技术不仅降低了康芒斯所说的管理型交易费用，而且改变了企业存在的组织形式。技术变迁使企业的规模报酬递增成为了普遍的追求，建立大规模的经济组织变得十分普遍，甚至为了减少技术的交易费用，纵向一体化成了企业发展过程中的固定模式之一。最为关键的是"技术引发了技术积累和人力资本价值的提高，提升了经济增长中人的要素的组合作用，并且使财富分配的结构向人力资本大大倾斜，此时学习就成了人类进步的动力和主要机制"[2]。虽然人类诸多的学习成果就体现为科学技术的进步，但为人类文明成果保驾护航的却是相应的教育等制度安排，同时技术的进步也为人类新制度的建立和实施提供了认知和手段上的保障。如德姆塞茨在《所有权、企业与控制》一书中就分析了技术变化对产权形式的作用，从产权制度安排的原始动因来看，"产权所有者之所以要保护产权，是因为他们从保护产权中所获取的收益大于其为保护产权而支付的成本，技术的进步降低了产权的排他性费用，从而使私有产权

---

[1] Lance Davis and Douglass North, "Institutional Change and American Economic Growth: A First Step Towards A Theory of Institutional Innovation", *The Journal of Economic History*, Vol. 30, No. 1, March 1970, pp. 131-149.

[2] [美] 西奥多·W. 舒尔茨：《制度与人的价值的不断提高》，载 [美] 罗纳德·哈里·科斯等《财产权利与制度变迁——产权学派与新制度学派译文集》，刘守英等译，上海三联书店2014年版，第175页。

成为可能"①。对此，有研究指出欧洲的繁荣很大程度上取决于劳动力市场和与经济创新相关的竞争性技能。在欧盟，人们一直认为职业教育（VET）在整合年轻劳动力市场和提供技能方面有着异于其他教育类型的优势，在促进创新和创业方面也起着关键作用。在哥本哈根进程中，职业教育也被视为欧洲克服当前经济危机的先决条件，被称为欧洲复兴的软势力的治理基础。②而德国以工作场所为基础（workplace-based apprenticeships）的学徒制安排，即得益于由雇主和企业"双元"主导的制度安排。虽然其源于政治经济制度的变迁，但这种安排对企业参与技能形成政策产生了至关重要的影响，一旦企业参与需求得到某种权利平衡，这种企业主导的技能形成机制就会保持相对稳定③，即产生制度变迁中的路径依赖和锁定效应。

由此可见，技术进步导致企业资产专用性的提升，进而导致企业参与现代职业教育新的制度需求。技术的进步及其向企业的转移相当于激励企业主体参与的推力，而制度的设计与供给相当于吸引企业主体的参与的拉力。随着市场的扩大，分工的细化及专业的程度的提升，亟须与规模经济相适应的制度安排，以降低企业参与现代职业教育的交易费用。特别对于技术的载体人力资本而言，亟须制度的介入以对其生成的支出流和收入流进行产权界定，如此才能扫清企业参与困境的制度性障碍。

以日本"分裂式"的技能形成体系为例，其主要是通过完善企业内部劳动力市场实现高技能的"自给自足"。回溯至 19 世纪末期的日本，随着金属加工业的飞速发展，企业对技工的需求也日益增多，使得邻近企业之间的"挖人"行为愈演愈烈。每一年工人跳槽率"经常超过

---

① ［美］阿曼·阿尔钦、［美］哈罗德·德姆塞茨：《生产、信息费用与经济组织》，载［美］罗纳德·哈里·科斯等《财产权利与制度变迁——产权学派与新制度学派译文集》，刘守英等译，上海三联书店 2014 年版，第 126 页。

② Edith Hooge, "Connecting with the World of Work: Horizontal Accountability Processes in Institutions Providing Vocational Education and Training (VET)", *European Journal of Education*, Vol. 50, No. 4, November 2015, pp. 478–496.

③ Michael Dobbins and Marius R. Busemeyer, "Socio-Economic Institutions, Organized Interests and Partisan Politics: The Development of Vocational Education in Denmark and Sweden", *Socio Economic Review*, Vol. 13, No. 2, April 2015, pp. 259–284.

100%",有时甚至达到200%。据1901年的一项调查显示,在十家主要私有金属加工制造企业中,所雇佣的工人超过50%在厂内工作不超过一年。尽管有些企业如三菱长崎造船厂试图通过技能定期雇佣合同(三年)来稳定工人队伍,但是企业主和工人都没有认真对待。另外,与德国当时大型金属加工企业所面临的问题类似,日本企业生产技术的现代化向高技能提出了更高的要求,而这恰恰是传统工匠师傅"连续性技能"培训体系所输出的技能类型无法满足的[①]。

  日本的企业群体对此问题尝试了多种解决方法,如企业间的集体自律、提高工资待遇等,降低邻近企业间的"挖人"行为,但是所有尝试的方法并未被企业长效化、制度化。而且,国家对限制劳动力市场的流动性并不感兴趣,致使技能短缺问题便进一步恶化。由于没有任何制度框架来解决企业在培训过程中所面临的集体行动困境,便直接降低了企业参与技能供给体系建设的积极性。但对于高技能消费大户的大型金属加工企业来说,控制劳动流动从而为企业创建一个更稳定的技能供给来源是其行动的头等战略目标。在日本企业参与的制度演进过程中,该类企业采取的方式之一是厂办技校,截至1911年,有超过十家大型企业建立了此类学校。这些厂办技校将在岗实训与课堂教学结合起来,工人受训年限最低为三年,任何完成培训的工人都被寄予厚望。然而,随之而来的问题是工人所掌握的技能水平越高,被其他企业雇佣的可能性也就越大。对此,企业采取的另一种有效方式是建立一套隶属于企业的特殊技能培训体系,并通过长期雇佣、建立年功序列制和内部职业阶梯制度以及制定福利计划等措施,竭力打消这些工人在投资学习企业特殊技能培训上所怀有的顾虑。如日本长崎造船厂在1900年有5247名正式工、440名临时工,正式工人是长期雇佣制,而临时工则没有雇佣安全的保障。长崎造船厂还开出了多种诱惑条件,例如设立退休津贴、延长工人雇佣年限等,来减少工人的流动。此举也确实收到了效果,工人流动率

---

① [美]凯瑟琳·西伦:《制度是如何演化的》,王星译,上海人民出版社2010年版,第143页。

从平均115%（1898年至1909年间）下降到平均57%（1910年至1913年间）①。二战后，此类企业管理体系就在原来基础上急剧扩散，其中集中表现就是企业自我技能形成体系和内部劳动力市场制度的形成和演进，其中就包括日后的年度奖金制度以及正式工退休奖金制度的设立，上述措施均进一步推进了企业内部劳动力市场的制度化。

相对于日本的"分裂式"演进，德国的技能形成体系有着显著的"集体主义"特征。如果日本企业是通过完善企业内部劳动力市场实现高技能的"自给自足"的话，德国是在产业内通过内部劳动力市场防止技术工人的流动。当然，内部化治理结构的发展是在诱致性制度变迁的前提下，强制性制度介入的结果。虽然德国社会对技术的重视远超他国，但是也深深地认识到技术的进步首先是制度的进步，技术只不过是制度协调各种资源过程中的一种内源性结果，而制度变迁中的代理与权力分配，将起到决定性作用②。如在德国的"双元制"形成过程中，政府即起到了决定性的作用，前述《手工业保护法》的颁布即是通过德国政府的强制性制度变迁实现的，正是基于此法的颁布才将工会和传统行业协会的利益整合到一起，并使厂内培训的传统方式在战后的工业化阶段得以保留和强化，上述一切措施都为德国"双元制"的发展奠定了坚实的制度基础，并于战后衍生出了"双元制"中的教育企业制度。在教育企业中，由企业负责招收学徒，且保证其有三分之二的时间在企业参加专业培训，并由企业获得学徒的人力资本使用权。在培训的过程中，企业会利用内部的管控优势来随时调整学徒培训计划，直至完成整个学徒培训合同。同时，教育企业在学徒的待遇和数量上拥有灵活的调整空间，而专用性资产的投入也有利于合同完成后教育企业与学徒之间的优先选择。

内部治理结构在国内的典型案例如博世力士乐同天津中德应用技术

---

① ［美］凯瑟琳·西伦：《制度是如何演化的》，王星译，上海人民出版社2010年版，第147页。

② Adrian Smith et al., "The Governance of Sustainable Socio-Technical Transitions", *Research Policy*, Vol. 34, No. 10, December 2005, pp. 1491–1510.

大学之间的合作。自2010年9月开始，博世力士乐（北京）液压有限公司同中德就合作领域和合作深度达成共识。2011年6月，双方共同举办"博世力士乐订单班"，按照"德国双元制模式"，联合培养"精密机械工"、"工业机械工"和"机械电子工"。之所以将其视作内部化参与的案例，是因为博世深度介入了院校的人才培养过程，从课程设置、实习实训到学生的最终就业。同时，德国工商会上海代表处（AHK）作为合作的第三方，负责培训质量监控和颁发IHK证书。该订单班完全按照"德国双元制模式"实施，经过三年培养的学生既要高职毕业又要取得IHK证书。"博世力士乐订单班"至今已连续举办五期，共招收学生115人，前两届已经顺利毕业，全部取得IHK证书并入职企业，目前在学三届63人。该项目运行四年多来，培训质量和成果得到了博世企业的充分认可与肯定，特别是2014年6月26日，首期2011级订单班学生的毕业和入职，表现出企业参与内部化治理结构的运行优势。

综上可见，企业参与会基于不同的资产专用性程度，呈现治理结构的分层。当然只有在不完全契约的逻辑前提下，资产专用性模型才可以作为多重治理结构分析的依据。正如威廉姆森所说"只有在不完全缔约过程中，资产专用性遍布的组织分支才变得清晰起来"[1]，正借于此才推导出企业参与现代职业教育的多重治理结构。由此，我们可从资产专用性与其对应的人力资本两个维度粗浅地勾勒企业参与现代职业教育的治理结构坐标，并大致推导出不同的治理结构在该坐标中所处的位置，其大概位置如图5—3所示。

A点区域可对应市场化治理结构，该结构成立的条件是极低的资产专用性，对应通用型人力资本市场。这点在劳动密集型行业体现得尤为明显，在我国高等职业教育扩招初期亦是如此，对人力资本的标准化要求会促使企业采用市场化治理结构聚集人力资本，以节约交易费用。

B点周围可代表双方或多方合作的混合式治理结构，这是现阶段较多

---

[1] ［美］奥利弗·E.威廉姆森、［美］西德尼·G.温特：《企业的性质——起源、演变和发展》，姚海鑫、邢源源译，商务印书馆2010年版，第121页。

第五章 企业参与现代职业教育困境的多重治理结构 / 151

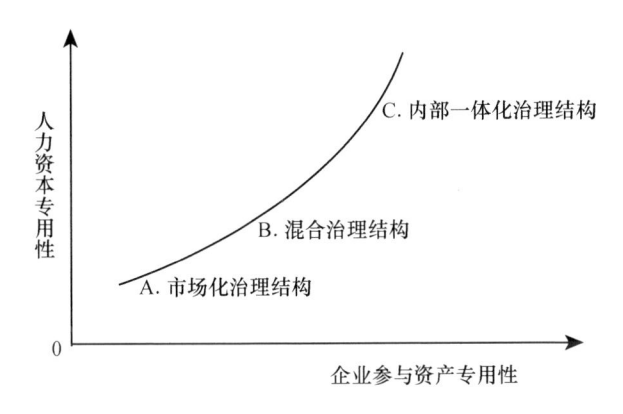

图5—3 多重治理结构坐标系

企业的选择，表明我国工业化已发展到一定程度，企业急需大量中高级人才，市场招聘虽节约交易费用，但专用性较低，而一体化培训交易费用较高，所以混合式治理是较为稳妥的选择。

C点区域则可表示企业内部一体化的治理结构，与此对应的是后工业化发展阶段知识和技术经济时代，劳动力供给以知识和技能为主。此时企业宜选择内部一体化治理，来聚集所需的专用性人力资本①。

诺思曾指出，"现代复杂经济中的契约是多层面的，而且还将要延续一段时间。因为其是多层面的——不仅是指物理特征方面，还包括交易的产权特征等，所以契约必须做到事无巨细、面面俱到，这同时也意味着契约通常是不可能完全的。在契约的存续期内存在着太多的不确定性，这使得订立契约的双方必须（审慎地）通过法庭或某个第三方来处理发生在合同期内的各种争端"②。换言之，诸种契约体现了能使交易得以便利进行的不同方法，从复杂的市场化治理延伸至内部一体化治理（vertically integrated exchange）的各种契约。

综上所述，生产技术的进步通过作用于资产专用性程度，决定着企业参与现代职业教育的治理结构，不同的资产专用性会衍生出不同的治

---

① 李亚昕：《论企业参与现代职业教育的治理结构选择》，《高教探索》2017年第1期。
② ［美］道格拉斯·C. 诺思：《制度、制度变迁与经济绩效》，杭行译，格致出版社2014年版，第63页。

理结构。随着企业技术累积及技术创新能力的迅速提升，其技术存量急剧增加，总体比重也不断提高，技术向企业的转移决定了企业在现代职业教育治理中的主体地位。虽然企业参与现代职业教育采用何种治理结构可根据自身的资产专用性灵活选择，但就当前而言，具有中高度资产专用性的企业占据了绝大部分的比例，因此企业参与多选择双方或三方合作的混合式治理①。此种中间化的松散状态恰恰是现代职业教育治理过程中最为复杂的阶段，在这一阶段对劳动信息、贡献的度量及监督管理都会出现极高的难度②，从而产生大量潜在的交易费用，导致企业参与现代职业教育的两难选择。

第三节　企业参与内部化治理的制度变迁方向

在现代职业教育治理中，企业参与决策既非完全理性，又存在机会主义倾向。在 A 企业实现自己参与收益的同时不能侵害 B 企业的收益，否则就是违规。但如果 A、B 都通过某种机制，使各自的利益得到满足，则 A、B 的行为都是合理的，如此就将企业个体竞争从技术产品竞争转移到了有效制度竞争的层面。现代职业教育中企业、受教育者、院校、政府都追求自身的利益，但在现行的制度层面，企业选择消极参与，个体所蕴含的人力资本也没有被开发出来。若依据制度化的治理逻辑将二者的利益统一协调，能够使企业获得其所需的人力资本，个体获得合适的职业技能，社会整体人力资本开发效率得到提高，政府治理能力得到体现，就是一种符合我国现代职业教育发展实践的合理制度安排，而这正是本节拟讨论的对企业参与困境的治理策略。

---

① 肖凤翔、李亚昕：《论企业参与现代职业教育治理的制度供给路径——基于交易费用的分析方法》，《教育研究》2016 年第 8 期。
② ［美］阿曼·阿尔钦、［美］哈罗德·德姆塞茨：《生产、信息费用与经济组织》，载［美］罗纳德·哈里·科斯等《财产权利与制度变迁——产权学派与新制度学派译文集》，刘守英等译，上海三联书店 2014 年版，第 126 页。

一 内部化治理结构的制度介入

企业参与现代职业教育的直接动机是获取与专用性资产对应的人力资本，但同时又要极力避免合作院校或人力资本所有者可能的"敲竹杠"，受这种潜在的机会主义威胁，企业参与的动机就很难被激发，即会出现制度供给的非均衡，从而影响现代职业教育的资源配置效率。根据威廉姆森纵向一体化的解决策略，此时企业参与的制度供给应着眼于一体化交易。对此，克莱茵指出，"当契约一方进行专用性投资时，为避免双方'敲竹杠'而意图前瞻对方专用性投入的准租，把市场交易变为企业内部交易，可以节约事后的交易费用，其进一步用 GM-Fisher 的案例对之进行了经典分析"[1]。事实上，随着企业技术的不断积累，企业资产专用性的增强，企业参与现代职业教育获取专用性人力资本的目的会越来越强，可以说高技能人力资本的投资将导致企业参与的一体化趋势。相对于设备的专用性投资，专用性人力资本投资比专用性设备的投资对一体化要求更高，对企业参与的制度变迁也更具诱惑力与解释力[2]。

据前述制度与技术的相互关系可知，制度可以为交易提供一种稳定的结构，并同技术一起决定交易费用和转型成本。制度能在多大程度上解决协调与生产问题，取决于参与者的动机、环境的复杂程度以及参与者辨识与规范环境的能力[3]。可以说对于促成交易的制度，有时只是解决简单的即时交易问题，而有的要解决和协调交易中时间和空间跨越所涉及的众多的交易主体利益。当专业化程度较低、交易不确定性较高时，市场化购买就成为一种较为稳定的治理结构。随着专业程度的提升，有

---

[1] Benjamin Klein et al., "Vertical Integration Appropriable Rents, and the Competitive Contracting Process", *Journal of Law and Economics*, Vol. 21, No. 2, October 1978, pp. 297–326.

[2] Scott E. Masten et al., "Vertical Integration in the U.S. Auto Industry: A Note on the Influence of Transaction Specific Assets", *Journal of Economic Behavior and Organization*, Vol. 12, No. 2, February 1989, pp. 265–273.

[3] [美]道格拉斯·C. 诺思：《制度、制度变迁与经济绩效》，杭行译，格致出版社2014年版，第40页。

价值的参与者的数量就越多，这样就越是需要可靠的制度来支撑个体从事复杂的契约行为，并在细节条款的执行上将不确定性降至最低。随着现代分工的发展，企业生产的专业化程度越来越高，企业参与现代职业教育交易过程中的不确定性日益增多，加之企业参与行为延续的时间跨度也更大，这就更需要交易的制度化保障。

依据专业化和分工程度，诺思将迄今人类社会的交易类型分为三种。[①]：

第一种是人格化交易，其特征是重复性次数较高，交易主体具有共同的价值观，即文化同质性较强，无须第三方实施是该种交易的典型特征。经济史上出现的大部分交易，都是与小规模生产以及地方性交易相联系的人格化交易，这堪比企业参与现代职业教育的市场型治理结构，该种结构以学校为主，交易费用非常低，但由于专业化分工尚未发育完全，企业的资产专用性较低，经济规模所限，企业参与的经济体量和合作规模都很小。

第二种是非人格化交易（impersonal exchange）。当交换的规模与范围扩大后，虽然交易双方都努力使交换客户化，以获取交易的确定性。但交易种类和频率的增加，需要订立更为复杂的合约，从而使得交易人际化越来越难做到，由此便演化出非人格化的交易特征。在此种交易中，企业的参与行为更多的会受到契约责任及行业行为准则的约束，以突破长距离、跨文化对交易的影响。此时，市场逐步扩大，分工不断细化，生产费用有所降低，交易费用明显上升，但专业化的发展使职业教育对企业参与的需求度增加，这可匹配合作式的职业教育治理结构。同时，由国家实施的制度安排会保证复杂生产与交易所带来的收益，然而鉴于国家制定和推行的制度实施本身也有一定的交易成本，所以国家有时也会带来不安定因素与高额的政治交易费用。

第三种是第三方实施的非人格化交易。此时专业化程度极高，生产

---

① ［美］道格拉斯·C. 诺思：《制度、制度变迁与经济绩效》，杭行译，格致出版社 2014 年版，第 47 页。

费用下降，但由于交易参与者众多及信息不对称的存在，大大增加了机会主义的表现空间，使得交易费用大幅提升，甚至抵消专业化发展给企业带来的好处（如图5—4所示）[①]。

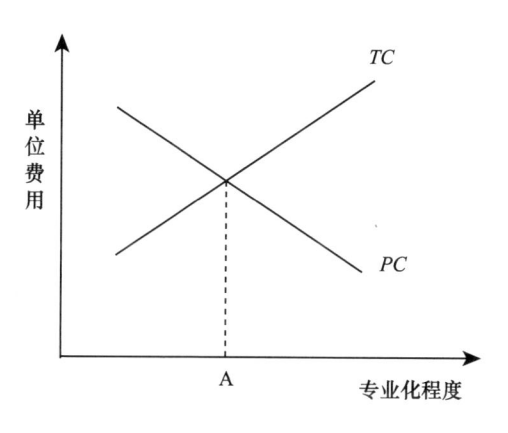

图5—4 制度介入的临界点

在 A 点之前及附近，专业化提升会带来持续的收益流，而在远离 A 点之后，交易费用曲线的弹性会大于生产费用曲线的弹性，虽然专业化降低了单位产品的生产费用（PC），但交易费用（TC）的上升可能会超过生产费用的降低，也就是说每提高一个单位的专业化水平，所引起的交易费用的增加要大于生产费用下降，显示在图中即 TC 比 PC 更陡峭，这就会对生产的持续专业化造成相应阻碍。制度出现的意义就在于使专业化程度每一步所节约的生产成本大于或等于由此所引起的交易费用增加，此时便会产生制度供给的非均衡状态，亟须以制度为主导的第三方实施介入[②]。从制度介入的临界点，我们可以将企业参与的交易费用归纳为如下三种。

TC_1 = 交易过程必然发生的费用，主要包括信息搜寻、谈判签订契

[①] ［美］道格拉斯·C. 诺思：《制度、制度变迁与经济绩效》，杭行译，格致出版社2014年版，第40—41页。

[②] 肖凤翔、李亚昕：《论企业参与现代职业教育治理的制度供给路径——基于交易费用的分析方法》，《教育研究》2016年第8期。

约、执行契约及违约的费用。这是交易过程中必然发生的基本费用，也是科斯最初定义的狭义的交易费用，这点符合企业参与的"市场型"治理结构。

$TC_2 = TC_1 +$ 讨价还价的费用。这是在新古典契约和关系契约中发生的主要的交易费用，它是由机会主义及其产生的不确定性、交易频率，并与企业资产专用性相伴随的沉没成本所引发的交易费用，这可理解为有关交易费用最为通常的含义。对交易费用的此种理解，已经在本研究的第三章做出了详细的阐述，而关于交易费用的内部决定因素分析，符合"合作型"治理结构中对其的产生与分析。

$TC_3 = TC_2 +$ 制度性费用。之所以将制度性费用包含其中，是因为企业参与现代职业教育不仅包括组织费用，也包括宏观的政府管理费用和制度变迁费用。如利用财政工具对企业参与予以激励，利用政策工具对企业参与进行诱导，等等，因此，企业参与的交易费用是经济制度、政治制度和社会制度运行成本的集合①，这也是本研究问题的分析始终遵循制度化治理逻辑的原因所在。

虽然以制度化治理为主导的第三方实施远非理想，但它是当代成功经济体中的重要支撑，在这些经济体中均包含着现代经济增长所不可或缺的复杂的制度契约。由此，第三方实施的非人格化交易，更多的是促使交易主体在彼此信任的基础上自我实施，同时辅之以强有力的制度强制力，以规避投机、欺诈及逃避责任的机会主义行为。第三方实施认为政治上的无政府主义与现代高收入国家的生产能力不可能同时出现在一个国家里，这同没有法律保护的治理是不存在的论断是一致的。事实上，创建一系列规则来约束和促使现代职业教育各参与主体发挥其应有的作用，是有效的第三方实施的最佳途径。

然而，该通过何种制度安排来形成有效的第三方实施呢？企业参与"内部化"为此提供了一种可供选择的制度变迁路径，即通过组织间的合

---

① 朱启才：《权利、制度与经济增长》，经济科学出版社 2004 年版，第 32 页。

并，把原来校企间的市场交易转变为"企业内部"的交易方式①。企业参与"内部化"的典型做法是德国"双元制"中的"教育企业"制度，该制度具体操作为青少年在接受"双元制"之前，须先向对应的企业报名，从联邦经济与劳动部承认的近 400 个教育职业中进行选择，获得具体的"实习职位"。教育企业再按照德国《联邦职业教育法》的规定，同青少年签订全国范围的职业教育合同②，此时适龄青少年的身份为企业的"学徒"。之后，企业会为其申请当地的职业学校进行理论学习，这意味着"双元制"中的受教育者拥有"学生"和"学徒"的双重权利和义务。企业侧重受教育者的实践培训，主要向其传授职业技能，但并非所有的企业都是教育企业，进入教育企业序列须经过严格的筛选，只有通过相关行业协会资格审查并获得认定的企业，才有资格承担"双元制"的办学任务，德国目前大约有四分之一的企业具备教育企业的资格③。

从交易费用角度分析，教育企业制度将现代职业教育的产品属性做了"教育"与"职业"的划分。属于"教育"的部分具有很强的外部性，若采用市场机制易损害教育产品的外部性收益，且将教育部分纳入企业内部会出现规模不经济的情况，所以将"双元制"中属于"教育"的部分划归各州教育部门管理。但是，属于"职业"的联邦所辖部分，由于企业通过合作方式参与会产生较高的交易费用，特别是当企业参与资产具有高度专用性或交易频率较高时，通过教育企业将"校企"组织间的合作转变为企业"内部化"运作，便可以达到降低交易费用的目的④。这种以企业为中心的"内部化"治理结构也符合威廉姆森所分析的

---

① 肖凤翔、李亚昕：《论企业参与现代职业教育治理的制度供给路径——基于交易费用的分析方法》，《教育研究》2016 年第 8 期。

② 姜大源：《德国"双元制"职业教育的再解读》，《中国职业技术教育》2013 年第 33 期。

③ 郭静：《现代职业教育体系建设背景下行业、企业办学研究》，《教育研究》2014 年第 3 期。

④ 肖凤翔、李亚昕：《论企业参与现代职业教育治理的制度供给路径——基于交易费用的分析方法》，《教育研究》2016 年第 8 期。

企业"纵向一体化"[①] 趋势。

二 内部化治理结构的运行优势

企业参与"内部化"是在专业化程度大幅提高的前提下,降低企业交易费用的制度变迁路径,"双元制"中的教育企业已对此做出了充分示范。在"内部化"治理结构中,企业可以得到总收益的相当大的一部分,这样就可以激发企业的自发、自利行为。如高端机械制造业对高技能人才的兴趣和需求最为集中,该类型企业参与现代职业教育所能获得的人力资本及相关收益的份额就很大,即使制造企业参与的生产成本很高,只要排除邻近企业成员对集体物品的无偿享用,保证企业在提供最优参与行为时的最大效用,同样可以激发其参与行为。本节即以教育企业制度安排为例,具体分析企业参与"内部化"在降低交易费用,激发企业参与活力中的功能。

(一)缩小机会主义的表现空间,实现企业内激励方式的多样化

交易内部化对机会主义而言,可以为企业专用性人力资本的获取提供一种非正式的规则保障。在相对完全的信息条件下,组织成员会受到信任和声誉的约束,在声誉效应的作用下,即使交易双方进行了专用性投资,另一方也不会轻易对之实施"敲竹杠"的行为,从而为专用性投资提供一种非正式的制度保障。另外,组织双方在持续交易的过程中,容易产生"信任",它能够有效地减少交易中的机会主义行为,降低交易费用产生,提高企业参与的制度运行效率。此时,组织成员都会努力维护好彼此的信任关系。在声誉和信任的影响下,组织成员间的关系就会变得具有依赖性,从而降低机会主义的表现空间。

比如通过教育企业实现企业参与"内部化"之后,企业与院校间的"经济人"关系就会被内化为"组织人"关系,受教育者即变身为企业的"准员工"。同时组织的某些固定特征会发挥作用,比如团队融合、非正

---

① 经济学上,沿产业链占据若干环节的业务布局叫作纵向一体化,其源于企业解决技术方面的问题或突破资产专用性条件限制,实行纵向一体化的目的在于节省交易费用,参见威廉姆森《资本主义经济制度》,段毅才、王伟译,商务印书馆2011年版,第129页。

式过程创新、编码知识与程序知识等,均会导致受教育者比市场治理结构中获得的员工更具价值。如此,成员间的关系就会变得稳定和长期,从而压缩机会主义的表现空间。而且,在机会主义副作用减小的同时,其内部激励的正效应会逐渐凸显。若处在自由市场中,校企双方只是作为"经济人"而做出利益最大化的反应。但作为"组织人"就会产生多层次的发展需求,对企业来说是行业协会认同和社会认同,对于受教育者来说是安全感认同、师徒认同及自我认同,直至更深层的企业文化认同。多重认同不仅能缩短受教育者的实习震荡期,消除校企间的组织文化差异,还可以印证马斯洛的需求层次理论,即每一种需要都可能成为激发个体行动力的源泉[1]。

(二) 降低企业参与的管控费用,提升交易的确定性与频率

企业制度和市场制度虽同为资源配置的方式,但企业的优点在于有力的管理与控制能力及其所带来的更为敏捷的反应,而这正是国家治理逻辑与市场治理逻辑所不能触及的"中间地带"。

首先"内部化"中的教育企业会使"师徒间"形成稳定的关系结构,提升信息传输的效率,随着时间的增加,这种内在结构的信息传递方式会越来越优化和专门化,并形成某种"惯例"。此时,对于复杂技术的沟通就会便捷得多。在这种非正式约束下"交易实施的成本就会被降至最低,且获得参与各方默认的惯例能够促进交易的自我实施"[2]。这样就可以有效降低企业参与中用于交易的总资源比例。同时,当组织中几乎所有的成员都遵从某种"惯例"时,惯例就会凝聚道德的力量,若个人遵从惯例并且与其交往的其他人都遵从惯例时,情形对每个人都是有利的,这即是萨格登所指的"合作的道德" (morality of cooperation)[3]。并且,据此形成的惯例也可以在制度层面为"现代学徒制"的发展提供可靠的

---

[1] 肖凤翔、李亚昕:《论企业参与现代职业教育治理的制度供给路径——基于交易费用的分析方法》,《教育研究》2016 年第 8 期。

[2] [美] 道格拉斯·C. 诺思:《制度、制度变迁与经济绩效》,杭行译,格致出版社 2014 年版,第 49 页。

[3] 同上书,第 51 页。

组织保障，提升信息传输的质量与效率。

其次，"内部化"不仅使教育企业拥有合法的控制权威，而且在工作评估上更为明确，在奖惩设置上也更为巧妙。比如 B 可以简单地服从上级 A 的指挥，调换工作岗位，但在校企合作中类似简单的协调有时是不容易达成的。更有力的是冲突发生时的解决方式，企业内部总是具有高效的解决冲突的机制，犹如行政命令相对于无休止的讨价还价，总是前者更为高效。所以，采用行政方式来解决双方冲突，可以让企业减少处理意外事件的费用，以更加从容的姿态参与到现代职业教育的人才培养中来。

最后，经过严格甄选的教育企业，不仅可以让受教育者在正式就业之前就掌握一门从业技能，提高就业质量，而且可以在客观上实现企业参与的集中与优化，有益于提升企业参与的确定性与交易频率，降低企业参与的交易费用。比如"双元制"中教育企业制度，就是通过正式制度与非正式制度的不同组合来影响企业参与的实施成本[①]。当非正式约束达到主宰企业参与交易的程度时，它通常能成为应对可能的背信行为的办法，这类似于诺斯所强调的契约的"自我实施"。但必须注意的是，尽管组织内部衡量成本与市场上的不同，却不一定总是低的，且需要制度化的约束来保障企业参与的集体收益。

（三）提高企业参与的费用补偿，保障企业的人力资本收益

由教育企业打造的"内部化"制度平台，能为企业提供更多形式的费用补偿。一是通过较低的岗位报酬和有针对性的培训，提升企业产品的竞争力，以更加规范的生产行为来应对激烈的市场竞争；二是提高企业的品牌资产，德国《联邦职业教育法》对参与企业的培训师资格、专业资格、企业场所、设备和项目计划等均进行了具体规定，能够进入教育企业名单，对于参与者来说本身就是一种实力的体现和无形的宣传[②]；三是保障企业参与的人力资本收益。据贝克尔对"一般培训"和"专业

[①] 肖凤翔、李亚昕：《论企业参与现代职业教育治理的制度供给路径——基于交易费用的分析方法》，《教育研究》2016 年第 8 期。

[②] 同上。

培训"的经典分类，当前我国企业参与现代职业教育的主要目的，是获取与"专业培训"所对应的、潜在的专用性人力资本[①]。如前文对人力资本产权部分的分析，囿于人力资本所有权的自我拥有及其突出的外部性特征，培训完成后的双向选择会促使出现人力资本聚集"公共领域"（public domain）的情形，并随之产生人力资本的租值消散[②]。而产权界定的不完全性总是会使得部分人力资本租值滞留公共领域，并偏离企业的专用性资产，导致企业参与的集体行动困境。

但是，由教育企业所形成的"内部劳动力市场"，有助于同条件下企业与受教育者的相互选择，而受教育者也多倾向于留在所在企业。据2014年德国劳动市场与职业研究所（IAB）发布的数据，全德有超过2/3的受教育者在完成培训后，与所在企业确立了正式的劳动关系，其中不包括已接到录用邀请但由于个人原因另谋职业的受教育者。这一比例创造了自1996年有此调查以来的新高，范围涵盖德国1.6万家企业[③]。可见，这种制度安排不仅保障了人力资本正外部性的"内部化"，还避免了教育企业潜在的招聘费用，使整个联邦社会受益匪浅。在历经经济危机之后，德国经济在欧共体中的强势表现就是最好的证明，这在很大程度即得益于"双元制"教育企业中所积累的"Know-How"式的专用性技能。

综上所述，内部化治理结构是破解企业参与困境的制度变革方向，这有利于现代职教资源的优化配置。需要指出的是企业参与的内部运作成本会同企业规模成正比，企业规模越大，意味着其技术结构越复杂，其参与现代职业教育的成本也相对较高[④]。与此同时，大企业比小企业参与动机也会更强烈，因为大企业对高技能人力资本的需求更强烈，而且大企业相对于小企业也有着更强的人才吸引力和消化能力，其承

[①] ［美］加里·贝克尔：《人力资本理论——关于教育的实证和理论分析》，郭虹译，中信出版社2007年版，第16页。
[②] 张五常：《经济解释——制度的选择》，中信出版社2014年版。
[③] 罗毅：《德国2/3的学徒工被培训企业录用》，《世界教育信息》2014年第24期。
[④] 肖凤翔、李亚昕：《论企业参与现代职业教育治理的制度供给路径——基于交易费用的分析方法》，《教育研究》2016年第8期。

担参与成本的基础也更强。比如大型制造类企业，培训与生产的过程很难融合在一起，这类企业参与的内部交易成本显然要高于资产专用性，且培训和生产同步进行的中小型服务类企业，这就需要政府伸出"有形之手"在现代职业教育治理的制度设计上有所区分，在费用补偿、税收优惠等政策上向资产专用性较高的企业倾斜[1]，使企业参与实现高成本、高收益，这就更加突出建立、健全教育企业参与制度的迫切性。

对企业参与而言，一旦其交易涉及与其对应的专用性人力资本，该种交易就理应附带一些保护性的制度措施，威廉姆森即指出"企业专用性人力资本必须嵌入具有保护作用的治理结构中，以免雇佣关系意外中断时牺牲其生产价值"[2]。这恰恰说明没有利益诉求的主体是不存在的，威廉姆森将专用性人力资本的分析纳入一种受保护的治理结构之中，使我们隐约地感觉到企业的利益诉求同人力资本的利益诉求的差异，需要额外的制度来保护企业的专用性人力资本投资。对此，克莱茵也认为，"在涉及专用性人力资本时，机会主义的问题通常就会变得更复杂。由于法律上禁止人拥有或使用奴隶，所以解决问题的办法往往是采用显性或隐性契约的形式，而并不只是纵向一体化的形式"[3]。事实上，企业和实习者间的机会主义行为具有交互性，如果专用性人力资本的投资由企业承担，企业会面临实习者的流动；如果该项投资由实习者承担，虽然企业可能做出高工资承诺，可一旦专用性投资实施完成，企业可能会拒绝履行承诺或者故意压低工资，而此时实习者无论选择留下或辞职都将会得不偿失。因此，现代职业教育治理的目的就在于对各参与方利益的协调，企业和实习者都是为自身的未来投资，实习者希望得到更高的收入，而企业也希望投资有所回报。问题就在

---

[1] 冉云芳、石伟平：《企业参与职业院校校企合作成本、收益构成及差异性分析——基于浙江和上海 67 家企业的调查》，《高等教育研究》2015 年第 9 期。
[2] [美] 奥利弗·E. 威廉姆森、[美] 西德尼·G. 温特：《企业的性质——起源、演变和发展》，姚海鑫、邢源源译，商务印书馆 2010 年版，第 130 页。
[3] 胡浩志：《企业专用性人力资本研究——理论及中国的经验证据》，经济科学出版社 2014 年版，第 28 页。

于契约本身是不完全的，以专用性人力资本投资为变量的企业参与行为，最为关键的即在于企业在参与过程中的收益权或所有权安排。因此，要解决企业参与中双边机会主义行为带来的不确定性与讨价还价等问题，需要靠额外的显性或隐性的制度安排，而这也正是内部化治理结构的特征所在。

第四节 本章小结

通过企业技术结构对交易费用的影响分析，本章不仅推导出了企业参与的多重治理结构问题，还明确了内部化治理结构对降低企业交易费用的影响。随着企业自身技术创新与技术积累的迅速发展，其占社会总体技术的比重也不断提高，这在客观上决定了企业在现代职业教育体系中的主体地位。更为重要的是，企业技术结构的升级会促使其对专用性人力资本的追逐，并引导企业参与内部化治理结构的发展，用以维护企业参与对于技能获取的组织保障。以往的研究往往较多关注技术获得过程中宏观层次结构的作用，而较少关注微观层次结构（micro level constructs）[1]，而企业参与内部化正是这种微观层次结构的具体实施。德国教育企业的案例也证明了此种微观结构在高技能共享中的作用，这就为破解企业参与困境提供了一种可操作性的制度变迁方向。但同时也应看到，企业参与内部化不等于放弃国家和政府监管，其实际上是在补充市场的缺失功能，通过组织内部的激励与自我调节、社会责任等，实现一种更为平衡的公私合作关系。这种治理结构与相关研究所阐述的"非市场"（NSMD）治理系统类似，即通过企业、合作院校、社会行动者、利益相关者间的新型组织链接，共享和共同遵守彼此认同的"适当和合理规则"

---

[1] Nicolai J. Foss et al., "Governing Knowledge Sharing in Organizations: Levels of Analysis, Governance Mechanisms, and Research Directions", *Journal of Management Studies*, Vol. 47, No. 3, March 2010, pp. 455 – 482.

(shared rule as appropriate and justified)①。

如前所述，研究结论的推导是以合约的不完全性为前提的，而这旋即打开了所有权理论的大门，企业主体参与的权益如何界定和落实将是内部化治理接踵而来的议题。比如德国，教育企业制度表征的是校企间的资源链接方式，可背后隐藏的却是完备的法律制度，保障着企业、学校和学徒的权利。因此，产权配置对企业参与结构的交易费用起着关键性的影响，这即是接下来研究建议部分所要探讨的内容。

---

① Steven Bernstein and Benjamin Cashore, "Can non-state global governance be legitimate? An analytical framework", *Regulation & Governance*, Vol. 1, No. 4, December 2007, pp. 347–371.

第六章

企业参与现代职业教育困境治理的制度供给路径

对企业参与现代职业教育的多重治理结构而言,制度供给应该遵循何种路径将是本章所要探讨的问题。对企业行动而言,制度供给可以为其提供某种交易规则来减少收益的外化。正如诺思所说,"制度在社会中的主要作用,是通过建立一个人们互动的稳定(但不一定有效)结构来减少不确定性"[1]。虽然制度的目的是减少不确定性,但并不意味着制度是统一的,当我们观察不同国家和地区进行交易时,就能很容易体会到制度的区别。制度自身不仅是不确定的,而且处在不断的变化中,从惯例、行为规范到各种法律法规,可以让我们深刻地体会到制度总是处于不断的演化之中,并会对企业参与的集体行动产生影响。因此,本研究将根据企业参与的多重治理结构,结合前述对制度供给的非均衡分析,从降低交易费用与明晰产权两方面入手,有针对地提出如下制度供给路径。

第一节 市场化治理结构的制度供给路径

一 对接专业与产业标准,提升院校的市场化意识

现代职业教育治理体系的首要特征是专业标准与产业标准的衔接。

---

[1] [美]道格拉斯·C.诺思:《制度、制度变迁与经济绩效》,杭行译,格致出版社2014年版,第6页。

在课程安排上院校应紧跟企业发展的前沿技术,同时加强专业师资队伍建设,吸引企业优秀工程技术人员、高技能人才到职业院校兼职授课,尽可能缩短学生实习的震荡期,为企业聚集人力资本提供便利。企业实习生的训练时间和强度与企业利润紧密相关,实习生的生产利润一般较市场招募员工滞后,建议考虑延长实习期,调整实习方式与实习安排的可行性,为企业发挥组织的管理与控制优势及高技能人才的培养提供相应的制度条件。更重要的是应尽快建立职业教育国家资格框架体系,以使院校在专业标准与结构上能与产业发展对应。

与此同时,政府应大力培育行业协会的建立和发展,通过授权委托等方式,发挥其在行业标准制定、人才需求信息汇总及人才需求预测方面的优势,鼓励其参与教育教学指导与人才质量评价,尽可能地减少由信息不对称给企业参与所带来的损失,削减交易不确定性对企业参与行动的影响[①]。

二 制定标准化参与合约,积极引导行业协会发展

对于市场化治理结构而言,企业参与的标准化合约是降低不确定性的有效条件。标准化合约可理解为企业参与过程中必须遵守的一系列行业标准,在当前行业协会角色作用有限的前提下,企业参与的标准化合约及其履行需要政府的信用背书。虽然政府监督也会涉及一定量的交易费用,但为了确保企业参与的收益,政府监督所产生的交易费用一定应低于现代职业教育顺利运行所获取的收益。并且,有了政府的信用背书,企业的单次参与就可能会改为多次或重复参与,这样企业参与现代职业教育的行为就会变得稳定和长期。

在企业参与收益一定的情况下,与同一院校进行的重复合作可以让企业充分地观察到另一方的履约情况,所以标准化合约的制订会促使企业参与行为的不断延续。对此,诺思曾指出,"观察对手的履约情况事实

---

① 肖凤翔、李亚昕:《论企业参与现代职业教育治理的制度供给路径——基于交易费用的分析方法》,《教育研究》2016 年第 8 期。

上意味着一方可以确定无疑地衡量出契约的结果，从而也就能相应地判断出另一方是否在事实上违背了契约的条款"①。换句话说，如果企业参与行为能够无限次地进行下去，无论是对于企业自身、合作院校、政府责任还是社会公共收益都是有利的，因为这种稳定的、不断重复的企业参与行为，其收益一定是大于机会主义所驱使的"一锤子买卖"。因此，政府应积极引导行业协会发挥其在职业标准开发方面的优势，赋予其实习实训计划合作制定权，并支持行业协会参与制定符合其行业特点的标准培训合约，尽可能地为企业参与合作培养高技能人才提供充分的信息资源，削减因信息缺口所产生的卸责行为对企业人力资本收益的影响②。

随着各行业协会的发展壮大，政府应逐步地将行业组织应承担的职责交给行业组织，促使其履行推进校企合作、开展质量评价方面的职责。行业协会角色的缺失往往会影响到企业培训合约的执行，人力资本产权交易的特殊性使得企业参与冲突在所难免，在冲突发生时急需行业协会的权威来协调解决，以降低参与过程中的道德风险，打造政府、企业、院校、行业等全员驱动的标准化参与平台，驱动企业参与集体行动的实现。

第二节　混合式治理结构的制度供给路径

企业基于交易费用的考量，多呈现出当前混合式的治理结构，这也是当前企业参与困境治理的重点。正是囿于企业产权配置的模糊，使得混合式治理结构的组织优势难以发挥，而且考虑到人力资本极强的外部性，企业投入的资产专用性往往不高。同时，对突发事件处理制度的缺失会大大增加企业参与的交易费用。在该类治理结构中，企业参与收益由"可能"转向"现实"的关键，就是协调个体企业与集体企业之间的

---

① [美] 道格拉斯·C. 诺思：《制度、制度变迁与经济绩效》，杭行译，格致出版社 2014 年版，第 68 页。
② 肖凤翔、李亚昕：《论企业参与现代职业教育治理的制度供给路径——基于交易费用的分析方法》，《教育研究》2016 年第 8 期。

利益关系，充分发挥网络式治理的有效性及产权在利益博弈中的作用，以消除邻近企业"搭便车"的动机，缓解企业参与的集体行动困境。所以，这就需要为混合式治理设置一种筛选机制，为积极而有实际参与实力的企业提供精准的、制度性的奖励。具体制度供给路径如下。

一 深入推进集团化办学，促使人力资本准租值内化

企业同现代职业教育发展的利益诉求是一致的，即企业作为现代职业教育的参与主体，为开发和获取相应的人力资本而共同努力。正是基于这一共同的利益诉求，我们可以说企业主体应该有进一步追求扩大这种集体利益的倾向，这同研究调查中企业明确的参与意愿是一致的。因此，企业参与困境的化解需要区分不同的利益集团，建立相同利益成员的参与平台，以深入推进职业教育集团化办学，促使人力资本准租值内化。

集团化办学的依据可由集体行动的逻辑做出解释。某个企业的参与行为不仅可以促进现代职业教育的人才培养，而且可以使邻近的所有集体成员获益。在企业参与行动中，"假定企业参与所付出的费用与集体获得的收益是等价的，但付出成本的企业却只能获得其参与收益的一个极小份额。在一个集体范围内，集体的整体收益是公共性的，即集体中的每一个企业成员都能共同且均等的分享它，而不管其是否为之付出了成本。如只要某种商品的价格下降了，购买这种商品的所有消费者都将获益。只要最低工资法通过并实施，所有的产业工人也都将获益，集体收益的公共性会促使单个企业成员通过'搭便车'而坐享其成"[①]。可见，企业群体基数越大，分享收益的企业越多，为实现现代职业教育收益而实施参与行为的企业所分享的份额就越小。所以，企业在交易费用的衡量下是不会为集体的共同利益而采取行动的。

对此，经济学家奥尔森指出，"具有相同利益的集体，均有进一步追

---

① Keith Provan and Patrick Kenis, "Modes of Network Governance: Structure, Management, and Effectiveness", *Journal of Public Administration Research and Theory*, Vol. 18, No. 2, Aprial 2008, pp. 229 – 252.

求扩大这种集体利益的倾向的论断是根本错误的，集体中单个成员的行为准则是其付出成本的最终回报，而不是集体的整体利益"[1]。但在现实经济运行中，集体利益又是客观存在的，这又作何解释呢？对此问题的回答就要回到集体利益的边界来讨论。奥尔森即对集体利益作了两种划分："一种是相容性的（inclusive），另一种是排他性的（exclusive）。顾名思义，前者指的是利益主体在追求集体利益时是相互包容的，如处于同行业中的企业向政府寻求一定的税额补偿及其他相关优惠政策时，利益就是相容的，即所谓的"一损俱损、一荣俱荣"[2]。从博弈论的角度说，此时的利益主体之间是正和博弈。而排他性集体指的是主体在追求利益的时候是相互排斥的，如处于同一行业中的企业从通过限制产出而追求更高的价格时就是排他性的，即市场份额一定，甲多生产了，就意味着乙要少生产，此时利益主体间就会呈现出零和博弈的状态。

当根据这种集体利益的两分法而将各种各样的集体作出相容性和排他性的划分时，就可以凸显出不同集体的行动逻辑。排他性集体的利益获得是通过如通常所说的"存量竞争"，这时集体成员面临的是"分蛋糕"的问题，当然希望分利者越少越好，分利集体越小越好，故这类集体总是排斥他人进入。而相容性集体利益的获得须通过"增量竞争"的方式，其面对的问题首先是"做蛋糕"的问题，在把蛋糕做大的过程中总是希望参与者越多越好，是故这类集体总是欢迎具有共同利益的行为主体加入其中，以实现"众人拾柴火焰高"的效果。故此，奥尔森作出如此判断："较之排他性集体，相容性集体才有可能实现集体的共同利益"[3]。

企业参与现代职业教育治理的特点是不确定性、复杂性和快速变化的产业发展，这就需要一种集团型组织，重新梳理现代职业教育体系中的权利关系，保障企业参与收益的实现，应对企业集体行动困境中的挑

---

[1] [美]曼瑟尔·奥尔森：《集体行动的逻辑》，陈郁等译，上海人民出版社1995年版，第4页。

[2] 同上书，第6页。

[3] 同上书，第8页。

战。集团化办学已在现行的治理体系中多次出现,即通过企业、行业、院校、科研机构及社会团体等组织间的联合,实现费用共担与利益共享。集体化办学类似于"双元制"中由企业间合作而发展起来的"培训联盟",而且,这也确实为突破企业参与困境提供了一种可行的方案。

但形式上的联合并不等于利益上的协调一致,集团化办学的关键在于横向联合之后成员间如何互补和深入。因此,研究建议政府应在深入推进职教集体化办学中,突出职教集体在组织管理、控制及资源协调上的优势,加速信息流动,提升信息传输质量,把原来的组织间交易转变为准"组织内"交易,发挥职业教育集团在人力资本产权协调、管理与控制上的优势,弥补契约的不完整性所带来的价值损失。同时,集团各成员间应通过充分的资源与信息共享,极力降低企业人力资本滞留"公共领域"的可能,避免租值消散对人力资本生成的影响,促使其正外部性的"内部化"。而且,政府还应通过更具针对性的政策与经济手段,进一步发挥企业、院校等参与者在教育资源与产业资源间的链接作用,为企业参与"内部化"治理结构的演变提供更为高效的制度环境[①]。

更为重要的是,现代职业教育企业主体的确立源于其对专用性人力资本的培养能力,但在契约的不完全条件下,人力资本的外部性特征使得该项资本具有了滞留"公共领域"的可能,职业教育集体是深入过程中,应努力促使人力资本的正外部性内部化,政府应明晰对企业参与的成本补偿,压缩产权契约不完整性的表现空间,避免"租值消散"对整体人力资本使用效率的影响,为集团化办学的深入发展提供更为均衡的制度环境。

二 建立企业参与的成本补偿机制,实施选择性激励

现代职业教育的利益相关者包括企业、院校、个人、政府及行业协会等,现代职业教育体系运行所产生的所有费用,从实际发生的角度来

---

① 肖凤翔、李亚昕:《论企业参与现代职业教育治理的制度供给路径——基于交易费用的分析方法》,《教育研究》2016 年第 8 期。

说都是由上述主体支出的。从承担关系上看,运行中所产生的交易费用最终都由各个参与者来分担的。现代职业教育的功能是高技能的人力资本产出,从目的上讲,这种人力资本直接的获益方是个人和企业,间接的获益方是政府和整个社会。但从成本的角度考量,让企业承担过多的交易费用显然有违企业存在的组织逻辑[1],这就涉及一个"短期收益"和"长期收益"的问题。在短期内,由于企业的成本投入及其人力资本收益的不确定性,企业参与的积极性受损。但从长期收益来看,由于人力资本的交易特征所限,如何降低企业的交易费用就成为现代职业教育各组织主体所要考虑的关键问题,而此时现代职业教育的间接获益者政府和社会就应该与企业共同实现费用分担,从这个角度理解,政府对企业参与的费用补偿即为合理的,关键是补偿的精准度。

现行的市场化治理中不乏对企业的激励手段,包括直接的经济补偿与间接的财政工具等,但之所以成效一般,是因为其面对的异质化的企业参与行为,而没有对其实施有效的筛选,因此制度的供给应体现出此种筛选功能,以使对企业的激励更为准确和有效,做到"赏罚分明",即对有效参与行动进行补偿,实施如奥尔森所倡导的选择性激励(selective incentives)[2]。具体而言,即将集体中积极与消极的企业参与行为区别对待,通过"赏罚分明"的制度设计,对于积极参与并为现代职业教育发展做出贡献的企业,除却使其获得正常集体利益的应得份额,再赋予其额外的收益,如职业教育专项基金补贴或参与成员的身份荣誉等。同时,还要辅之以相应的惩罚制度,避免企业自身的机会主义与邻近企业的"搭便车"行为,以促使企业参与行为得到完整、连续及高质量的执行。

三 打造企业参与的信息化平台,维护企业人力资本收益

企业参与现代职业教育的公共属性使得企业参与行为的外部性凸显,

---

[1] 肖凤翔、李亚昕:《论企业参与现代职业教育治理的制度供给路径——基于交易费用的分析方法》,《教育研究》2016 年第 8 期。

[2] [美]曼瑟尔·奥尔森:《集体行动的逻辑》,陈郁等译,上海人民出版社 1995 年版,第 156 页。

当前消除这种负外部性交易费用的决策很大程度上要依靠以信息技术为基础的新型链接。甚至未来的治理即是"数字时代的治理",是基于大数据的变化和与此紧密相关的整体需求,而公共行政过程也将趋向数字化[1]。

企业参与信息化平台的建立能够赋予企业以信赖感,增强企业的品牌资产。如前所述,经济激励并不是刺激企业参与的唯一诱因,尽管经济激励如此重要,但在经济激励和品牌塑造之间也存在着某种关联。经济激励之外企业也希望获得社会声望、大众认可等社会激励,借此便可引导其潜在用户的消费偏好。关键是如何通过品牌激励驱动企业采取参与行动,对此,曼瑟尔·奥尔森通过"社会压力"论证了品牌激励对小集体成员的可能性。"如果小集体成员对某件集体物品感兴趣,而集体成员又正好是私人朋友,若此时集体中的一些人把提供集体物品的负担推给别人,那么即使他们的行动使他们在经济上受益,其社会地位也会受到影响,而且这一社会损失可能会超过经济收益。他们的朋友可能会运用'社会压力'来迫使他们重新承担集体目标的责任,或者将其从俱乐部除名"[2]。由此可见,"社会压力"对小集体而言有着非凡的影响力,我们日常社会生活中的"个人信誉"对此概念有着类似的内涵。例如大多数人很看重他们的朋友和熟人的友谊,并且很看重彼此间的社会地位、个人声誉及自尊,而上述概念所带来的"压力"在陌生协作体系中的约束力可能会大大降低。同理,企业参与的品牌资产也具有此种属性,虽然企业参与的经济利益可能为集体共有,但社会地位和社会认同是属于个体品牌的非集体物品,通过社会制裁和社会奖励的"选择性激励"就可以作为激发企业参与有效行动的无可替代的品牌工具。

据此,政府责任部门应联合相关行业协会,通过公开的信息平台和定期报告发布制度,建立相应的社会激励制度。事实上,品牌资产的激励只有在信息化平台所构筑的范畴中才可以发挥其功能,在公开信息平

---

[1] Patrick Dunleavy et al., "New Public Management is Dead -long Live Digital-era Governance", *Journal of Public Administration Research and Theory*, Vol. 16, No. 3, July 2006, pp. 467–494.

[2] [美] 曼瑟尔·奥尔森:《集体行动的逻辑》,陈郁等译,上海人民出版社1995年版,第71页。

台的参与序列中，企业间有着面对面的接触，此时品牌激励的作用才能发挥。这一方面是由于在市场型或混合式治理结构中，所谓的规模主导下的企业成员数量庞大，单个企业的影响可以说是微不足道。此种情况下，面对个别企业的机会主义行为，参与企业去责怪或咒骂其自私行动就显得毫无意义，且其行为的影响也并不是决定性的。另一方面，在市场型或混合式治理结构中，企业间也不可能彼此认识，陌生的成员间如果没有为集体的目标作出牺牲，该企业的品牌资产和社会信赖度也不会受到什么影响。甚或企业参与的"无私善行"不仅无法对邻近企业和现代职业教育发展带来显著的示范效应，还会被认为是一种"怪行"而不是"善行"。试想一个企图用自己躯体去阻拦洪水的人会被人如何看待？人们一定会认为他是一个怪人而不是圣人，就像某个农民试图通过限制自己的产量可以无限小的提高市场价格一样，上述事例中的示范效应是可以忽略不计的，而那些为了获得微不足道的改善而牺牲自己的人甚至得不到无私行为应得的赞扬。但是，通过信息化平台和定期发布制度的建立，企业参与行为不仅可以得到有效监督，还可以被无形宣传，以此便可凝聚和提升企业参与的品牌化资产。

更为重要的是通过信息化、制度化平台的建立，国家化治理中的法律、法规、政策及财政等治理工具才能更好地发挥作用，使企业主体面对合作冲突时可以进行通行的连续性决策，避免企业参与中潜在交易费用的产生。

第三节 内部化治理结构的制度供给路径

企业参与"内部化"是在专业化程度大幅提高的前提下，降低企业交易费用的制度变迁路径，"双元制"中的教育企业已对此做出了充分示范。虽然通过"选择性激励"可以为混合式治理结构提供一种制度激励，但这并不能保证集体行动的一致性。而且，如果企业参与规模很大，企业成员很多，要做到"赏罚分明"，本身就需要付出高额的费用，单是测量集体利益和企业参与的成本信息就需要相当的费用，还不包括奖惩制度的实施费用等。显然混合式治理结构会存在规模扩张而实施成本过高的问题。对此问题的解决恰是"内部化"治理结构的优势,这同奥尔森所倡导的"小集体"观点有异曲同工之意。"在小集体范畴,成员间数量较小,较之实现集体的总收益,集体的总成本也较小。在这种情形下,小集体成员会发现,一旦他为集体利益去付诸行动,其从中获得的收益将是可预期的,甚至通过制度设计,会使其收益超越企业为之付出的成本"①。此时,企业参与的利益才会真正与现代职业教育的发展相一致。实际上,在选择性激励的作用下,小集体比大集体更容易组织起集体行动,这即是企业参与"内部化"治理结构的优势。其制度供给路径具体如下。

一 确定企业主体地位,引导内部化治理结构的发展

由于 $\Delta C>0$ 总成立,即与市场相比,企业总存在内部交易费用方面的优势。可见,企业内部一体化的成因不只是降低生产成本,还可以避免缔约谈判等问题所产生的交易成本。但交易费用的存在亦凸显出契约的不完全性,并由此打开了产权理论的大门,无论是职业教育集体化办学,还是更深层次的"内部化"治理,企业主体的地位如何界定将是突破企业参与困境必须面对和解决的议题。可以说将企业置于现代职业教育治理主体的位置,即为公共委托和企业代理社会服务,制度安排的效用重点在于协调企业主体与其他利益者之间的关系,提升现代职业教育的资源配置效率。只有企业才能了解自身需要什么样的员工,如何能够在实习完成后使受训者达到基本的岗位要求等。

因此,政府应利用"有形之手",明晰企业主体的各项权责归属,如招生参与权、专业实践计划制订权、企业组织文化介入权及对应的主体责任,并在费用补偿、税收优惠上予以有选择性的激励。同时,政府应尝试在专业化程度较高的中央企业与优质企业中,培育一批适合本土化

---

① [美] 曼瑟尔·奥尔森:《集体行动的逻辑》,陈郁等译,上海人民出版社1995年版,第56页。

发展的"教育企业",促使该部分企业保持适中的参与频率,以引导企业参与内部化治理结构的发展。在混合式或市场化治理结构中,企业参与交易不是重复进行的,有一个双方可明显预见的终结点,且合作中的任意一方都可以提请终结合作。加之企业缺乏邻近企业的参与信息,或企业拥有多个合作选择时,其参与现代职业教育的动机就很难长期维持,更难以得到有效的制度约束。只有当企业参与实现多次、重复化的交易,合作主体间相互了解且交易团体规模较小时,我们通常才能对各方的参与行为实施有效的约束。企业参与困境已然说明了现代职业教育治理的复杂性,但是也正如曼瑟尔·奥尔森(Mancur Olson)所指出的,"背叛只在单次博弈中是占优策略"①。正如我们在许多集体行动中所观察到的那样,在一个重复的博弈过程中,占优策略并不存在。尤其是当企业参与行为一次又一次的重复时,机会主义就不一定是占优策略了。如德国"双元制"中教育企业的实践即得益于此种有效的制度安排,教育企业在重复参与中的任何一次投机行为,都有可能对企业信誉和产品形象造成严重影响。因此,研究建议政府应通过打造内部化的企业参与平台,尝试设立本土化的教育企业制度,并健全董事会、理事会、监事会等决策机制,以引导企业参与"内部化"治理结构的发展②。

从企业的边界上理解,教育企业本身就表明其是一个跨领域的组织,客观上要求一个多层次的政策领域,以跨越现有制度的束缚,建立开放式的"合作伙伴关系"(partnership)③,进而为我国企业参与现代职业教育内部化治理的制度变迁提供先期示范。

二 配置企业参与的人力资本产权,降低交易费用产生

人力资本产权是以权利束的形式出现的,而人力资本的交易特性决

---

① [美]曼瑟尔·奥尔森:《集体行动的逻辑》,陈郁等译,上海人民出版社1995年版,第5页。
② 肖凤翔、李亚昕:《论企业参与现代职业教育治理的制度供给路径——基于交易费用的分析方法》,《教育研究》2016年第8期。
③ Stephen J. Ball, "Privatising Education, Privatising Education Policy, Privatising Educational Research: Network Governance and the 'Competition State'", *Journal of Education Policy*, Vol. 24, No. 1, January 2009, pp. 83 – 99.

定了如果集体中有人得到了它们，那么相关集体中的所有成员都可以得到它们。对于人力资本而言，市场作用的发挥是需要一定的制度安排为前提的，否则就会导致集体行动的非理性。奥尔森即指出"有理性的、寻求自我利益的个人不会采取行动以实现他们共同的或集体的利益……即使他们采取行动实现他们的共同利益或目标后都能获益，他们仍然不会自愿地采取行动以实现他们共同的或集体的利益"①。实际上，企业参与现代职业教育暗含着与此类似的前提：一是国家同意分担企业参与的成本，二是给予企业独立的产权制度激励。否则除非强迫企业参与，经济运行的外部性会使企业不会主动地采取行动以增进集体目标的。因此，社会学中的群体利益并不是一定的，至少在个体同群体利益一致时，个体从群体共同利益出发采取行动可能性也是有条件的。对此，巴泽尔指出"只有一种所有制形式确实能够使来自资产的净收入（从而它对于初始所有者的价值）实现最大化。决定所有权最优配置的原则是：对资产平均收入影响倾向更大的一方，得到剩余的份额也应该最大"②。

对于企业参与而言，该所有权最优配置原则所指的即是专用性资产的所有主体——企业。因此，制度供给的指向首先应为分割企业对实习者人力资本的产权，并对其权力的运用方式、任务、时间等一系列的内容作出相应的规定，方便企业运用其所拥有的排他性条件，防止人力资本流入公共领域；其次，对人力资本产权的分解和限制，能够防止邻近企业轻易染指非其所有的人力资本资源，不仅不会稀释人力资本产权，还可以更有效地促进其监督权、收益权等的实现；再次，人力资本产权的内化可以为企业专用性人力资本的获取提供一种非正式的规则保障。在企业相对完全的信息环境中，成员间会受到信任和声誉的约束，在声誉效应的作用下，即使交易双方进行了专用性投资，另一方也不会轻易

---

① [美] 曼瑟尔·奥尔森：《集体行动的逻辑》，陈郁等译，上海人民出版社1995年版，第2页。
② [美] Y. 巴泽尔：《产权的经济分析》，费方域、段毅才译，上海人民出版社1997年版，第8页。

对之实施"敲竹杠"行为,从而为专用性投资提供一种非正式的制度保障[①]。另外,组织双方在持续交易的过程中,容易产生"信任",它能够有效地减少交易中的机会主义行为,降低交易费用产生频率,提高企业参与的制度效率,此时,组织成员都会努力维护良好的信任关系。在声誉和信任的影响下,组织成员间的关系就会变得具有依赖性,从而降低机会主义的表现空间。因此,只有与企业主体相匹配的产权安排,才能降低企业参与的交易费用,突破企业参与的集体行动困境。

三 明晰职业教育法律体系的指向,保障企业主体权益

政府应加快修订《职业教育法》,构建与企业参与治理相配套的法律体系。事实上,没有法律保障的治理是不存在的,虽然"双元制"中的教育企业制度表征的是教育与产业间的链接方式,可背后隐藏的却是完备的法律体系,保障着企业、学校和受教育者的权利。例如由于企业作为参与主体,比任何一方了解到的受教育者的专业培养的信息都要充分,所以企业内的信息流动决定了企业参与培训计划制定的权利。但这也会有另一方面的问题,即权力的下放会弱化系统的监控,对此德国职业教育的法律体系起到了很大的作用,典型如通行各州并于2005年重新修订的《联邦职业教育法》。因此,政府应加快制定针对企业参与"内部化"的法律体系,该法律体系的指向应明确以下几点:一是要明确企业主体的权能空间和利益限度;二是要约束机会主义行为的发生,降低不确定性与交易频率给企业参与所带来的潜在费用;三是要为企业参与中的"意外"事件提供权威的解决途径[②],支持企业面对契约不完全性时能够依法进行"适应性、连续性的决策"[③],以保障企业主体权益。

此外,同一种制度的发挥还取决于有助于其功能发挥的配套制度。

---

① 肖凤翔、李亚昕:《论企业参与现代职业教育治理的制度供给路径——基于交易费用的分析方法》,《教育研究》2016年第8期。

② 同上。

③ [美]奥利弗·E.威廉姆森、[美]西德尼·G.温特:《企业的性质——起源、演变和发展》,姚海鑫、邢源源译,商务印书馆2010年版,第121页。

如对企业最为重要的专用性人力资本,如果没有一个清晰的法律约束与保护,其租值就会大大下降。而且,人力资本相对于非人力资本而言,在社会中处于弱势地位,其承载者的体力和脑力状况更容易受到侵害,更需要专门性的配套制度保障。因此,政府应使用"有形之手",明确企业参与人力资本产权的权责空间,一是要防止企业参与中侵权行为的发生;二是要有助于提升人力资本产权交易的准确度和刚性,以保护和约束参与各方行为,减少交易的不确定性对企业的影响;三是要能够增强人力资本所有者在谈判中的力量,同时降低人力资本的主动性、异质性交易特征所带来的不规范行为,以平衡对人力资本产权的利益博弈。比如德国"双元制",虽然《联邦职业教育法》促使企业肩负起职业技能人才培养的主体责任,但同样也为企业获取信息、成本补偿等制定多种配套制度。同时对行政制度的设计也以技能人才培养为核心,成立了联邦职业教育研究所及多部门合作的职业教育委员会,以此来加强制度的执行力,为利益的协调和冲突的解决提供权威的途径。我国在法律制度设计上也可尝试借鉴德国的有益做法,在顶层设计上落实现代职业教育治理的实施机制,进而为企业参与困境的制度化治理提供强大的组织保障。

总之,在企业参与现代职业教育治理过程中,制度供给的目的虽是建立在利益相关者互动的稳定结构上,但是究竟采取何种制度安排一方面取决于制度运行中的交易费用,我们应根据企业的技术结构、交易费用的高低等选择不同的制度供给路径。如前述的三种治理结构中,如果将"内部化"治理结构的制度供给,迁移到"市场型"治理结构的供给状态中,就会出现供给过剩的情况。另一方面,制度供给的路径依赖说明,除却人类对机会集合的变化的自然回馈(feedback process),作为结果的制度变迁同已有的组织之间会存在强烈的共生关系,即俗称的锁定效应①,此时制度供给难免会受到已有激励结构的影响,这也是前述对企业参与多重治理结构分析的落点所在,即研究所坚持的制度和组织相互

---

① [美]道格拉斯·C.诺思:《制度、制度变迁与经济绩效》,杭行译,格致出版社2014年版,第8页。

作用的原则。比如说企业参与制度的演进趋势，一方面受外在的政府政策的影响，其行为是在政府的政策框架内实施的；另一方面，企业的技术积累及其在经济生活中的角色日益加重，也同样会影响政府政策的制定，即组织的演化也会改变制度的存在。但归根结底，任何组织效益的最大化都是以制度约束为前提。只有在制度化治理的逻辑框架中，机会主义行为才能被严格控制。当然，这并不是说一项有效的制度就一定会产生出最大化效率，而是意味着如果没有一项有效的制度安排，最大化的行为就不可能发生，至少对于现代职业教育治理而言，这种制度保证是不可或缺的。可以设想在可预见的未来，制度的作用会越来越大。而对于现代职业教育治理而言，来自制度的挑战也会变得越来越显性化。因为随着企业技术积累的不断增加、生产要素中人力资本价值的不断提升及市场规模的扩大，交易会变得越来越复杂，对企业参与的制度需求会越来越明显，加上制度供给所固有的"时滞现象"[①]，健全企业参与现代职业教育治理制度就显得极为紧迫，而这正是本研究的现实落点。

最后，借用科斯在《社会成本问题》中的经典表述来结束本章的论述，即"经济体系和法律体系是一种联合的事业，某些情况下是法律体系控制经济体系，所以将这些权利应该配置给那些能够最富有生产性地使用的他们的、具有引导他们这样做的动力的主体是可取的"[②]，正是这样的思考使我们有理由期待企业参与现代职业教育制度的早日健全。

[①] 时滞现象：指从制度非均衡到制度均衡为制度变迁提供了可能，但从认识制度非均衡、发现潜在利润存在到实际发生制度变迁之间存在一个较长的时期和过程，这就是制度变迁过程中的时滞现象。

[②] Ronald H. Coase, "The Problem of Social Cost", *Journal of Law and Economics*, Vol. 3, October 1960, pp. 1–44.

结　语

　　激发企业参与活力已经成为现代职业教育治理的重中之重。然而，现实中企业参与的集体行动困境又恰恰说明国家逻辑和市场逻辑均有无法触及的领域。正是由于企业和政府的主观模型只能部分地反应各参与主体的利益表达，才导致特定政策效果的不确定性，然而制度化治理为二者的弥合与问题的解决提供了一种新的思路，为破解企业参与困境提供了一种新的治理逻辑。本研究即从制度化治理逻辑出发，通过新制度经济学的理论视角，来透视企业参与集体行动困境的成因。

　　首先，研究明确了企业参与困境的系统共性。一是企业参与的外部性所致，这主要是指企业参与的收益易于被邻近企业攫取，使得个体参与意愿未能转化为集体参与行动。二是市场价格体系在调整现代职业教育多元主体关系时的失调，即如科斯所说的利用价格体系是有成本的，这即是新制度经济学对交易费用的发现的价值。三是制度供给的失衡，正是由于交易费用的存在才导致制度需求，但有制度需求不代表有制度供给，当前企业参与制度的失衡就说明了这个问题。对此，诺思指出，"即便对政治和经济选择做最随意的考察，也可以清楚地看到意向与结果之间的巨大差距。"[①] 传统的经济学之所以忽视此类问题的研究，是因为此类问题的决策和行动是由非市场因素决定的，这就超出了经济学有关行为的传统假定，而新制度经济学的拓展恰恰证明了此类问题也可以用

---

① ［美］道格拉斯·C.诺思：《制度、制度变迁与经济绩效》，杭行译，格致出版社2014年版，第62页。

经济学的方法来研究，无行为主体的公共利益或集体利益是基本不存在的。

正基于此，本研究搭建了企业参与现代职业教育的制度分析框架，并将交易费用和产权作为原因分析的"一体两翼"。一方面研究遵循新制度经济学对"经济人"假设的修正，将企业参与现代职业教育的目的确定为效用最大化，为交易费用的介入提供了前提条件。企业参与效用最大化的前提与科斯在《企业的性质》一文中所表述的观点是一致的，即企业的主观模型只能部分地反映其参与行动的利益表达，而基于其上的不完全理性决策并不能保证利益的最大化，且会导致现代职业教育资源配置效率的下降。据此，文中借助威廉姆森的交易费用分析模型，从交易不确定性、交易频率变化及资产专用性的内部因素和市邻近企业的博弈等外部因素，分析和指出了大量的、潜在交易费用是造成企业参与困境的原因之一。另一方面，研究从产权的视角分析了企业参与困境的原因，尤其是资产专用性所对应的专用人力资本产权的不完全实现，将大大增强企业个体行动的外部性，促使人力资本流向公共领域，并导致人力资本租值的下降。而且，非人力资本产权的模糊，也从侧面加剧了企业参与收益的外溢。

据此可见，交易费用和产权是造成企业参与困境的关键原因所在，且二者都会受到资产专用性程度的影响，尤其是当企业面对高度专用性资产所对应的专用性人力资本时，企业参与行为的外部性就会大大提升，从而导致企业参与制度的失衡。更为重要的是不同程度的资产专用性对应不同的交易类型，比如弱资产专用性对应市场交易，而强资产专用性对应组织交易，而这二者又可分别对应市场化治理和内部化治理结构。据此，本研究通过威廉姆森的资产专用性模型推导出了企业参与的多重治理结构，明确了"教育企业"的制度安排对降低企业参与交易费用的优势，指出了企业参与内部化对于技能获取的组织意义，同时预测了内部化治理结构的制度变迁趋势。

研究建议部分分别指出了市场化治理、混合式治理和内部化治理相对应的制度供给路径。研究特别指出了内部化治理结构在高技能获取中的组织优势,德国教育企业的案例也证明了这种微观结构在高技能共享中的作用,这就为企业参与现代职业教育困境的治理提供了一种可操作性的制度解决方案。但同时也应看到,企业参与内部化不等于放弃国家监管和市场激励,其实际上是在补充国家和市场在面对企业参与困境时的功能失调,尝试通过组织内部的激励与自我调节、社会责任等实现一种更为平衡的公私合作伙伴关系。这与相关研究所指出的"非市场"(NSMD)治理系统有着相似之处,即企业、行业、合作院校、社会行动者及利益相关者通过新型的组织链接,共享和共同遵守彼此认同的"适当和合理规则"①,来共同突破公共实践领域的集体行动困境。

需要指出的是,本研究所讨论的是制度仅限于正式制度及其实施的层面,而制度绩效的凸显很大程度上还依赖非正式制度的集合。诺斯曾指出,虽然正式制度可以给我们提供检验不同条件下经济体绩效实证数据的基本来源,但是"正式制度本身与经济绩效之间并不存在严格的一一对应关系。即经济绩效是由正式制度、非正式制度和实施特征所组成的混合体,这种混合体将共同决定选择集合与最终结果"②。对企业参与困境而言,非正式制度虽表现为习俗、道德、伦理、意识形态等形式,但在任何社会,非正式制度却是一国的"特色"所在,比如德国"教育企业"的制度安排一定程度上即得益于德国悠久的行会传统。在企业参与现代职业教育过程中,正式制度可视为企业最终选择的结构。在此之前,是上述非正式制度对企业参与的行为决策发生着潜移默化的影响,可以说非正式制度对现代职业教育治理的调节是基础性的。以习俗、意识形态为核心的非正式制度对整个现代职业教育的协作系统,尤其是对企业的利益观、偏好及与合作院校的信任关系发生着重要影响,企业的行动选择很大程度上体现了整个社会对待职业教育的价值观念。当企业面对不确定性收益时,其往往会借助已有的价值

---

① Steven Bernstein and Benjamin Cashore, "Can non-state global governance be legitimate? An analytical framework", *Regulation & Governance*, Vol. 1, No. 4, December 2007, pp. 347 – 371.
② [美] 道格拉斯·C. 诺思:《制度、制度变迁与经济绩效》,杭行译,格致出版社 2014 年版,第 63 页。

观、伦理规范及潜在认知来作出低成本的判断,因此,对非正式制度分析的缺憾既是本研究的不足,同时也为研究后续的深入与拓展提供了方向。

参考文献

著作类

［美］埃格特森：《新制度经济学》，吴经邦等译，商务印书馆1996年版。

［美］埃莉诺·奥斯特罗姆：《公共事务的治理之道：集体行动制度的演进》，余逊达、陈旭东译，上海译文出版社2012年版。

［美］埃瑞克·G.菲吕博顿：《新制度经济学》，孙经纬译，上海财经大学出版社1998年版。

［美］埃瑞克·弗鲁博顿、［德］鲁道夫·芮切特：《新制度经济学——一个交易费用分析范式》，姜建强、罗长远译，上海三联书店2006年版。

［美］Y.巴泽尔：《产权的经济分析》，费方域、段毅才译，上海人民出版社1997年版。

［美］保罗·莱特：《持续创新打造自发创新的政府和非营利组织》，张秀琴译，中国社会科学出版社2010年版。

［英］庇古：《福利经济学（上）》，朱泱等译，商务印书馆2006年版。

［冰］思拉恩·埃格特森：《新制度经济学》，吴经邦译，商务印书馆1996年版。

［英］戴维·M.沃克：《牛津法律大辞典》，邓正来等译，光明日报出版社1988年版。

［美］丹尼尔·贝尔：《资本主义文化矛盾》，赵一凡等译，生活·读书·新知三联书店1989年版。

［美］道格拉斯·C. 诺思：《制度、制度变迁与经济绩效》，杭行译，格致出版社2014年版。

［美］道格拉斯·C. 诺斯：《经济学史中的结构与变迁》，陈郁、罗华平译，上海三联书店1994年版。

［美］道格拉斯·诺斯、［美］罗伯斯·托马斯：《西方世界的兴起》，厉以平、蔡磊译，华夏出版社1999年版。

［美］杜威：《民主主义与教育》，王承旭译，人民教育出版社1990年版。

［美］杜威：《学校与社会·明日之学校》，赵祥麟等译，人民教育出版社1994年版。

［德］菲利克斯·劳耐尔：《国际职业教育科学研究手册（上册）》，赵志群译，北京师范大学出版社2014年版。

［德］菲利普·葛罗曼、［德］菲利克斯·劳耐尔《国际视野下的职业教育师资培养》，石伟平译，外语教学与研究出版社2011年版。

［英］冯·哈耶克：《个人主义与经济秩序》，邓正来译，北京经济学院出版社1989年版。

［美］弗朗西斯·福山：《国家构建：21世纪的国家治理与世界秩序》，黄胜强、许铭原译，中国社会科学出版社2007年版。

［美］弗里德曼：《战略管理：利益相关者方法》，王彦化等译，上海译文出版社2008年版。

［美］盖伊·彼得斯：《政府未来的治理模式》，吴爱明译，中国人民大学出版社2001年版。

［美］哈罗德·德姆塞茨：《竞争的经济、法律和政治维度》，陈郁译，上海三联书店1992年版。

［英］海伦·瑞恩博德等：《情境中的工作场所学习》，匡瑛译，外语教学与研究出版社2014年版。

［英］霍奇逊：《现代制度主义经济学宣言》，向以斌等译，北京大学出版社1993年版。

［法］纪尧姆·杜瓦尔：《德国模式为什么看起来更成功》，杨凌艺译，人民邮电出版社2016年版。

［美］加尔布雷斯：《经济学和公共目标》，蔡受百译，商务印书馆 1980 年版。

［美］加里·贝克尔：《人力资本理论——关于教育的实证和理论分析》，郭虹译，中信出版社 2007 年版。

［加］迈克尔·富兰：《教育变革新意义第三版》，赵中建译，教育科学出版社 2005 年版。

［美］凯瑟琳·西伦：《制度是如何演化的》，王星译，上海人民出版社 2010 年版。

［美］肯尼斯·阿罗：《社会选择与个人价值》，陈志武、崔之元译，四川人民出版社 1987 年版。

［美］理查德·A. 波斯纳：《法律的经济分析》，蒋兆康译，中国大百科全书出版社 1997 年版。

［德］奥利弗·索姆、［德］伊娃·柯娜尔：《德国制造业创新之谜——传统企业如何以非研发创新塑造持续竞争力》，工业 4.0 研究院译，人民邮电出版社 2016 年版。

［美］奥利弗·E. 威廉姆森、［美］西德尼·G. 温特：《企业的性质——起源、演变和发展》，姚海鑫、邢源源译，商务印书馆 2010 年版。

［美］奥利弗·E. 威廉姆森：《治理机制》，石烁译，中国社会科学出版社 2001 年版。

［美］奥利弗·E. 威廉姆森：《资本主义经济制度——论企业签约与市场签约》，段毅才、王伟译，商务印书馆 2002 年版。

［英］卢瑟福：《经济学中的制度》，陈建波、郭仲莉译，中国社会科学出版社 1999 年版。

［德］鲁道夫·芮切特：《新制度经济学——个交易费用分析范式》，姜建强、罗长远译，上海三联书店 2006 年版。

［美］罗伯特·艾克斯罗德：《对策中的制胜之道——合作中的进化》，吴坚忠译，上海人民出版社 2009 年版。

［美］罗伯特·考特、［美］托马斯·尤伦：《法和经济学（第 6 版）》，史晋川等译，格致出版社 2012 年版。

［美］罗纳德·哈里·科斯：《论生产的制度结构》，盛洪、陈郁译，上海三联书店1994年版。

［美］罗纳德·哈里·科斯：《企业、市场与法律》，盛洪、陈郁译，上海三联书店1990年版。

［德］马克思、恩格斯：《马克思恩格斯选集·第一卷》，中共中央马克思恩格斯列宁斯大林著作编译局编译，人民出版社1995年版。

［德］马克思·韦伯：《新教伦理与资本主义精神》，苏国勋等译，社会科学文献出版社2010年版。

［德］马克斯：《资本论（第一卷）》，中共中央马克思恩格斯列宁斯大林著作编译局编译，人民出版社1975年版。

［英］马歇尔，阿尔弗雷德：《经济学原理》，朱志泰译，商务印书馆1997年版。

［美］迈克尔·阿普尔：《文化政治与教育》，阎光才译，教育科学出版社2005年版。

［美］迈克尔·迪屈奇：《交易成本经济学》，王铁生、葛立成译，经济科学出版社1999年版。

［美］迈克尔·桑德尔：《自由主义与正义的局限》，万俊人译，译林出版社2011年版。

［美］曼瑟尔·奥尔森：《国家兴衰探源》，吕应中等译，商务印书馆1999年版。

［美］曼瑟尔·奥尔森：《集体行动的逻辑》，陈郁等译，上海人民出版社1995年版。

［美］米尔顿·弗里德曼：《弗里德曼文萃》，胡雪峰、武玉宁译，经济学院出版社1991年版。

［美］德姆塞茨：《所有权、控制与企业》，段毅才等译，经济科学出版社1999年版。

［美］普特曼：《企业的经济性质》，孙经纬译，上海财经大学出版社2000年版。

［美］钱德勒：《看得见的手——美国企业的管理革命》，重武译，商务印

书馆 1987 年版。

［法］让-皮埃尔·戈丹：《何谓治理》，钟震宇译，社会科学文献出版社 2010 年版。

［日］青木昌彦、［日］奥野正宽：《经济体制的比较制度分析》，魏加宁等译，中国发展出版社 1999 年版。

［美］萨缪尔森、［美］诺德豪斯：《经济学（下）》，高鸿业等译，中国发展出版社 1992 年版。

［美］V. 奥斯特罗姆等主编：《制度分析与发展的反思》，王诚等译，商务印书馆 1992 年版。

［英］汤因比：《历史研究》，曹未风等译，上海人民出版社 1962 年版。

［英］托马斯·库恩：《科学革命的结构》，李宝恒、纪树立译，上海科学技术出版社 1980 年版。

［美］沃尔特·W. 鲍威尔：《组织分析的新制度主义》，姚伟译，上海人民出版社 2008 年版。

［美］西奥多·舒尔茨：《论人力资本投资》，吴珠华等译，北京经济学院出版社 1999 年版。

［美］西奥多·舒尔茨：《人力资本投资——教育和研究的作用》，蒋斌、张蘅译，商务印书馆 1990 年版。

［英］亚当·斯密：《道德情操论》，蒋自强等译，商务印书馆 2015 年版。

［英］亚当·斯密：《国民财富的性质及其原因的研究》，郭大力、王亚南译，商务印书馆 1981 年版。

［美］约翰·康芒斯：《制度经济学》，于树生译，商务印书馆 1962 年版。

［美］约翰·克劳奈维根编：《交易成本经济学及其超越》，朱舟、黄瑞虹译，上海财经大学出版社 2002 年版。

［美］约翰·罗尔斯：《正义论》，何怀宏等译，中国社会科学出版社 2012 年版。

［美］约翰·丘伯：《政治、市场和学校》，蒋衡等译，教育科学出版社 2003 年版。

［英］约翰·伊特韦尔等编：《新帕尔格雷夫经济学大辞典（卷 2）》，刘

登翰译，经济科学出版社 1996 年版。

［奥］约瑟夫·熊彼特：《经济分析史（第一卷）》，朱泱等译，商务印书馆 1991 年版。

［美］詹姆斯·布坎南等：《同意的计算——立宪民主的逻辑基础》，陈光金译，中国社会科学出版社 2000 年版。

［美］詹姆斯·布坎南：《自由、市场与国家》，平新乔、莫扶民译，上海三联书店 1989 年版。

［美］詹姆斯·N. 罗西瑙：《没有政府的治理》，张胜军、刘小林译，江西人民出版社 2001 年版。

曹淑江：《教育制度和教育组织的经济学分析》，北京师范大学出版社 2010 年版。

陈向明：《质的研究方法与社会科学研究》，教育科学出版社 2009 年版。

陈永明：《教育行政新论》，华东师范大学出版社 2010 年版。

陈振明：《公共管理学——一种不同于传统行政学的研究途径》，中国人民大学出版社 2010 年版。

陈振明：《政府再造——西方"新公共管理运动"述评》，中国人民大学出版社 2003 年版。

陈志强等：《德国双元制职业教育本土化：技术与路径》，苏州大学出版社 2011 年版。

程方平：《中国教育问题报告入世背景下中国教育的现实问题和基本对策》，中国人民大学出版社 2004 年版。

程样国、韩艺：《国际新公共管理浪潮与行政改革》，人民出版社 2003 年版。

褚宏启：《教育现代化的路径》，教育科学出版社 2000 年版。

段文斌等：《制度经济学》，南开大学出版社 2003 年版。

顾明远主编：《教育大辞典（第 3 卷）》，上海教育出版社 1991 年版。

何自力：《比较制度经济学》，南开大学出版社 2003 年版。

胡浩志：《企业专用性人力资本研究——理论及中国的经验证据》，经济科学出版社 2014 年版。

胡庆龙：《罗纳德·哈里·科斯——新制度经济学创始人》，人民邮电出版社 2009 年版。
黄德发：《政府治理范式的制度选择》，广东人民出版社 2005 年版。
黄日强：《比较职业技术教育研究》，原子能出版社 2010 年版。
黄志成、程晋宽：《现代教育管理理论》，上海教育出版社 1999 年版。
黄志成：《西方教育思想的轨迹》，华东师范大学出版社 2008 年版。
经济全书工作委员会编：《企业管理》，人民教育出版社 1994 年版。
匡瑛：《比较高等职业教育：发展与变革》，上海教育出版社 2006 年版。
劳凯声：《变革社会中的教育权与受教育权》，教育科学出版社 2003 年版。
雷钦礼：《制度变迁、技术创新与经济增长》，中国统计出版社 2003 年版。
林毅夫：《再论制度、技术与中国农业发展》，北京大学出版社 2000 年版。
林毓生：《中国传统的创造性转化》，生活·读书·新知三联书店 2000 年版。
刘春生、谢长发：《职业教育学》，教育科学出版社 2002 年版。
刘丹：《利益相关者与公司治理法律制度研究》，中国人民公安大学出版社 2005 年版。
刘凤义：《企业理论研究三种范式——新制度学派、老制度学派和马克思主义的比较与综合》，经济科学出版社 2008 年版。
刘桂林：《中国近代职业教育思想简史》，高等教育出版社 2010 年版。
刘诗白：《主体产权论》，经济科学出版社 1998 年版。
刘伟、李凤圣：《产权通论》，北京出版社 1998 年版。
刘元春：《交易费用分析框架的政治经济学批判》，经济科学出版社 2001 年版。
卢现祥：《西方新制度经济学》，中国发展出版社 2003 年版。
卢现祥：《新制度经济学》，武汉大学出版社 2004 年版。
卢现祥主编：《新制度经济学》，武汉大学出版社 2011 年版。

马本江：《信用、契约与市场交易机制设计》，中国经济出版社 2010 年版。

秦海：《制度、演化与路径依赖》，中国财政经济出版社 2004 年版。

盛洪：《分工与交易》，上海三联书店 1992 年版。

盛洪主编：《现代制度经济学（下册）》，北京大学出版社 2003 年版。

石伟平：《时代特征与职业教育创新》，上海教育出版社 2006 年版。

石中英：《知识转型与教育改革》，教育科学出版社 2001 年版。

孙同鹏：《经济立法问题研究——制度变迁与公共选择的视角》，中国人民大学出版社 2004 年版。

唐娟：《政府治理理论》，中国社会科学出版社 2006 年版。

汪丁丁：《经济发展与制度创新》，上海三联书店 1995 年版。

汪洪涛：《制度经济学》，复旦大学出版社 2003 年版。

王晓辉：《教育决策与治理》，教育科学出版社 2010 年版。

王晓辉：《全球教育治理：国际教育改革文献汇编》，教育科学出版社 2008 年版。

吴宣恭等：《产权理论比较》，经济科学出版社 2000 年版。

徐国庆：《实践导向职业教育课程研究》，上海教育出版社 2005 年版。

徐国庆：《职业教育原理》，上海教育出版社 2007 年版。

徐平利：《职业教育的历史逻辑和哲学基础》，广西师范大学出版社 2010 年版。

许海清：《国家治理体系和治理能力现代化》，中共中央党校出版社 2013 年版。

俞可平等：《政府创新的理论与实践》，浙江人民出版社 2005 年版。

俞可平：《论国家治理现代化》，社会科学文献出版社 2014 年版。

俞可平：《治理与善治》，社会科学文献出版社 2000 年版。

袁庆明：《技术创新的制度结构分析》，经济管理出版社 2003 年版。

翟海魂：《发达国家职业技术教育历史演进》，上海教育出版社 2008 年版。

张军：《什么是有效的经济制度》，上海三联书店 2002 年版。

张军:《现代产权经济学》,上海三联书店1994年版。

张林:《新制度主义》,经济日报出版社2006年版。

张维迎:《博弈论与信息经济学》,上海三联书店1996年版。

张维迎:《企业的企业家——契约理论》,上海三联书店1995年版。

张五常:《经济解释》,商务印书馆2000年版。

张五常:《经济解释——制度的选择》,中信出版社2014年版。

张宇燕:《经济发展与制度选择》,中国人民大学出版社1992年版。

张璋:《理性与制度—政府治理工具的选择》,国家行政学院出版社2006年版。

郑也夫:《吾国教育病理》,中信出版社2014年版。

朱启才:《权利、制度与经济增长》,经济科学出版社2004年版。

论文类

[美]保罗·G. 黑尔:《转型时期的制度变迁和经济发展》,赵阳译,《经济社会体制比较》2004年第5期。

[美]道格拉斯·C. 诺斯:《交易成本、制度和经济史》,杜润平译,《经济译文》1994年第2期。

[美]道格拉斯·C. 诺斯:《制度变迁与经济改革》,龙曦、王维军译,《经济科学》1995年第2期。

[荷]埃里克汉斯·克莱恩、[荷]基普·柯本让:《治理网络理论:过去、现在和未来》,程熙、郑寰译,《国家行政学院学报》2013年第3期。

[瑞士]皮埃尔·塞纳克伦斯:《治理与国际调节机制的危机》,冯炳昆译,《国际社会科学》1999年第1期。

藏乃康:《政府治理范式的成本分析》,《理论探讨》2005年第1期。

陈锡宝、朱剑萍:《探寻校企合作实现机制的有效途径》,《中国高等教育》2010年第5期。

陈正华:《中国高等教育治理:现实还是理想?》,《高教探索》2006年第4期。

程培堽：《企业参与校企合作分析：交易成本范式》，《职业技术教育》2014 年第 34 期。

邓大才：《论制度变迁的组合模式》，《北京行政学院学报》2002 年第 4 期。

邓志革：《现代职业教育的开放性刍议》，《湖南师范大学教育科学学报》2006 年第 3 期。

邓子云等：《高等职业教育产学研模式的创新实践研究》，《高等教育管理》2013 年第 2 期。

窦奕虹：《产学合作教育动力问题研究》，《高等教育研究》1998 年第 1 期。

樊恭烋：《全面贯彻教育方针，积极推进产学合作教育的科学实践》，《中国高教研究》1996 年第 1 期。

方桐清：《校企合作中企业动力研究》：《中国高教研究》2009 年第 10 期。

方向阳、丁金珠：《高等职业教育校企合作双方动机的冲突与治理》，《现代教育管理》2010 年第 9 期。

冯旭芳、李海宗：《德国企业参与职业教育的动因及其对我国的启示》，《教育探索》2009 年第 1 期。

付丽琴、黄荣英：《制度视角下企业参与校企合作可持续发展初探》，《教育探索》2009 年第 9 期。

复旦大学产学合作教育中心：《产学合作教育的探索和实践》，《中国高教研究》1999 年第 2 期。

高佳：《德国企业参与职业教育的内在动力研究》，《外国中小学教育》2011 年第 8 期。

高山艳：《法律视角下的校企合作制度》，《教育与职业》2008 年第 6 期。

耿建：《〈国富论〉教育观点与"教育券"制度原则的思辨——兼对浙江长兴县"教育券"制度的理性批判》，《北京邮电大学学报（社会科学版）》2006 年第 2 期。

龚唯平：《新制度经济学究竟"新"在哪里》，《学术月刊》2003 年第

11 期。

关晶、石伟平:《现代学徒制之"现代性"辨析》,《教育研究》2014 年第 10 期。

管德明、万军:《校企合作:从"一厢情愿"到"两情相悦"》,《职教论坛》2010 年第 17 期。

管庆智等:《试论中国特色的产学合作教育》,《中国高等教育》1993 年第 11 期。

管庆智:《我国产学合作教育的起因》,《中国高教研究》1997 年第 4 期。

郭福春:《中德职业教育校企合作的比较分析》,《现代教育管理》2014 年第 12 期。

郭德怀等:《英国政府增强企业参与职业教育动力策略借鉴研巧》,《职教论坛》2014 年第 33 期。

郭静:《现代职业教育体系建设背景下行业、企业办学研究》,《教育研究》2014 年第 3 期。

郝艳青:《教育券—种谋求社会公平的途径——美国密尔沃基市一年教育券计划透视》,《比较教育研究》2004 年第 5 期。

和震:《职业教育校企合作中的问题与促进政策分析》,《中国高教研究》2013 年第 1 期。

贺修炎:《构建利益相关者共同治理的高职教育校企合作模式》,《教育理论与实践》2008 年第 33 期。

胡斌武:《职教园区跨界路径探究》,《教育研究》2016 年第 4 期。

胡海青、朱家德:《产学合作培养人才中企业集体行动困境分析》,《高等工程教育研究》2011 年第 1 期。

胡茂波、吴思:《博弈论视野下高职教育校企合作的困境与对策》,《教育与职业》2012 年第 23 期。

黄乾:《论人力资本产权的功能》,《财经科学》2002 年第 5 期。

黄乾:《人力资本产权的概念、结构与特征》,《经济学家》2000 年第 5 期。

黄乾:《人力资本价值、外部性与产权》,《合肥联合大学学报》2002 年第 6 期。

黄少安:《关于制度变迁的三个假说及其验证》,《中国社会科学》2000年第 4 期。

黄旭、李忠华:《把握结合点——校企合作培养高技能人才》,《中国高等教育》2004 年第 24 期。

黄义武:《浅析产学合作的结合点与运行机制》,《高等工程教育》1996年第 1 期。

霍丽娟等:《企业参与校企合作的意愿调查与分析——以河北省企业为例》,《职业技术教育》2009 年第 34 期。

姜大源:《德国企业在职业教育中的作用及成本效益分析》,《中国职业技术教育》2004 年第 8 期。

姜大源:《德国"双元制"职业教育的再解读》,《中国职业技术教育》2013 年第 33 期。

姜大源:《现代职业教育国家资格框架构建》,《中国职业技术教育》2014年第 21 期。

姜大源:《现代职业教育体系构建的理性追问》,《教育研究》2011 年第11 期。

姜大源:《应然与实然:职业教育法制建设思辨——来自德国的启示》,《中国职业技术教育》2012 年第 9 期。

解水青等:《阻隔校企之"中间地带"刍议——高职教育校企合作的逻辑起点及其政策启示》,《中国高教研究》2015 年第 5 期。

金长义、陈江波:《德、美、澳、中校企合作人才培养模式的比较研究》,《教育与职业》2010 年第 9 期。

朗秋洪:《找准双赢点 构建产学融合的人才培养机制》,《中国高等教育》2010 年第 23 期。

劳凯声:《教育市场的可能性及其限度》,《北京师范大学学报》(社会科学版)2005 年第 1 期。

劳凯声:《重构公共教育体制:别国的经验和我国的实践》,《北京师范大学学报》(社会科学版)2003 年第 4 期。

冷士良等:《对"联盟式"校企合作、工学结合人才培养模式的思考》,《教育与职业》2010年第8期。

李滨:《试论我国职业教育校企合作政府主导型战略》,《黑龙江高教研究》2010年第6期。

李传双:《国外企业参与职业教育激励机制探究与启示》,《中国高教研究》2011年第6期。

李德方:《强化产学合作——日本企业参与职业教育的新举措》,《中国职业技术教育》2005年第15期。

李俊:《德国企业参与职业教育的困境及其突破——基于公共选择理论与劳动经济学的分析》,《教育发展研究》2015年第3期。

李仁君:《产权界定与资源配置》,《南开经济研究》1999年第1期。

李维安、周建:《网络治理内涵、结构、机制与价值创造》,《天津社会科学》2005年第5期。

李兴洲等:《加拿大职业教育管理体制的特色探析》,《教育研究》2014年第9期。

李亚昕:《论企业参与现代职业教育的治理结构选择》,《高教探索》2017年第1期。

李振祥:《高职产学合作障碍分析及对策研究》,《中国成人教育》2007年第3期。

梁莹:《治理视角下我国政府改革的新思维》,《理论探讨》2003年第2期。

廖宗明:《试论日本高校的产学合作》,《清华大学教育研究》1994年第1期。

林云:《美国社区学院校企合作特点及其启示》,《职业技术教育》2010年第16期。

刘春生、柴彦辉:《德国与日本企业参与职业教育态度的变迁及对我国产教结合的启示》,《比较教育研究》2005年第7期。

刘存刚:《美国的校企合作及其对我国职业教育的借鉴意》,《教育探索》2007年第8期。

刘大可：《论人力资本的产权特征与企业所有制安排》，《财经科学》2001年第3期。

刘复兴：《公共教育权力的变迁与教育政策的有效性》，《教育研究》2003年第2期。

刘建湘：《企业形态的高职院校文化研究》，《教育研究》2011年第12期。

刘景光、王波涛：《当前国内外高职院校校企合作模式构建研究述评》，《中国职业技术教育》2010年第27期。

刘敏等：《我国行业、企业参与职业教育的法律思考》，《重庆师范大学学报（哲学社会科学版）》2009年第6期。

刘伟等：《现代西方产权理论与企业行为分析》，《经济研究》1989年第1期。

刘伟、平新乔：《本世纪以来西方产权理论的演变》，《管理世界》1988年第4期。

刘晓、路荣平：《文化互动视域下高职校企合作的内容与方式》，《中国高等教育》2012年第9期。

刘晓、石伟平：《职业教育集团化办学治理：逻辑、理论与路径》，《中国高教研究》2016年第2期。

刘星：《论现代职业教育体系构建中的企业参与》，《职教论坛》2013年第34期。

刘芸：《创业教育的产学合作机制探析》，《教育发展研究》2010年第11期。

罗德红、唐雁飞：《实存与期待：不同行业和规模的企业参与校企合作的实证研究——深圳百多家企业为例》，《中外企业家》2015年第25期。

罗燕：《教育产业化的制度分析——新制度主义社会学的视角》，《教育与经济》2006年第1期。

罗毅：《德国2/3的学徒工被培训企业录用》，《世界教育信息》2014年第24期。

马强、付艳茹：《国际高职教育校企合作的典型分析与比较》，《科技管理研究》2010 年第 6 期。

年志远：《论人力资本产权交易》，《经济纵横》2002 年第 1 期。

聂辉华：《企业——一种人力资本使用权粘合的组织》，《经济研究》2003 年第 8 期。

欧阳忠明、韩晶晶：《现代学徒制"冷热不均"背后的理论思考》，《职教论坛》2016 年第 16 期。

潘海生等：《中国高职教育校企合作现状及影响因素分析》，《高等工程教育研究》2013 年第 3 期。

潘荣江等：《高职院校专业结构调整优化研究》，《高等工程教育研究》2014 年第 3 期。

潘希武：《教育公共治理现代性的境遇及其超越》，《外国教育研究》2006 年第 2 期。

潘希武：《政府在教育治理中扮演的两个角色》，《比较教育研究》2006 年第 11 期。

裴娣娜：《教育研究方法导论》，安徽教育出版社 1995 年版，第 158 页。

彭红玉：《我国高等教育治理结构的反思——结构功能主义的视角》，《高教探索》2007 年第 6 期。

彭正银：《网络治理理论的发展与实践的效用》，《经济管理》2002 年第 8 期。

亓俊国等：《协调博弈：创新校企合作机制的新视角》，《中国职业技术教育》2010 年第 18 期。

钱海梅：《审视与反思公共"治理"的风险及其挑战》，《学术月刊》2006 年第 2 期。

秦旭、陈士俊：《产学合作的系统分析及运行机制研究》，《科学管理研究》2002 年第 10 期。

冉云芳：《企业参与职业教育办学意愿、动因及影响因素的实证分析——基于浙江省的调查》，《职教论坛》2013 年第 19 期。

冉云芳、石伟平：《德国企业参与学徒制培训的成本收益分析与启示》，《教育研究》2016 年第 6 期。

冉云芳、石伟平：《企业参与职业院校校企合作成本、收益构成及差异性分析——基于浙江和上海 67 家企业的调查》，《高等教育研究》2015 年第 9 期。

荣兆梓：《新制度经济学的理论范式为什么是适用的》，《经济学家》2004 年第 2 期。

沈剑光等：《校企合作有法可依的开端》，《教育与职业》2009 年第 8 期。

沈绮云、万伟平：《职业教育校企合作长效机制影响因素实证研究——基于结构维度与回归方程的分析》，《高教探索》2015 年第 6 期。

沈云慈、刘胜林：《市场机制主导的校企合作模式构建的对比》，《职教论坛》2010 年第 2 期。

舒岳：《校企合作的制度安排——企业社会责任的视角》，《教育评论》2010 年第 4 期。

孙柏：《当代政府治理变革中的制度设计与选择》，《中国行政管理》2002 年第 2 期。

田凌晖：《系统化教育改革：澳大利亚维多利亚州的案例》，《教育发展研究》2011 年第 12 期。

万军梅、唐锋：《德国"双元制"职业教育中的企业参与培训模式研究》，《职教论坛》2013 年第 18 期。

王笃鹏、姜启军：《企业效用最大化与企业社会责任行为分析》，《企业经济》2009 年第 7 期。

王海峰、郭素华：《制度理性政府公共治理的价值源起》，《理论观察》2007 年第 5 期。

王红英、胡小红：《企业参与高职教育成本与收益分析——基于中、德、澳的比较》，《教育发展研究》2012 年第 23 期。

王林：《"工学结合、校企合作"人才培养模式探析》，《教育与职业》2008 年第 7 期下。

王为民：《产权理论视角下职业教育现代学徒制建设之关键：明晰"培养产权"》，《国家行政学院学报》2016 年第 9 期。

王为民、俞启定：《校企合作"壁炉现象"探究：马克思主义企业理论的视角》,《教育研究》2014 年第 7 期。

王伟光:《努力推进国家治理体系和治理能力现代化》,《求是》2014 年第 12 期。

王文懂:《关于校企合作的企业调查报告》,《中国职业技术教育》2009 年第 2 期。

王晓辉:《关于教育治理的理论构思》,《北京师范大学学报（社会科学版）》2007 年第 4 期。

王振洪、王亚南:《高职教育校企合作双方冲突的有效管理》,《高等教育研究》2011 年第 7 期。

王自勤:《高职院校校企合作的博弈分析》,《中国高教研究》2008 年第 9 期。

魏涛:《公共治理理论研究综述》,《资料通讯》2006 年第 7、8 期。

吴冬才、王美燕:《"双主体"人才培养模式中校企合作协议的法律解析》,《中国职业技术教育》2009 年第 11 期。

吴宏元、郑晓齐:《日本产学合作中的"协调者"制度及其启示》,《高等工程教育》2006 年第 3 期。

吴建设:《地方高等职业院校的"三层对接"办学模式探究》:《高等教育研究》2010 年第 11 期。

肖凤翔、李亚昕:《论企业参与现代职业教育治理的制度供给路径——基于交易费用的分析方法》,《教育研究》2016 年第 8 期。

肖凤翔、李亚昕:《论现代职业教育治理中企业权利的重构》,《职教论坛》2015 年第 24 期。

熊惠平:《高职教育"总部—基地"办学模式——基于浙江工商职业技术学院的探索》,《教育研究》2011 年第 6 期。

徐春霞:《英国高等教育治理范式的转移》,《湖南师范大学教育科学学报》2012 年第 1 期。

徐聪:《德国企业参与双元制职业教育的因素分析》,《职业技术教育》2014 年第 16 期。

徐平:《产学合作教育运行机制构成要素分析》,《黑龙江高教研究》1994

年第 4 期。

杨进:《以终身学习理念为指导加快发展现代职业教育》,《中国职业技术教育》2014 年第 21 期。

杨菁、李曼丽:《当前美国企业培训的现状、特点及其对我国的启示》,《清华大学教育研究》2002 年第 2 期。

杨旎、张国庆:《对公共服务网络市场化改革的再考量——初评日本国立大学法人化改革得失》,《中国行政管理》2013 年第 2 期。

杨瑞龙:《论制度供给》,《经济研究》1993 年第 8 期。

叶璇:《整体性治理国内外研究综述》,《当代经济》2012 年第 6 期。

佚名:《问症"校热企冷"》,《瞭望》2014 年第 26 期。

易丽:《试论我国校企合作的变式——基于技术本科人才培养的思与行》,《职业技术教育》2010 年第 13 期。

于杨:《治理理论视域下现代美国大学共同治理理念与实践研究》,东北师范大学博士学位论文,2008 年。

喻忠恩、姚楚英:《企业参与职业教育:日本的经验及启示》,《职教论坛》2012 年第 36 期。

袁庆明等:《威廉姆森交易成本决定因素理论评析》,《财经理论与实践》2004 年第 5 期。

袁庆明:《技术创新与制度创新关系的三个视角》,《社会科学家》2003 年第 2 期。

袁庆明:《论技术创新制度结构的构成及特征》,《生产力研究》2003 年第 1 期。

袁征:《办学权:教育服务的第二个基本权利》,《华南师范大学学报（社会科学版）》2012 年第 3 期。

曾伟、李四林:《善治与治道变革西方政府治理模式变革中的制度分析和设计》,《理论月刊》2009 年第 34 期。

张等菊:《基于"教师企业行动"的高职院校校企合作》,《教育发展研究》2013 年第 5 期。

张凤娟等:《美国企业参与职业教育的动机与障碍分析》,《比较教育研究》2008 年第 5 期。

张钢：《英国公共管理的教育和研究》，《浙江大学学报（人文社会科学版）》2003 年第 2 期。

张俊珍等：《企业参与校企合作教育动因及障碍因素的调研》，《开放教育研究》2008 年第 2 期。

张炼、陈长缨：《成本收益：企业参与产学合作教育的动力》，《高等工程教育》1995 年第 3 期。

张五常：《交易费用的范式》，《社会科学战线》1999 年第 1 期。

张旭昆：《论制度的均衡与演化》，《经济研究》1993 年第 9 期。

张勇、江萍：《职业教育中的学徒制：英国与德国的比较》，《江苏高教》2015 年第 1 期。

张中祥：《从有限政府到有效政府：价值·过程·结果》，《南京社会科学》2001 年第 3 期。

郑卫东：《立足互惠双赢建立起校企合作的新机制》，《中国高等教育》2006 年第 12 期。

郑玉莲等：《国家主导的校长培训治理模式》，《比较教育研究》2012 年第 1 期。

郑治伟：《从法律视点看校企合作》，《教育理论与实践》2009 年第 6 期。

周会青：《高职教育产学合作办学模式的交易成本分析》，《继续教育研究》2010 年第 7 期。

周丽华、李守福：《企业自主与国家调控——德国"双元制"职业教育的社会文化及制度基础解析》，《比较教育研究》2004 年第 10 期。

周鸣阳：《高职教育"校企合作"的经济学分析》，《继续教育研究》2009 年第 10 期。

周其仁：《市场里的企业：一个人力资本与非人力资本的特别合约》，《经济研究》1996 年第 6 期。

外文类

Adrian Smith et al. , "The Governance of Sustainable Socio-Technical Transitions", *Research Policy*, Vol. 34, No. 10, December 2005, pp. 1491 – 1510.

Aldo Geuna and Alessandro Muscio, "The Governance of University Knowledge Transfer: A Critical Review of the Literature", *Minerva*, Vol. 47, No. 1, March 2009, pp. 93 – 114.

Armen A. Alchian, "The Basis of Some Recent Advances in the Theory of Management of the Firm", *Journal of Industrial Economics*, Vol. 14, No. 1, November 1965, pp. 30 – 41.

Armen A. Alchain and Harold Demsetz, "Production, Information Costs and Economic Organizetion", *America Economic Review*, Vol. 62, No. 5, December 1972, pp. 777 – 795.

Andreas Duit and Victor Galaz, "Governance and Complexity—Emerging Issues for Governance Theory", *Governance*, Vol. 21, No. 3, July 2008, pp. 311 – 335.

Andy Danford, "Teamworking and Labour Regulation in the Autocomponents Industry", *Work Employment & Society*, Vol. 12, No. 3, September 1998, pp. 409 – 431.

Angus and Lawrence, "Globalization and Educational Change: Bringing About the Reshaping and Re-norming of Practice", *Journal of Education Policy*, Vol. 19, No. 1, January 2004, pp. 23 – 41.

Anke Hanft and Michaela Knust, "Integration Of the Vocational And the Higher Education System to Realize Lifelong Learning: Higher education Policy And Practical Experiences", *Zeitschrift Fur Soziologie Der Erziehung Und Sozialisation*, Vol. 30, No. 1, January 2010, pp. 43 – 59.

Antonio M. Magalhaes et al., "Governance and Institutional Autonomy: Governing and Governance in Portuguese Higher Education", *Higher Education Policy*, Vol. 26, No. 2, February 2013, pp. 243 – 262.

Arthur W. Brian, "Competing Technologies, Increasing Returns, and Lock-In by Historical Events", *The Economic Journal*, Vol. 99, No. 394, March

1989, pp. 116 – 131.

Benjamin Cashore, "Legitimacy and the Privatization of Environmental Governance: How Non-State Market-Driven (NSMD) Governance Systems Gain Rule-Making Authority", *Governance*, Vol. 15, No, 4, October 2002, pp. 503 – 529.

Benjamin Klein et al., "Vertical Integration Appropriable Rents, and the Competitive Contracting Process", *Journal of Law and Economics*, Vol. 21, No. 2, October 1978, pp. 297 – 326.

Carl Folke et al., "Adaptive Governance of Social-Ecological Systems", *Annual Review of Environment & Resources*, Vol. 30, No. 1, November 2005, pp. 441 – 473.

Carolyn J. Hill, Laurence E. Lynn Jr., "Is Hierarchical Governance in Decline? Evidence from Empirical Research", Journal of Public Administration Research and Theory, Vol. 15, No. 2, 2015, pp. 173 – 195.

Christian Ebner and Rita Nikolai, "Dual or School-based Vocational Education? Developments and Critical Junctures in Germany, Austria and Switzerland", *Swiss Political Science Review*, Vol. 16, No. 4, January 2011, pp. 617 – 648.

Christopher Ansell and Alison Gash, "Collaborative Governance in Theory and Practice", *Journal of Public Administration Research and Theory*, Vol. 18, No. 4, October 2008, pp. 543 – 571.

Daniel W. Bromley, "Institutional ChangeAnd Economic Efficiency," *Journal of Economic Issues*, Vol. 23, No. 3, September 1989, pp. 735 – 759.

David W. Galenson, "Structure and Change in Economic History. Douglass C. North", *Journal of Political Economy*, Vol. 91, No. 1, February 1983, pp. 188 – 190.

Edith Hooge, "Connecting with the World of Work: Horizontal Accountability Processes in Institutions Providing Vocational Education and Training (VET)", *European Journal of Education*, Vol. 50, No. 4, November 2015, pp. 478 – 496.

Edwin G. West, *Education and the State: A Study in Political Economy*, London: Liberty fund, Inc., 1994, p. 86.

Eirik G. Furubotn and Svetozar Pejovich, "Property Rights and Economic Theory: A Survey of Recent Literature", *Journal of Economic Literature*, Vol. 10, No. 4, December 1972, pp. 1137 – 1162.

Elinor Ostrom, "Beyond Markets and States: Polycentric Governance of Complex Economic Systems", *American Economic Review*, Vol. 100, No. 4, Junuary 2010, pp. 641 – 672.

Eva Sorensen and Jacob Torfing, "Making Governance Networks Effective and Democratic Through Metagovernance", *Public Administration*, Vol. 87, No. 2, June 2009, pp. 234 – 258.

Ewan Ferlie et al., "The Steering of Higher Education Systems: A Public Management Perspective", *Higher Education*, Vol. 56, No. 3, September 2008, pp. 325 – 348.

George A. Akerlof, "The Market for "Lemons": Quality Uncertainty and the Market Mechanism", *Quarterly Journal of Economics*, Vol. 84, No. 3, August 1970, pp. 488 – 500.

Graz Jean-Christophe and Hartmann Eva, "Transnational Authority in the Knowledge-Based Economy: Who Sets the Standards of ICT Training and Certification?", *International Political Sociology*, Vol. 6, No. 3, September 2012, pp. 294 – 314.

Gregory Jacksonand Dirk Stephen Brammer, "Corporate Social Responsibility and Institutional Theory: New Perspectives On Private Governance", *Socio-economic Review*, Vol. 10, No. 1, January 2012, pp. 3 – 28.

David A Kirby and Nagwa Ibrahim, "Entrepreneurship Education And The Creation Of An Enterprise Culture: Provisional Results From An Experiment In Egypt", *International Entrepreneurship And Management Journal*, Vol. 7, No. 2, June 2011, pp. 181 – 193.

David John Guile, "Learning to Work in the Creative and Cultural Sector: New

Spaces, Pedagogies and Expertise", *Journal of Education Policy*, Vol. 25, No. 4, August 2010, pp. 465 – 484.

Dietmar Frommberger and Fabienne-Agnes Baumann, "Between State and Market-Establishment and further development of cooperative forms of governance in vocational education", *Zeitschrift Fur Padagogik*, Vol. 62, No. 3, May 2016, pp. 358 – 373.

Donald E. Super, "Toward a comprehensive theory of career development", in David H. Montross and Christopher J. Shinkman eds. *Career development: Theory and practice*, Springfield: Charles C. Thomas Publisher, 1972, pp. 35 – 64.

Harold Demsetz, "Toward a Theory of Property Rights", *American Economic Review*, Vol. 57, No. 2, May 1967, pp. 347 – 359.

Hubert Ertl, "European Union Policies In Education And Training: The Lisbon Agenda As a Turning Point?" *Comparative Education*, Vol. 42, No. 1, August 2006, pp. 5 – 27.

James M. Buchanan, "A Contractarian Paradigm for Applying Economic Theory", *American Economic Review*, Vol. 65, No. 2, May 1975, pp. 225 – 230.

James N. Rosenau and Ernst-OttoCzempiel, eds, Governance without Government: Order and Change in World Politics, Cambridge: Cambridge University press, 1992, pp. 1 – 29.

Jeanraymond Masson et al., "Quality and Quality Assurance in Vocational Education and Training in the Mediterranean Countries: Lessons from the European Approach", *European Journal of Education*, Vol. 45, No. 3, September 2010, pp. 514 – 526.

Judy Hikes, "The Massachusetts Workplace Education Programmee", *Connections: A Journal of Adult Literacy*, Vol. 3, January 1989, pp. 12 – 17.

Jürgen Enders, "Higher Education, Internationalisation, and the Nation-State: Recent Developments and Challenges to Governance Theory", *Higher Education*, Vol. 47, No. 3, April 2004, pp. 361 – 382.

Justin Yifu Lin, "An Economic Theory of Institutional Change: Induced and Imposed Change", *Cato Journal*, Vol. 9, No. 1, January 1989, pp. 1 – 33.

Keith Provan and Patrick Kenis, "Modes of Network Governance: Structure, Management, and Effectiveness", *Journal of Public Administration Research and Theory*, Vol. 18, No. 2, Aprial 2008, pp. 229 – 252.

Kenneth B. Hoyt, "Career Education and Career Guidance", *Journal of Career Development*, Vol. 10, No. 3, March 1984, pp. 148 – 157.

Lance Davisand Douglass North, "Institutional Change and American Economic Growth: A First Step Towards A Theory of Institutional Innovation", *The Journal of Economic History*, Vol. 30, No. 1, March 1970, pp. 131 – 149.

Liesbet Hooghe and Gary Marks, "Unraveling the Central State, but How? Types of Multi-Level Governance", *American Political Science Review*, Vol. 97, No. 2, May 2003, pp. 233 – 243.

Louis De Alessi, "Property Rights, Transaction Costs, and X-Efficiency: An Essay in Economic Theory", *The American Economic Review*, Vol. 73, No. 1, March 1983, pp. 64 – 81.

Michael Dobbins and Marius R. Busemeyer, "Socio-Economic Institutions, Organized Interests and Partisan Politics: The Development of Vocational Education in Denmark and Sweden", *Socio Economic Review*, Vol. 13, No. 2, April 2015, pp. 259 – 284.

Michael Dobbins et al., "An Analytical Framework for the Cross-Country Comparison of Higher Education Governance", *Higher Education*, Vol 62, No. 5, November 2011, pp. 665 – 683.

Michaela Brockmann et al., "Competence-Based Vocational Education and Training (VET): The Cases of England and France in a European Perspective", *Vocations and Learning*, Vol. 1, No. 3, August 2008, pp. 227 – 244.

Michaela Brockmann et al., "Knowledge, Skills, Competence: European Divergences in Vocational Education and Training (VET) —the English, German and Dutch Cases", *Oxford Review of Education*, Vol. 34, No. 5, September 2008, pp. 547 – 567.

Mona Granato and Joachim Gerd Ulrich, "Social inequality at the transition to vocational education and training", *Zeitschrift Fur Erziehungswissenschaft*, Vol. 17, No. 2, March 2014, pp. 205 – 232.

Nicolai J. Fosset al. , "Governing Knowledge Sharing in Organizations: Levels of Analysis, Governance Mechanisms, and Research Directions", *Journal of Management Studies*, Vol. 47, No. 3, March 2010, pp. 455 – 482.

Patrick Ainley and Helen Rainbird, "Apprenticeship: Towards a New Paradigm of Learning", *Medical Education*, Vol. 34, No. 4, April 2000, pp. 324 – 325.

Patrick Dunleavy et al. , "New public management is dead – long live digital-era governance", *Journal of Public Administration Research and Theory*, Vol. 16, No. 3, July 2006, pp. 467 – 494.

Robert Edson and Sibel Mcgee, "Governing the Education Extended Enterprise as a Complex Adaptive System", *European Journal of Education*, Vol. 51, No. 4, November 2016, pp. 431 – 436.

Roderick Arthur William Rhodes, "The New Governance: Governing Without Government", Political Studies, Vol. 44, No. 4, December 1996, pp. 652 – 667.

Roger Dale, "Globalisation, Knowledge Economy and Comparative Education", *Comparative Education*, Vol. 41, No. 2, January 2007, pp. 117 – 149.

Ronald H. Coase, "The Nature of the Firm", *Economica*, Vol. 4, No. 16, November 1937, pp. 386 – 405.

Ronald H. Coase, "The Federal Communications Commission", *Journal of Law & Economics*, Vol. 2, No. 4, October 1959, pp. 1 – 40.

Ronald H. Coase, "The problem of Social Cost", *Journal of Law and Economics*, Vol. 3, October 1960, pp. 1 – 44.

Ronald H. Coase, "The Lighthouse in Economics", *The Journal of Law and Economics, Vol. 17, No. 2, February 1974, pp. 357 – 376.

Ruth V. Aguilera and Gregory Jackson, "The Cross-National Diversity of Corporate Governance: Dimensions and Determinants", *Academy of Management Review*, Vol. 28, No. 3, February 2003, pp. 447 – 465.

Sandra Lavenex and Frank Schimmelfennig, "EU Rules Beyond EU Borders: Theorizing External Governance in European Politics", *Journal of European Public Policy*, Vol. 16, No. 6, September 2009, pp. 791 – 812.

Sarah Drakopoulou Dodd and Briga Chris Hynes, "The Impact of Regional Entrepreneurial Contexts upon Enterprise Education", *Entrepreneurship & Regional Development*, Vol. 24, No. 9 – 10, January 2011, pp. 1 – 26.

Scott E. Masten et al., "Vertical Integration in the U. S. Auto Industry: A Note on the Influence of Transaction Specific Assets", *Journal of Economic Behavior and Organization*, Vol. 12, No. 2, February 1989, pp. 265 – 273.

Sheu Hua Chen et al., "Enterprise Partner Selection for Vocational Education: Analytical Network Process Approach", *International Journal of Manpower*, Vol. 25, No. 7, October 2004, pp. 643 – 655.

Stephanie Allais, "Will Skills Save Us? Rethinking the Relationships Between Vocational Education, Skills Development Policies, and Social Policy in South Africa", *International Journal of Educational Development*, Vol. 32, No. 5, September 2012, pp. 632 – 642.

Stephen Billett, "Situation, Social systems and learning", *Journal of Education and Work*, Vol. 11, No. 3, October 1998, pp. 255 – 274.

Stephen J. Ball, "Privatising Education, Privatising Education Policy, Privatising Educational Research: Network Governance and the 'Competition State'", *Journal of Education Policy*, Vol. 24, No. 1, January 2009, pp. 83 – 99.

Steven Bernsteinand Benjamin Cashore, "Can non-state global governance be legitimate? An analytical framework", *Regulation & Governance*, Vol. 1, No. 4, December 2007, pp. 347 – 371.

Svein Jentoft and Ratana Chuenpagdee, "Fisheries and Coastal Governance as a Wicked Problem", *Marine Policy*, Vol. 33, No. 4, July 2009, pp. 553 -560.

Sverre J. Herstad et al., "Locatio Education And Enterprise Growth", *Applied Economics Letters*, Vol. 20, No. 10, March 2013, pp. 1019 -1022.

Theodore W. Schultz, "Institutions and the Rising Economic Value of Man", *American Journal of Agricultural Economics*, Vol. 50, Dec. 1968, pp. 1113 - 1122.

Toma Deelan et al., "What Determines Enterprises' Perceptions of Future Development in Higher Education - Strange Bedfellows", *European Journal of Education*, Vol. 51, No. 1, March 2016, pp. 107 -125.

Tonia Bieber, "Europe À La Carte? Swiss Convergence Towards European Policy Models in Higher Education and Vocational Education and Training", *Swiss Political Science Review*, Vol. 16, No. 4, December 2010, pp. 773 -800.

W. Arthur Lewis. *The Theory of Economic Growth*, London: George Allen & Urwin, 1955, p. 146.

W. H. Adriaan Hofman and Roelande H. Hofman, "Smart Management in Effective Schools: Effective Management Configurations in General and Vocational Education in the Netherlands", *Educational Administration Quarterly*, Vol. 47, No. 4, August 2011, pp. 620 -645.

Yoram Barzel, "Measurement Costs and the Organisation of Markets", *Journal of Law & Economics*, Vol. 25, No. 1, April 1982, pp. 87 -110.

后 记

本书是在我的博士学位论文的基础上修改完成，其付梓意味着自己对企业参与现代职业教育困境的研究告一段落。回首过往无数奋战过的日日夜夜，感触颇多！

首先，我要感谢导师肖凤翔教授的点拨。而立之年能有如此宝贵的求学机会，始终让我对老师深怀感恩。正是基于导师的引导才开启了我的学术之旅。在将近四年的求学过程中，我深深地体会到了导师的人格魅力，可以说既是"良师"又是"益友"。

其次，我要感谢培养我的天津大学教育学院，感谢学院为我们营造的自由学术氛围；感谢相关学者对企业参与困境的多视角解读，为本书的开展提供了坚实的基础；感谢新制度经济学的开创者与研究者们，是你们的贡献为研究问题的分析提供了一个新的切入视角，在此谨向各位研究者致以最真诚的感谢！

特别地我要感谢硕士阶段的导师刘茜教授，感谢您一直以来对我的关心和厚爱，每每想起您春风化雨般的育人情怀，总是让学生备感温暖！

特别地我要感谢我的师兄师姐、师弟师妹们，是你们让我体会到了同门之谊的温暖；特别感谢我硕博阶段的同窗挚友张栋科，你的真诚、踏实与勤勉一直是我学习的榜样；特别感谢中国社会科学出版社马明老师为此书出版提供的鼎力支持。

本书系欧盟伊拉斯谟+高等教育能力建设项目、广东省哲学社会科学规划项目、广东省人文社科重点研究基地——新时代中国职业教育研究中心、深圳市人文社会科学重点研究基地研究成果之一。感谢深圳职业技术学院学术著作出版基金对本书出版的大力资助,在此一并致以最深深的谢意!

李亚昕

2020 年 6 月 23 日